ことばの授業づくりハンドブック

メディア・リテラシーの教育
・理論と実践の歩み・

Media Literacy

元早稲田大学特任教授・神戸大学名誉教授
浜本　純逸【監修】

奥泉　香【編】

序
――メディア・リテラシー教育の授業デザインのために――

　本書は、Ⅰの第1章において奥泉香が述べているとおり、1990年1月から2014年3月までに刊行されたメディア・リテラシー教育の実践を考察した実践史であり、これからのあり方を展望した理論の書である。実践史には情熱と工夫を重ねて生み出された真実の迫力（リアル）があり、カリキュラム構想には未来への夢がある。

　日本の近代教育百年間の国語科教育は、「書き言葉」と「話し言葉」を使った「読解指導」がそれなりの成果を上げてきた。ところが、二〇世紀後半から漫画が多く読まれ、テレビが普及して日本の社会はツールとしての「文字」と「音声」に「映像」をくわえた情報化時代にはいった。新聞・漫画・テレビ・パソコン（インターネット）が普及して伝送手段が多様化し、情報が氾濫するようになった。マスコミュニケーションの社会では情報を批判的に受け取る市民の育成が喫緊の課題となった。メディア・リテラシー教育は情報の内容が多方面にわたっているという面では全教科の課題であり、ことばと関わっているという面では国語科教育の課題でもある。

　本書は、そのような国語教育環境の渦中において営まれたメディア教育の理論的追求と実践の優れた成果を精選してまとめている。それぞれの理論と実践は、新しい領域の開拓であったがために、自ら対象の枠組みを設定し仮説を立てて営まれた。その試行の集積である本書によって、国語科におけるメディア教育の定義・内容・指導方法・評価の観点の大体を把握することができよう。

　倉澤栄吉は、1972（昭和47）年5月から翌年1月にかけて「国語教育講義」（川崎市教育研究所）をおこない、「新しい時代の単元学習」と題して次のような意図を持って「脱文字・脱教科書論」を展開した。

もう今日は教科書をつっついている時代ではないのだ、世の中は現に映像媒体が中心になっているのだからその方をもっと活用すべきであって、文献ばかりにくっついていてはいけないのだ、つまり、読むということは、活字を読むということばかりではなくて、活字以外のものまでも認識することを言うのではないかということです。（倉澤栄吉『国語教育講義――新時代の国語教育を中心に――』1974〈昭和49〉年　新光閣書店　128頁）

　このような国語教育環境についての認識の下に新しい情報教育の目的・内容・指導方法を提案した。探索的試論であったために難解でもあり、人々の関心と覚醒を促すために意図して「脱教科書」という挑発的な用語を用いたこともあって反発する向きも多かったが、その方向づけは誤っていなかった。倉澤栄吉の国語科にメディア・リテラシーを位置づけようとする苦闘の軌跡は、田近洵一が『現代国語教育史研究』（2013〈平成25〉年　冨山房インターナショナル）において、倉澤の志と熱情に寄り添いつつ精緻に腑分けし究明している。詳しくは同書に当たられたい。
　湯口隆司は、メディアとしてのインターネットが急速に普及し始めた1997（平成9）年6月に、メディア・リテラシー研究について四つの問いを出し、自ら答えている。

① コンピュータ（チップ）を通して流れる情報、それによって作られる環境と現実はどう違うか。それはなぜか。
② コンピュータを中心としたマルチメディア社会の情報には、どんなイデオロギーや価値観が織り込まれているか。
③ ネットワークを流れているイデオロギーや価値観の社会的・政治的な意味は何か。
④ コンピューターメディアの創造性とは何か。
　（湯口隆司「インターネットをどう使うか」鈴木みどり編『メディア・リテラシーを学ぶ人のために』1997〈平成9〉年6月　世界思想社　184頁）

これらは、2015年の現在においても持ち続けたい問いである。
　湯口は、日ごとに爆発的に情報量は増えてきており、インターネットを使うために本当に必要な技術は「情報検索力」である、と考えていた（同前書、196頁）。

　ことば以外のメディアを学習材化した実践家の一人が大村はまであった。1975（昭和50年）年6月、大村はまは石川台中学校一学年において、「単元　いきいきと話す」に四コマ漫画『クリちゃん』（根本進作）を取り入れた。一般に、中学生は書いてきたメモを棒読みしたり暗唱してつっかえず話したりすることは出来るが、雰囲気を活かしたり雰囲気を作って心の通った話をするまでには至らなかった。ところが、四巻の言葉のない漫画「クリちゃん」から二編を選ばせ、〈学習の手引き〉を与えてことばをつけさせると、中学生は考え、いきいきと話し始めた。
　1　「クリちゃん」を見る、読む。
　2　人物のことばを書く
　3　自分の経験をつけ加える。←「それに————ことも、考えられます。」
教室の生徒は進んで読み、「これはどうか」、「これで、どう？」と言い合って自分も笑い、友達のを見てともに笑うという具合に学習に夢中になった。
　大村は、後に、漫画を学習材化したこの単元の意義を次のようにまとめている。

　　よむ、想像する、場面をえがく、いきさつを理解する、描かれていないものを考える、心情にふれる、この背後にあるおとなの社会、世の中をのぞき見る、チクリと心をさされる実感がある、おもしろさがこみあげる、何の意味かなあと考えが止まる、見直す、比べる、さまざまな貴重な精神の活動がしらずしらずさかんになり、ぼんやりと、どのようなふうにも頭を使わないでいる生徒はいません。（『大村はま

国語教室　2』1983（昭和58）年3月30日　筑摩書房　330頁）

　漫画を材料にすることによって言語学習が活性化したのである。
　その後、大村はまは、「単元　楽しくつくる『白銀の馬』」(1977〈昭和52〉年実践)、「単元　楽しくつくる『旅の絵本』」(同年実践) など文字のない絵本を学習材にした単元を開発していった。
　このような漫画及び絵本を学習材とした力のつく楽しい実践に啓発されて、若い教師達が映像情報のリテラシーを育てる指導を試み、メディア教育の教育的意義が深められ、国語科の学習材が拡張されていった。

　2004（平成16）年12月，経済協力開発機構（OECD）の学習到達度調査（PISA）の結果が発表された。日本の生徒の読解力の成績が8位から14位に落ちていたことで「読解力低下」が世人の話題にのぼった。
　わが国の従来の読解指導は、「文章の内容を読み取る」受け身の生徒を育ててきた。これに対して PISA は次の三点において従来の国語科教育観・教材観・学力観を拡張し、国語科の内容と構造に変革を迫るものであった。
　① 　図表など非連続の情報テキストを使ったこと
　② 　複数の情報を較べて意見を述べるという批判的な思考力を内容としたこと
　③ 　表現力をリテラシーの内容としたこと
　また、それまでメディア・リテラシーの開拓に努力してきた教師達をはげます「出来事」でもあった。
　しかし、その移入にあたって「Reading Literacy」を「読解力」と訳したために、PISA は「これまでの読解指導と変わらない」という誤解を生むことになった。いま一つ PISA の「社会参加のための」操作的学力観は、自己の体験を通して読み深めていく内省的な読みに道を閉ざす方法論を生み出していったことには留意しておきたい。
　ともあれ、PISA ショックは教師達の改革意欲を引き出し、本書の実践

史論考に見られるとおりの新しい実践を生み出したのであった。

　絵図（画像情報）を学習材として「言葉を創り出す」学習指導の研究に取り組んできた鹿内善信は、『［創造的読み］への手引』（勁草書房・1989〈平成元〉年）以来の実験研究の結論として「絵図を読み解く活動の三要素」という仮説を提出している。
　①変換──別の表示法に変えて表現する。言い換えであり、置換である。
　②要素関連づけ──テキストを構成している諸要素を相互に関連づける。
　③外挿──テキスト中に記述されている内容を超えて、推量したり予測したりする。（本書の 71 頁）

　この三要素は、大村はまの「クリちゃん」実践の〈学習の手引き〉と共通している。そしてこの三要素が画像情報読み解きのプロセスであることに思い及ぶと①②③は学習過程または指導過程として転用することも可能である。つまり、きわめて汎用性のある三要素であると言えるのである。
　また、外挿は PISA の読み「複数の情報を較べて意見を述べる（批判的思考の基本）」とも通底している。つまり、きわめて普遍性のある活動要素であることがわかる。
　外挿を自分の体験や読書経験に広げていくと、教室における生徒同士の感想や意見の交流も外挿の一つであることが見えてきて、「協同学習」の捉え直しの観点にも活かすことが出来よう。たしかに応用範囲の広い活動要素である。
　原理・原則は、シンプルでわかりやすいのがよい。鹿内の言う三要素を、学習環境に応じて変容させ、多様なバリアントを生み出していきたい。

　2001 年に入って急速に Twitter や Facebook のソーシャルメディアが普及し、私たちの情報生活は変化している。メディアは、2010 年頃を境にマスメディアからソーシャルメディアへと質的転換をしたのである。
　マスメディアは上から下へのタテ型の情報伝達機構であり、プロによる

収集・選択・加工された情報が流されていた。それに対してソーシャルメディアは、水平に流れるヨコ型の情報伝達機構である。タテからヨコへの変化は、中央集権型の一方的な情報流通から民主的な双方向の情報交換型へと変わったのである。2011 年の東電福島原発の事故後に「マスメディアの時代は終わったのではないか」と言われたのは、ブログや Twitter などでまちなかの「専門家」や被災者の発信する情報が受信され、組み合わされて「集合知」とも言われる新しい情報が生み出されていったからである。

　しかし、ソーシャルメディアは発信者の見えないメディアであり、私たちは、不確かな、冷静さを欠いた情報の海に生きることにもなる。大容量の情報の集積は衆愚社会を生み出しかねない。たしかな「集合知」を創り出していくための感性（クオリア）をどのように育てるか、「集合知」形成の制度をどのように構築するか、などの課題が私たちの面前に現れてきた。2015 年現在のこととして、マスメディアを批判的に受容する力を育てるメディア教育から、ソーシャルメディアを活用する相互発信力を育て創造的教養を育てるメディア・リテラシー教育へと発展させることが求められている。

　本書には、新しい理論と実践の芽を見いだすことが出来よう。本書がこれからの国語科教育を豊かに拓いていく礎石になることを願っている。

2015 年 4 月 15 日

浜本　純逸

もくじ

序 ―メディア・リテラシー教育の授業デザインのために―
　………………………………………………… 浜本　純逸　i

I　メディア・リテラシー教育の実践が国語科にもたらしたもの

第1章　メディア・リテラシー教育の実践が国語科にもたらした地平 ……………………………… 奥泉　香　5

第2章　国語科にメディア・リテラシーを位置づけた教育理論
　―カナダ・オンタリオ州における国語科「メディア領域」の生成過程― ……………………… 近藤　聡　19

第3章　教科書教材史から見える実践と今後への展望
　―21世紀、メディア・リテラシー導入以降の教科書教材の分析― ……………………………… 中村　純子　29

第4章　国語科でメディア・リテラシー教育を充実させるための枠組み
　―言語のはたらきへの自覚を促すメディアの活用という視点― ……………………………… 砂川　誠司　39

第5章　リテラシーの変遷と国語科教育の課題
　……………………………………………… 中村　敦雄　48

第6章　国語科における教科内容の再構築
　　　　……………………………………………松山　雅子　57

Ⅱ　国語科教育としてのメディア・リテラシー教育実践

第1章　絵図を活用した授業実践
　　　　―多様な言葉をうみ出す絵図メディア―……鹿内　信善　71

第2章　写真を扱った授業実践
　　　　―静止画を読む観点を活用した言語活動―
　　　　……………………………………………羽田　　潤　91

第3章　広告・ＣＭを扱った授業実践
　　　　―広告制作者という立場からの広告学習―
　　　　……………………………………………瀧口　美絵　113

第4章　新聞（紙媒体／Web媒体）を活用した授業実践
　　　　―新聞に使用されている多様な文種の表現特性を踏まえて―
　　　　……………………………………………大内　善一　135

第5章　テレビを使った授業実践
　　　　―多メディア時代での役割をふまえて―……草野十四朗　155

第6章　インターネットを扱った授業実践
　　　　―ネット・コミュニティ、コミュニケーションへの参加
　　　　に向けて―　………………………………上田　祐二　175

第7章　携帯電話／タブレット端末を扱った授業実践
　　　　―参加型文化に生きるための言葉を育む―…石田　喜美　196

第8章　アニメーションを使った授業実践
　　　　　―アニメーションをことばの学びに活用する三つの条件―
　　　　　　　　……………………………………………藤森　裕治 217

第9章　映画を扱った授業実践
　　　　　―学習者の興味・関心喚起のために― ……町田　守弘 239

特別寄稿　未来に向けたメディア実践のリテラシー
　　　　　　　　……………………………………………湯口　隆司 261

あとがき―本書の編集にあたって― ………………奥泉　　香 273
索引……………………………………………………………… 277

ことばの授業づくりハンドブック
メディア・リテラシーの教育
・理論と実践の歩み・

I
メディア・リテラシー教育の実践が国語科にもたらしたもの

第1章
メディア・リテラシー教育の実践が国語科にもたらした地平

奥泉　香

はじめに

　メディア・リテラシーという概念及びその教育は、日本の国語科教師にどのように受容され、学習者にどういったものとして届けられてきたのだろうか。

　日本の国語科教育におけるメディア・リテラシーの実践は、2000年前後に盛んに行われるようになる。何をもってメディア・リテラシーの実践とするのかは諸論あるが、本章では次節で詳述するような方法を用いて、1990年1月～2014年3月までに刊行された当該実践に関する文献を収集・分析し、これらの実践を通時的に省察することによって見えてくる国語科への影響を検討する。

1．検討対象文献の範囲と収集方法

　上記の検討を行うため、次のような方法で検討対象とする文献の範囲を定め、収集を行った。

（1）対象文献の範囲

　山内祐平（2003）は、少なくとも2003年時点では、さまざまなリテラシーを指す言葉が「日本の教育の現場において混乱して使われている」と

指摘している。また中橋雄・水越敏行（2003）は、2002年までに収集した当該実践をレビューする際に、同様の混乱を整理するため、「メディア・リテラシーの構成要素」を6項目に分析・整理して文献収集を行っている。しかし、砂川誠司（2009）でも言及されているように、中橋らのレビューは国語科に焦点化させたものではないため、析出された「構成要素」に沿って国語科の実践論文を収集・分類すると、検索に漏れる文献が数多く出てしまう。そのため、本稿では実践者自らが自己の実践を「メディア・リテラシー、メディア教育」の実践として位置づけ行っている文献を中心に収集した。つまり、文献のタイトルか文中に実践者が自覚的に次の語を使っているものを中心に収集した。「メディア・リテラシー」、「メディアリテラシー」、「メディア教育」の3語である。テスト検索を行った結果、これらの語で検索することにより、国語科のメディア・リテラシーに関する実践論文は重ならずに殆ど検索できることがわかった。

(2) 収集方法

上掲の三つのキーワードを国語科とかけて、以下のデータベースを用いて文献収集を行った。①国立国会図書館蔵書検索（書誌・雑誌記事索引）データベース（NDL-OPAC）②国立情報学研究所データベース（CiNii）③国立教育政策研究所教育情報研究データベース（NIER）④「国語科教育」全国大学国語教育学会編1990年1月～2014年3月の掲載論文。⑤「月刊 国語教育研究」日本国語教育学会編1990年1月～2014年3月の掲載論文。以上の手続きで文献収集を行ったため、研究紀要や報告書の類で一部検索・入手が不可能だった文献もある。これに関しては、今回の分析対象から割愛させていただいた。

2．文献にみる実践の検討

上記の手続きをふんで収集した文献（192本）を、先行研究中村敦雄（2005）、砂川誠司（2009）を参照して、1990年～1999年と、2000年～

2010年、2011年～2014年の3期に分けて検討することとした。そして1990年～1999年を、「学習者の言語生活変容への着目」とし、2000年～2010年をさらに次の二項に分けた。「教材の変容と拡張」と「学習内容・学習方法の受容と発展」である。そして2011年～2014年を「既存の学習との融合」とした。以下、これらの枠組み毎に実践例を挙げ、その影響を検討する。

(1) 学習者の言語生活変容への着目

　文献を遡っていくと、国語科におけるメディア・リテラシー教育の実践は、冒頭で触れたように2000年前後から盛んに開発され発表されている。そしてその前数年間の文献をさらに遡ってみると、その基盤を形作っている論文が、異なる観点から一方向を示して提案されている。その方向とは、学習者の言語生活の変容に対峙した国語科の学習である。1996年8月、全国大学国語教育学会は、「現代の言語環境と国語教育」と題するシンポジウムを開催している。この年は総務省がインターネット普及率の調査を開始し、デジタルビデオカメラが普及し始めた年でもある。このシンポジウムを受け桑原隆（1996）は、学習者のより「広い言語生活」、「既成の読書観」からの「解放」の重要性を論じ、「漫画と読書」、「印刷のリテラシーと映像のリテラシー」との相互補完性について言及している。また、松山雅子（1996）は、「ドラえもん」を例に「テレビ・アニメーション享受」において「受け手に起こりうる知的・情的、生理的」作用や、仕かけの分析における重要性を提起している。そして1999年、町田守弘はサブカルチャーを戦略的に国語科に導入する提案を行い、その中で教材として成立し得るものを「境界線上の教材」と位置づけた。漫画、歌謡、アニメーション、広告、映画、テレビゲーム等の教材化。これまで学校文化において必ずしも扱われてこなかった素材を、教材観を拡張させて開発・実践化する試みが提案された。学習者にとって興味や実感が持て、さらに価値ある学習。金子守（1999）は、特に広告を中心として、これらを生涯学習や総合的学習の観点から、「社会の変化に柔軟に対応できる、豊かな人間性や社

会性」といった「生きる力」との関係で描いてみせた。2002年の新学習指導要領全面実施を見据え、求められる学力観が議論されていた時期である。

(2) 教材の変容と拡張

　上述の議論を背景に、メディア・リテラシーの授業では、多様な媒体や内容の教材が開発され実践されるようになる。例えば横田経一郎（2000）では、小学校6年生にホームページ作りを通して郷土を見つめ直す実践が行われている。前掲の総務省によるインターネット普及率の調査結果が、急速に高まり過去最高を記録した年である。また京野真樹（2001）は、デジタルビデオカメラを使い、シナリオ作成を通してメディアが構成される様を小学校6年に実践している。そして鈴木悟志（2002）では、中学2年生が興味を持ったり欲しいと思ったりした商品の「テレビコマーシャル」を使い、「生きる力」との関係で主体的な吟味力を目指した実践が行われている。さらに井上雅登（2002）でも、中学2年生に取材・台本作成を通したニュース番組制作の実践が行われている。これらの実践は、先述したデジタルビデオカメラの普及やその軽量化、操作や編集の簡易化を、メディア教育に柔軟に活かしてきた教師の取り組みを物語っている。

　このように、初期の実践をテーマが重ならないように、媒体の種類毎に1例ずつ挙げてみても、扱われるようになった内容や媒体の種類の範囲が拡張されてきたことが明らかにわかる。「チラシ広告」を用いた水野美鈴（2001）の中学校2年での実践では、複数の祭の広告を中心に、約3300年前のエジプトの広告から現代の自動車や食料品等の広告まで、幅広い分析を行っている。テレビCMを用いた石川等（2001）の小学校4年での実践では、アニメーション番組の時間帯に放映された新型ゲーム機のCMを分析させ、自分たちでもゲーム機のCMを制作させている。また、テレビニュースを用いた近藤聡（2001）の実践では、高校2年生に「事件の続報」を吟味させている。絵本を用いた由井はるみ（2002）の実践では、高校2年生と「竹取物語」、「かぐや姫」の比較を行っている。この他にも、雑誌

広告のキャッチコピーと写真を中学1年生に用いた左近妙子（2002）の実践や、「ポップミュージック」を中学校2年生と分析した黒田明子（2003）の実践、デジタルカメラを用いて高校2年生と学校紹介パンフレットを作成した鏡澄夫（2003）の実践、中学校1年生と入学志望者向けの学校紹介をホームページに掲載した宗我部義則（2004）の実践等、様々な媒体や内容を教材化し実践した報告がなされている。

　以上見てきたように、メディア教育を契機として国語科で扱われる教材は、その内容や媒体の種類において拡張がなされてきた。また、教科書教材においても2000年以降、中学校では菅谷明子による「メディア・リテラシー」（三省堂・三年）や水越伸による「メディア社会を生きる」（光村図書・三年）が、小学校では「マスメディアを通した現実世界」（光村図書・三年）や「アップとルーズで伝える」（光村図書・四年）等の教材が採択されてきている。そしてその学習過程では、学習者がビデオ作品やパンフレット等を制作していく過程や、その過程で書いたり書き換えたりしたシナリオや絵コンテ等も、重要な教材として機能し活用されるようになってきた。このことは塚田泰彦（1999）が指摘する「これからの学習材」としての「学習者ひとりひとりの創造的な『テクスト』表現過程」、あるいは藤森裕治（1998）における学習材論をも指向する国語科実践における成果の一つと見ることができる。

(3) 学習内容・学習方法の受容と発展

　上述のような教材の変容や拡張と相まって、国語科の実践では、新たな学習内容や学習方法が受容され開発されてきた。勿論その多くは、(2)で述べた教材の変容と不可分な部分も多い。しかし拡張された教材を使って、国語科におけるメディア教育では、従来とは異なるどういった学習内容や、学習方法が受容・開発されてきたのだろうか。瀧口美絵（2009）では、当該テーマを扱った優れた教材文であっても、「読み解くことを中心」とした従来型の授業では、その理解に限界があることが報告されている。

　そこで(3)では、以下の中村敦雄（2009）の分析を参考にして二つの観

点を設定し、さらに実践を検討する。中村敦雄（2009）は、メディア教育が国語科に与えた影響を、主に次の2点に分析・整理している。一点めは、リテラシーの「範囲を言語からメディア一般へ拡張」した点である。そして二点めは「批判的な理解を強調した」点である。各々の観点を「メディアの言語とその特性の学習」、「批判的な理解とその枠組みの学習」の二項に対応させ置き換えて、それぞれの観点から実践を検討する。また砂川誠司（2009）でも指摘されているように、メディア教育の実践では数種類の似た学習方法のパターンが繰り返し用いられ授業が行われているという側面も分析できる。したがって、上記の観点毎に関連する学習方法も、組み合わせて考察する。

1）メディアの言語とその特性の学習
①分析的なメディアの言語の学習

　上記（2）で述べた教材の拡張過程において、社会的実践の場における様々なテクストが、教材として開発されるようになった。そしてその中で、意味は文字や言葉だけから生成されるのではないというメディアの基礎理論を、学習者が実感を持って学習できるような学習方法が工夫・開発されてきた。藤川大祐（2001）では、雪の中に佇むニホンザルの映像に異なる種類の音楽を組み合わせ、テクストの意味は、視覚的・聴覚的に複合され生成されることを体験させ気付かせる実践が行われている。また中村純子（2001）（2002）では、カメラの「ポジション、アングル、サイズ」等によって、同じ対象や場面でも異なる意味を生成することを学ぶ実践が行われている。このように、メディア教育を機に国語科の実践では、複合的に組み合わされている記号体を多層的な要素に分析し、それぞれの要素がどう機能しているのかをメタ的に吟味する学習が行われるようになった。そしてこの種の学習では、テクストを構成している要素を敢えて一部除いたり、異なる要素と入れ換えたりして体験し分析する学習方法が採り入れられ開発されてきた。

②映像言語の学習の定着・体系化

上記の流れの中で、特に映像言語の学習は盛んに行われるようになった。勿論これまでも大河原忠蔵（1970）や滑川道夫（1979）らによる映像教育の提言はあった。しかし本稿の検討対象期間において、映像言語やそのレトリックの学習は、メディア教育という枠組みを得て国語科の実践として確実に位置づけられた感がある。それは今回収集した実践論文中、映像を使った実践が圧倒的に多かったことからも見て取れる。例えば川瀬淳子（2002）では、中学2年生に「ドラマ・映画」を用いて、映像のレトリックを学ぶ実践が行われている。寺田守（2006）においても、大学の教養教育科目で映像を中心としたメディア教育のカリキュラムが開発されている。柳澤浩哉（2008）でも「映画の文法」を用いて、コミック版『花とアリス』の絵を用いた映画版の導入部の分析が行われている。また前田康裕（2008）でも、デジタルカメラで学校を紹介するスライドショーを作る実践で、目的に応じた映像の選択と順序が指導されている。そして松山雅子（2005）（2008）では、動画における「モンタージュ法」や、「シークエンス」と呼ばれる画像の繋がりの中で、視聴者が「重層的な視点」をどのように体験していくのか等を学習させる実践が行われている。

　そして、これらを単に個別の実践としてではなく国語科に位置づけた背景には、浜本純逸（1996）で提言された「言語化能力」以降、同時期に理論的整理や提言がなされたことも見逃すことはできない。実践論文中に、参考文献として挙げられているものだけでも以下の論文がある。佐藤洋一（2002）の、映像を「一つのコミュニケーションモデル」としてとらえた分析枠組の提示。藤森裕治（2003）の、市川真文（2002）の分類を基に行った詳細な「見る」ことの分析。さらに羽田潤（2003）（2008）の、英国の動画リテラシーを主とした教授法の紹介・分析や教材の開発。松山雅子（2005）（2008）による自己認識の深化を目した教授法や教材の開発。奥泉香（2006）による「見ること」の英語圏のカリキュラムにおける整理・検討等である。また、目標分析や評価の観点からは、小学校低学年から高校までを網羅した井上尚美（2003）の目標分析表・評価表の提案がある。

　例えば遠藤瑛子（2003）では、上記文献の「言語化能力」に着目してア

ニメーションやポスターを用いた単元開発が行われている。青山由紀（2008）においても、上掲の研究を参照して「アップとルーズ」の学習が、映像学習全体のどの段階に位置付くのかを検討した単元開発が行われている。また田部井聡（2007）でも、高校三年間の国語科（国語総合、国語表現Ⅰ、国語表現Ⅱ）に渡る「見る学習」の単元が開発されている。さらに田中靖浩（2008）では、海外の実践を参考にしながら「見せるための手法」を洗い出し、その学習の系統性が提示されている。

③メディアとその表現特性の学習

上述の流れの中で、さらに各媒体やそれを通したテクストの表現特性を、短所をも含め学習する実践や学習方法も受容・開発されてきた。例えば栗原裕一（2001）では、漫画を分析して「シナリオという文字言語に変換」する書き換えの実践が、中学2年生で行われている。青山由紀（2003）では、小学校4年生にプロットを再構成させて漫画を小説に書き換える実践が行われている。町田守弘（2004）においても、高校2年生に「泥の河」を用いて小説と映像の比較の実践が行われている。さらに野中拓夫（2007）では、文学を静止画や動画といった異なる媒体を通して読む実践が行われている。

このように、媒体の特性やその表現特性の学習では、同一内容のテクストを異なる媒体間で比較したり、書き換えたりする学習方法が工夫され開発されてきた。大内善一（2003）は、このような比較・変換の学習を、メディア教育を国語科で行う場合の「授業の一つの典型」であると述べている。そしてこういった学習は、松山雅子（2005.7）でも論じられているように、教師の側にも逆説的に旧来から扱ってきた「本というメディア」や物語の構造、音声言語教育の意義や役割を、相対的に見つめ直す機会をも提示してきた。例えば余郷裕次（2003）では、絵本の読み聞かせを例に、メディアとしての教師の役割を論じている。また鈴野高志（2009）では、「がまの油売り口上」を広告メディアの一つと捉え、身体性を含めた分析を行っている。さらに南田和博（2002）は、日本では1989年から組織的な取り組みを行ってきたNIE（教育に新聞を）の立場から、新聞という媒

体の特性を見つめ直している。南田は、国語科におけるメディア教育という観点から新聞の特性を再吟味し、「応募投書と掲載投書の比較」の実践を提示している。

2）批判的な理解とその枠組みの学習
①三領域の枠組みと批判的理解

　メディア教育では、全ての実践において批判的な理解が関わっているといっても過言ではない。そしてこのことを目標に据えた実践や、そのための枠組みが、当該期間に幾つも開発され提案されてきた。例えば伊藤清英（2002）は、佐藤洋一（2002）が開発したテレビニュースの「分析手順や観点」を援用し、中学3年生にニュースの批判的な分析の手順を学習させている。佐藤の分析枠組みは、エディー・ディックによって考案されたメディアテクストの三領域（「オーディエンス」「テクスト」「制作」）を基盤として、コミュニケーション能力の観点から再構成したものである。また草野十四朗（2002）は、批判的思考を指導するためのマトリックスを作成し、上掲の三領域を基に「動態的関係性のモデル」を開発している。このようにメディア教育を契機として、テクストを三領域の観点から分析する学習が行われるようになったことも、国語科実践における成果と見ることができる。

　例えばこの枠組みの一つであり、またメディアの基本概念の一つでもある「オーディエンス」概念を用いて、テクストを分析した黒尾敏（2003）や栗原裕一（2003）の実践も報告されている。黒尾は想定される「オーディエンス」の関心やライフスタイルにまで着目させ、新聞広告の頒布される曜日との関係も分析対象に入れて、その吟味の学習をさせている。また栗原は、作成したポスターへの批評を、近隣のボランティアを実際に教室に招き学習者に聞かせている。これらの学習過程では、新聞広告を学習者が数週間に渡って収集し、仮説を立てて傾向を調べたり、制作物の批評を実際に確かめたりする、メディア教育における「調査」の学習過程が位置づけられている。

②批判的理解における発展の方向性

　実践論文を検討する限り、上記のような実践以外にも国語科における批判的理解・思考の学習は、メディア教育を機に次の二つの方向に発展してきている。一つは光野公司郎（2003）や加賀美久男（2003）、岩永正史（2004）、山元隆春（2004）等に見られるような、教科書教材にある説明的文章と組み合わせ、情報の「切り取り方」や「根拠」の挙げ方等を、社会的実践の場におけるテクストとの関係で学習する実践である。岩永はトゥルミンの論証モデルを基に、新聞やテレビニュースにおける根拠や理由づけ等の学習を、段階的に言語論理教育に位置づけていく可能性を提言している。また坂本まゆみ（2002）は、同じく教科書の説明的文章と組み合わせ、新聞やアニメーションを分析して、ハンセン病国家訴訟における「報道する罪、しない罪」や記者クラブ存在への疑問、ジェンダーの問題等へと学習の拡張・発展を図っている。さらに同方向の実践としては、児童言語研究会（2005）（2006）における一読総合法や批判読みの理論を、アニメーションの分析等に応用した批判的分析の方略の開発・提案も挙げることができる。

　二つめの方向は、社会的実践の場に近い独自開発教材を使って、学習者の社会認識や自己認識を深めることを目標とした実践開発の方向である。例えば近藤聡（2008）では、出来事の重要度を考えて「自分が編集責任者ならば」、新聞の一面記事をどう序列づけるかを考えさせる実践を行っている。これは、メディア教育における「シミュレーション」という学習方法を応用した実践に位置づけることができる。自分の序列づけと新聞社の序列づけ、クラスの他の学習者の序列づけを比較して、その理由を考え批判的に社会認識、自己認識を深める学習である。また松山雅子（2005）（2008）においても、動画のディレクター体験や編集活動を通して、自己認識の深化を目指す実践が提案されている。松山は、そのために「さまざまな表現形態をとおして、顕在的、潜在的」な「物語」を発見させ、「相対化した行為者としての自分」をも含む＜他者＞を通して、＜自己＞を見つめる学習を提起している。まさにこの過程で、批判的理解はテクストに

留まらず、テクストを読み・発信する自己へと向かい、「観念的な批判」を越えて「理性的な共感」へと深化していく。そして松山の提案の基点には、絶えず学習者が無自覚の内に享受してきたメディア体験を振り返り、それらを潜在力として学習に活用しようとする「批判的気づき（critical awareness）」を促す「メディア日誌」等の実践が位置づけられている。こういった「批判的気づき」をも含め、国語科における実践はメディア教育を契機として、批判的理解の学習をさらに深化・拡張してきていると見ることができる。

（4）既存の学習との融合

　最後に、2011年〜2014年に報告されている当該実践を検討し、そこから見えてくる傾向を述べる。それは2011年の後半から、文献のタイトルに「メディア・リテラシー」といった類の語が使用されなくなってきているという傾向である。このことは、単純に当該実践が行われなくなってきていることを示さない。実際に第1節で述べた方法で検索すると、上記期間に報告された実践は、4件である。しかし2010年までの前期間に報告された実践と似た実践は、17件報告されている。そしてこの意味は、2011年の後半以降に報告された論文名を検討すると見えてくる。例えば「社会に氾濫する情報を、主体的に受け止める力を育てる試み―新聞記事を活用した実践から―」（2012）や、「新聞の折り込み広告を学習材とした単元の開発―オリジナル広告の作成を通して書く力を高める―」（2013）等である。これらの実践は、新聞等のメディアを用いているが、そのことによってどのような力をつけようとしているのかを前景化させている。これは、2000年前後当該実践が報告され始めた時期に多様なメディアを活用した実践が開発されたことを考えると、逆方向の現象と見ることができる。そして、これらの実践にはメディアを活用して「情報を、主体的に受け止める力」や「書く力」を高める工夫が展開されている。こういったタイトルの実践が圧倒的に多くなってきていることをもって、ある意味においてメディア・リテラシーの実践が日本の国語科に根付いてきていると見

ることはできないだろうか。

　しかし、この現象からは今後への課題も垣間見える。メディアを活用して育成しようとする力が、この約14年の間に実践を通して検討されてきた新しい概念や理論的枠組みを充分受容し、従来から国語科で培ってきた力との関係で止揚できているのかという問題である。例えば、メディア・リテラシーの実践開発を通して研究・蓄積されてきた記号論的なコミュニケーション過程の捉え直し。オーディエンス概念やジェンダー等の社会・文化的な視点。従来から国語科で目指してきた力との融合が根付いてきた反面、メディア教育において紹介・研究されてきた理論的な枠組みや発想を、再度点検して進めていく必要はないだろうか。

3. まとめと今後への展望

　以上、1990年1月～2014年3月までの実践に関する文献を、三つの観点から検討してきた。このように見てくると、メディア教育における実践では、教材の性質からも学習内容の性質からも、学習者の感覚器官を通した体験や、書き換え・制作といった発信活動が採り入れられてきたことがわかる。そしてその活動の位置づけは、学習の最終段階としての発表活動から、まず体験してみてその体験を共有資源として学習を展開する、ワークショップ型授業のデザインへと変わり繋がっていることがわかる。国語科の実践は、このようにメディア教育を契機として発信・受信活動の循環デザインという授業の枠組みまで変革しつつある。そしてこういった体験を含む実践では、その＜振り返り＞の質がますます問われてくる。学習者のメディア環境は、スマートフォンやタブレット型端末等が急速に普及し、ソーシャルメディアが社会体制にまで影響を及ぼす段階に来ている。こういった中に在る学習者に、砂川誠司（2009）がバッキンガム（David Buckingham）の分析を通して指摘した「感情を伴う＜振り返り＞」が実践できるよう、様々な手法や実践が開発される必要がある。メディアを介してもたらされる感情への「批判的気づき」までも、共有し検討し合える学

びを実現していくために。

引用及び参考文献

青山由紀（2008.9）「メディアと言葉が行き来する単元の構想『アップとルーズで伝える』（光村四下）を土台として」『月刊国語教育研究』43巻437号、日本国語教育学会
井上尚美、中村敦雄（2001）『メディア・リテラシーを育てる国語の授業』明治図書出版
井上尚美（編集代表）、岩永正史（第1巻）、中村敦雄（第2巻）、大内善一（第3巻）、芳野菊子（第4巻）（2003）『国語科メディア教育への挑戦 』明治図書出版
岩永正史（2004.3）「メディアリテラシー、とくに学習者の実態に即した批判的思考の指導をどのように行うか」『月刊国語教育研究』39巻383号、日本国語教育学会
遠藤瑛子（2003）『人を育てることばの力』渓水社
奥泉香（2006）「『見ること』の学習を、言語教育に組み込む可能性の検討」『リテラシーズ 2』リテラシーズ研究会編、くろしお出版
金子守（1999）『総合的学習に生きる広告の読み方・生かし方』東洋館出版
草野十四朗（2002）「時事問題で批判的思考力を育てる」浜本純逸・由井はるみ（編）『国語科でできるメディアリテラシー学習』明治図書出版
栗原裕一（2003）「学校の「『お隣さん』いらっしゃい―ポスターを使って自己評価能力を高める」井上尚美（編集代表）前掲書3巻
桑原隆（1997）「言語環境の変化と国語教育の課題」『国語科教育』第43集、全国大学国語教育学会
光野公司郎（2002.9）「国語科教育におけるメディア・リテラシー教育―説明的文章指導においての批判的思考力育成の実践を中心に―」『国語科教育』第52集、全国大学国語教育学会
近藤聡（2008.9）「『社会認識と自己認識を深める』メディアリテラシーの授業」『月刊国語教育研究』43巻437号、日本国語教育学会
佐藤洋一（2002）『実践・国語科から展開するメディア・リテラシー教育』明治図書出版
児童言語研究会（2005）『メディア・リテラシーを伸ばす国語の授業、小学校編』一光社
児童言語研究会・中学部会（2006）『中学生と学ぶメディア・リテラシー：メディア社会を生きる力を育てる』一光社
砂川誠司（2009.9）「メディア・リテラシーの授業における感情を伴う（振り返り）の必要性―D. Buckinghamの学習モデルの検討を通じて―」『国語科教

育』第 66 集、全国大学国語教育学会
塚田泰彦（1999.3）「学習者のテクスト表現過程を支える 21 世紀のパラダイム」『国語科教育』第 46 集、全国大学国語教育学会
寺田守（2006.9）「大学教養教育科目におけるメディアリテラシー教育の実践「父と娘 Father and Daughter」のナレーション作りの考察を中心に」『国語科教育』第 60 集、全国大学国語教育学会
中橋雄、水越敏行（2003.6）「メディア・リテラシーの構成要素と実践事例分析」『日本教育工学雑誌』27（Suppl.）日本教育工学会
中村敦雄（2005.3）「メディアの学習（メディア教育／メディア・リテラシー）」『言語技術教育』第 14 号、日本言語技術教育学会
中村敦雄（2008.9）「読解リテラシーの現代的位相 PISA2000/2003/2006 の理論的根拠に関する一考察─」『国語科教育』第 64 集、全国大学国語教育学会
中村純子（2002.10）「映像を読み解く」『日本語学』vol. 21、明治書院
羽田潤（2003.3）「オックスフォード大学出版局刊のメディア・ミックス型国語教科書 "Mixed Media" の考察」『国語科教育』第 53 集、全国大学国語教育学会
浜本純逸・由井はるみ（2002）『国語科でできるメディアリテラシー学習』明治図書出版
藤川大祐（2002）『メディアリテラシー教育の実践事例集：情報学習の新展開』学事出版
藤森裕治（1998.3）「国語科学習材の概念規定に関する一考察」『国語科教育』第 45 集、全国大学国語教育学会
藤森裕治（2003.3）「国語科教育における映像メディアの教育内容─メディア・リテラシーの視点から─」『国語科教育』第 53 集、全国大学国語教育学会
町田守弘（1999.2）「国語教育の戦略─『境界線上の教材』による授業改革論」『月刊国語教育研究』34 巻 322 号、日本国語教育学会
町田守（2004.3）「言語と映像の接点を探る─国語科メディア・リテラシー教育の一環として」『月刊国語教育研究』39 巻 383 号、日本国語教育学会
松山雅子（2005）『自己認識としてのメディア・リテラシー PART Ⅰ 文化的アプローチによる国語科メディア学習プログラムの開発』教育出版
松山雅子（2005.7）「読み手が自己決定を迫られる瞬間」『月刊国語教育研究』40 巻 399 号、日本国語教育学会
松山雅子（2008）『自己認識としてのメディア・リテラシー PART Ⅱ 文化的アプローチによる国語科メディア学習プログラムの開発』教育出版
山内祐平（2003）『デジタル社会のリテラシー』岩波書店
山元隆春ほか（2003）『小・中国語における基礎・基本の指導と総合単元づくりとのかかわりに関する研究（4）メディアリテラシーの育成を想定した中高一貫の国語科単元づくりの試み』広島大学学部・付属学校共同研究紀要 . vol.32

第2章
国語科にメディア・リテラシーを位置づけた教育理論
―カナダ・オンタリオ州における国語科「メディア領域」の生成過程―

近藤　聡

はじめに

メディア・リテラシー教育をカリキュラムに明確に位置づけた先駆けはカナダである。1987年にカナダ・オンタリオ州教育省は国語（英語）科学習指導要領を改訂し、7～12年生の教育課程に「メディア領域」を設置し[1]。同年にメディア領域を実施し、初めて公教育にメディア・リテラシー教育を位置づけた。

<州の教育全般及び国語科の目標[2]>より

国語科（イングリッシュ）	Ⅰ．言語領域
	Ⅱ．文学領域 　　A．　詩 　　B．　散文　フィクション 　　C．　散文　ノンフィクション 　　D．　戯曲
	Ⅲ．メディア領域

それまで言語と文学の二領域であった国語科は、メディアを加えて三領域となった。
これにより、メディア・リテラシー教育はメディア領域でおこなわれる国語科の必須の教育内容となった。

この後、カナダ全人口の三分の一を占めるオンタリオ州の影響は大きく、オンタリオ州に本部がある教員組織 AML（Association for Media Literacy メディア・リテラシー協会）の各支部の主導により、他の州は1990年代にメディア・リテラシー教育を開始した。

　カナダ全10州の国語は、ニューブランズウィック州は英語とフランス語、ケベック州はフランス語である。他はオンタリオ州同様に英語であり、ノヴァスコシア州（主に社会科教育で導入）以外の7州は国語科教育を核にして導入した。ニューブランズウィック州は国語科のうち英語で特に奨励した。ケベック州はケベック教育カリキュラム（QEP）の広域学習領域（他は教科学習領域）の必修要素にした。

　以上のように、カナダのメディア・リテラシー教育は、国語科教育として成立したのである。その発祥となったオンタリオ州「メディア領域」の導入において、メディア・リテラシー教育を国語科で行う国語科教育理論が生成された。本章は、この国語科教育理論の生成を研究対象とし、オンタリオ州の国語科教育課程について1969年[3]・1977年[4]・1984年[5]・1987年の学習指導要領および指導指針を主な資料とした。

　研究の成果として、「メディア領域」導入に至る国語科教育理論が1960年代からの継承と1980年代の発展によって生成されたことを論証していく。特に、以下の「言語教育観」と「言語観」は「メディア領域」を国語科教育に位置づける重要な根拠であり、日本における国語科メディア・リテラシー教育に大いに示唆を与えるであろう。

【「言語で社会認識、自己認識、アイデンティティー形成をする」という言語教育観】

　69年版の「自己の形成」という教育目的として表れ、77年版で明確に示された。これが、87年版のメディア・リテラシー教育のアイデンティティー形成に継承された。

【国語科のメディア・リテラシー教育を支える「メディアは言語である」という言語観】

　84年の指導指針で初めて小さく芽生えた。87年版において、この「メ

ディア言語観」が大きく生成され、メディア・リテラシー教育は国語科教育として位置づけられた。

なお、本章で資料とした四通りの学習指導要領は、すべてインターミディエイト以上のものであり、日本の中等教育に該当する。

【参考】オンタリオ州のカリキュラム／第1学年～第3学年：プライマリー／第4学年～第6学年：ジュニア／第7学年～第10学年：インターミディエイト／第11学年～第13学年：シニア

1.「言語で世界を認識する」という言語教育観の継承（1960～1980年代）

(1) 学習者発見の原則による、ダイナミックイングリッシュの標榜

69年版学習指導要領は、国語科教育を大きく転回するものであった。

それまでの伝統的な国語科教育は、国語の規範文法や正しい発音を習得するのを重視していた。69年版の「はじめに」と「教育課程」の項から、伝統的な国語科教育からの転回を示した二箇所を引用する。

> ○人間は活動を通して学ぶ。（中略）つまり人間はイニシアティブをとった時に理解したことを最もよく記憶するということである。よって教育における主要課題は、教師のパフォーマンスではなく、学習者にどのような学習経験をさせるべきか、ということである。着眼点を指導方法から学習経験へ移すと、現行のインターミディエイト部門における国語科教育を再評価する必要が生じる。この場合、スペリング、手書き、文法、作文、および文学のように、国語の学習項目を厳密に細分化するよりもむしろ、経験と表現を中心要素とするダイナミック＝動的なプロセスとは何かを考えることの方が、より生産的な取り組みとなる[6]。
>
> ○伝統的に国語科教育では、特定の技能の習得と文学遺産の継承が強調されてきた。技能の習得が学習者の正当な要求であることは、今で

も変わらない。しかし、学習者が最もよく学習する時は（中略）ひとりでドリルなどの練習問題を解く時ではなく、学習者みずから学習は必要だと理解した時である。だから教師は学習者の態度に注意を払い、必要な時に必要な援助を学習者に与える。

　上記の通り、69年版はダイナミックなプロセス（a dynamic process in which experience and expression）」を重視した。ダイナミックイングリッシュ＝動的な過程重視の国語科教育を標榜したのである。ダイナミックなプロセスの重視は、活動を通して効果的な学習ができ、学習者自身が主導する学習が理解を定着させるという研究成果を根拠にしている。いわば、学習者発見の原則に従っているのである。
　学習効果を高める教授行為は、ドリルなどの練習問題を解かせるやり方ではなく、学習者自身が学習が必要だと理解できるやり方であるという。そのため、授業者は学習者の態度から判断して、必要な支援をするべきだというのである。ダイナミックイングリッシュのこのような特徴は、次の通りに、77年の改訂でも強調されている。

　○言語の育成の初期段階は、理論よりも実践を中心にする原理を反映させるべきである。現実離れした形式的な練習、あるいは教師主導で進める文学批評中心のディスカッションに傾倒するよりもむしろ、目に見える形で、教室での授業の半分以上を、学習者各自が積極的にリーディングやライティングを行うような機会にする[7]。

　87年版も、次のようにダイナミックイングリッシュを重視し、用語としても明記した。

　○「ダイナミックイングリッシュ（＝dynamic English）」の授業は、社会の縮図であると同時に、社会の一部でもある。文学やメディアによって他者の経験を自分のことのように体験することで、見いだせる

学習の価値は高まるのである[8]。

このように、ダイナミックイングリッシュの重視は、69年と77年の改訂から87年版に継承されたものであった。

(2) 言語教育の教育目的を「自己の形成」と「アイデンティティーの形成」に置いた

では、ダイナミックイングリッシュを教授行為として、何を教育目的とするというのか。

69年の改訂は、教育目的を「自己の形成」、「コミュニケーション力の育成」だとした。これを境にして、国語科国語育は言語によって人間形成をするように、次のように方針を変えたのである。

〇焦点は「国語とは何か？」ではない。（中略）インターミディエイト部門では、国語はもはや単一の学習科目という扱いではない。国語は、個人の自己の形成、および人間として必要なコミュニケーション力の育成と密接に関わる一つのプロセスであるととらえるのである[9]。

77年の改訂は、この方針をさらに明確にし、「言語によって、社会認識、自己認識をする」という言語観および言語教育観を示した。これによって、77年版は69年版よりも社会性を強め、教育目的としてアイデンティティーの形成を打ち出し、用語としても記述した。77年版の「全般の目標」から2項目を引用して示す。

〇1. 各自が、個人および社会の目標を理解し、主導権、責任感、決断力、自制心、洞察力、誠実さなどの品性を習得するため言語を使うことを奨励する。
2. 個人のアイデンティティーを自覚し、理解するよう学習者を育

成する。カナダの多文化社会やカナダ文学に見受けられる多種多様な人についての多様な価値観を自覚し、理解するよう学習者を育成する[10]。

　以上、学習者発見の原則に立つダイナミックイングリッシュによって、自己を形成し、アイデンティティーを形成するのは、69年・77年の改訂で打ち出された方針であった。この方針は、87年の改訂でも継承されていった。

2. メディアを「言語」としてとらえる言語観の成立（1980年代）

(1) メディアを言語としてとらえたのは、84年指導指針からである

　69年版および77年版に対し、87年版はメディアの理解に大きな違いがあった。メディアを言語としてとらえるか否かの違いである。

　メディアを言語としてとらえた記述は、84年の「基礎コース用指導指針（低学力者対象）[11]」にはじめて現れた。次の通り、p.50～56に「メディア」の項を設けたのである。

84年：基礎コース用指導指針の目次
謝辞 2page　はじめに 3　教員のQ＆A 4　小グループ学習 6　作文 10
言語学習 24　リーディングと文学 28　テーマ学習 34　戯曲 41　詩 45
メディア 50　リサーチ活動 57　評価 63　リーディングの提案 70

　メディアの項を設けた背景には、1950年代以降にはカナダ人が視聴するメディア作品のほとんどがカナダ国外で制作されるようになり、その後もアメリカ製番組が70％を占めるに至った（1995年）といった社会環境、メディア環境がある。

　次の「メディア」の項の記述により、学習の焦点がどこにあるかが分かる。

○学校はこれまで、文学と印刷物のリテラシーに重点を置いてきた。しかし、電子メディアの出現に伴い、新たな文化が誕生した。この文化は、書籍文化よりもはるかに多くの人を巻き込み、影響を与えている。つまり、学習者は現在、2種類の全く異なる性質の教育課程を経験していることになる。1つは学校での教育、もう1つはメディアによる教育である。教師は、学習者がマスメディアに対して、賢く対応できるようサポートする義務がある[12]。

　マスメディアが大きく影響を与える大衆社会において、言語で世界を認識し理解するには、メディアを言語の中に入れ込んで一領域として扱うのが必然となったのだと考えられる。
　カナダは、このようにいち早くメディアを言語として位置づけた。それができたのは、一つには、69年版・77年版の学習指導要領が示した、言語で社会を認識して自己を形成するという言語観、言語教育観の継承があったからだと考えられる。

(2) 87年学習指導要領による「メディア領域」導入
メディア・リテラシー教育の教授行為（holistic reading）および教育目的

　87年版の「ビューイング：メディア・リテラシー」の節には、メディア・リテラシー教育の教授行為についての重要な記述がある。

　　○それぞれのメディアの形式により、ビューアー（見る者）に対する要求は異なる。動きのあるメディアに対しては、多くの特定のディテールを再構造化するために素早い<u>全体的理解（ホリスティック・リーデング holisticreading）</u>が必要である。静止したメディアに対しては、その構図や視覚メディアの選択などの限定した側面について、より思慮深い理解や考えをめぐらすための時間が必要となる[13]。（傍線は筆者が付した。）

「ホリスティックリーディング」という用語は、87年の学習指導要領ではじめて登場した。87年版はメディア・リテラシー教育の教授行為として、ホリスティックリーディングという全体的理解を重視したと考えられる。ホリスティックリーディングはダイナミックイングリッシュ[14]と同様に、静的でドリル中心の読み書き文法の国語学習の対立概念である。また、ホリスティックリーディングによる、メディア・リテラシー教育の教育目的も次のように記述されている。

　○メディア・リテラシー教育では、学習者を技術用語で圧倒せず、(中略)学習者が自己のビューイング習慣を意識できるようにすべきである。そうすることにより、今言われる情報時代において自己の人生設計を補助する技術と知識を養うことになる[15]。

　ホリスティックリーディングでは、学習者はメディア・リテラシー教育の学習経験を意識することが重要である。この学習経験によって、「自己の人生設計」とある通り、自己の形成という教育目的を果たしていくわけである。
　87年版の冒頭に近い「文学とメディアの重要性」の節では、「メディア・リテラシー」の項を設けて、メディア・リテラシー教育を言語教育に位置づけて教育目的を次のように示している。

　○本コースでは、映画、ラジオ、テレビなどメディア業界を志望する者を育成するのが目的ではない。(中略)学習者は、メディアが何を、どのようにもたらし、どのような影響力をもつのか、メディアとメディアが発信するメッセージが人々の生活にいかに影響を与えるのかを知り、理解する必要がある。メディアではこれらを伝えなければならない。これらを伝えてこそ、メディアは、国語科および言語科の中にその地位を確立するのである[16]。

メディア・リテラシー教育は言語教育であると明解に述べている。メディアを言語として、その言語で認識する学習経験をするのが目的だからこそ、言語教育、国語科教育であり、国語科教育課程に位置づけたのである。

また、87年版の全般の教育目的は「言語、文学およびメディアの知的な探究および、自己価値と社会価値を確立するのに果たす役割を理解する」ことだと明記されている。つまり、言語教育全般の教育目的として言語によって社会認識、自己認識を重視し、「メディア」は、メディアという言語の領域で、社会認識、自己認識をする役割をになっていたのである。

以上から、87年版はメディア領域を、ホリスティックリーディングにより自己を形成しカナディアンアイデンティティーを形成する科目として規定したと考えられる。

おわりに　カナダのメディア・リテラシー教育の教育思想

(1) 国語科におけるメディア・リテラシー教育の生成と位置づけの過程

言語によって社会性を育てる言語観・言語教育観は継承しながら、84年には言語概念に「メディア」を加える言語観が芽生えた。さらに、87年には「従来の『言語』概念」とメディアとを含める「新しい言語メディア観」を提起している。こうして、メディアによって社会性を高めるメディア・リテラシー教育が位置づけられたのである。

(2) 自己の確立とナショナリティーの形成

1987年版学習指導要領には、教育目的を示した、示唆に富む次の一節がある。

　　○学習者が（中略）知的好奇心と才能を伸ばす一方で、学習能力の上達だけを目的とせず、その才能をコミュニティや社会全体に還元し貢献するという意識が芽生えるようにする[17]。

この記述からは、教育の目的は、向上した自己の能力を社会に還元し貢献することにほかならない。この点で、「自己の確立」と「ナショナリティーの形成」は、教育の出口でほぼ一体としてとらえることが可能であろう。国語科教育の重要な目標の一つとして、メディア・リテラシー教育においても、自己の確立とナショナリティーの形成を具体的な教育の次元において統一しようとしていたと考えられる。

註
1) Ontario Ministry of Education. (1987). *English Curriculum Guideline: Intermediate and Senior Divisions (Grades 7-12)*. Toronto: Queen's Printer.
2) ibid. Ontario Ministry of Education. (1987). p.9
3) Ontario Department of Education. (1969). *English Intermediate Division*.
4) Ontario Ministry of Education. (1977). *Curriculum Guideline for the Intermediate Division English*. 7
5) Ontario Ministry of Education. (1984). *Basically Right: English Intermediate and Senior Divisions*. 4
6) ibid, Ontario Department of Education. (1969). p 3
7) ibid..Ontario Ministry of Education. (1977). p.8
8) ibid. Ontario Ministry of Education. (1987). p.5
9) ibid, Ontario Department of Education. (1969). p.3
10) ibid..Ontario Ministry of Education. (1977). p.5
11) ibid.Ontario Ministry of Education. (1984).
12) ibid.Ontario Ministry of Education. (1984). p.50
13) ibid. Ontario Ministry of Education. (1987). p.19
14) ibid. Ontario Ministry of Education. (1987). p.5
15) ibid. Ontario Ministry of Education. (1987). p.19
16) ibid. Ontario Ministry of Education. (1987). p.3
17) ibid. Ontario Ministry of Education. (1987). p.15

第3章
教科書教材史から見える実践と今後への展望
―21世紀、メディア・リテラシー導入以降の教科書教材の分析―

中村　純子

はじめに―21世紀から展開したメディア・リテラシー教育

　国語科教育でメディア・リテラシーを扱う契機となったのは、FCT市民の会（1992）[1]や、鈴木みどり（1997）[2]によるカナダのオンタリオ州のカリキュラム実践の紹介である。さらに、水越伸（1999）の理論[3]や、菅谷明子（2000）によって紹介された海外の実践[4]が大きな影響を与えた。このように、国語科におけるメディア・リテラシー教育は21世紀に入ってから、本格的に幕が開けたと言えよう。

　メディア・リテラシーとは、「メディアが形づくる『現実』を批判的（クリティカル）に読み取るとともに、メディアを使って効果的に表現していく総合的な能力」（菅谷　2000）である。このメディア・リテラシーの概念が導入されたことによって、義務教育段階の国語の教科書教材がどのように変わっていったのかを分析する。21世紀以降、教科書の改訂は4回行われている。本章では、4つの時期区分を使用年度設定し、小中学校の教科書教材の特徴を分析し、今後の課題を検討していく。

1．1期：2002～2005年度
　　メディアを活用するワークショップから展開した批判的分析の模索期

（1）批判的分析の視点の獲得と教材観の拡大

メディア情報を批判することの重要性は、メディア・リテラシーが導入される1期以前より論じられていた1981年の「批判的精神」（光村図書『国語　三』1981～1983年度使用）で岩崎武雄は、情報を操作するマスメディアの権力に対して批判的精神を持つために、「一切の偏見を除去して、虚心坦懐（たんかい）に判断しようとする心構え」を持つことを唱えていた。また、平成9年から16年に使用された「マスメディアを通した現実世界」（光村『国語　三』1997～2001年度）で池田謙一は、「マスメディアの情報を自分なりに取捨選択し、自分にとっての現実の像を再構成していく」ことを述べていた。

　このように、20世紀末まで、マスメディアの影響力に対抗する方略は、受信者側の情報の受け取り方に焦点があてられていた。21世紀に入り、メディア・リテラシーの概念が導入されたことにより、情報の送り手の意図や、情報を伝えるメディアの特性、情報の背景などに批判的分析の焦点があてられるようになった。

　第1期に入り、国語科教科書で初めてメディア・リテラシーを論じた説明文が登場する。見城武秀による「メディアとわたしたち」（三省堂『現代の国語3』）である。メディアには表現の上での約束事があり、メディア情報はそれぞれの特性に応じ、加工・編集されている。編集された情報はそれぞれ印象も異なり、誤報や情報操作を招くこともある。しかし、本来、編集は現実をゆがめたり、ウソを伝えるためではなく、情報を分かりやすく伝えるために必要なことであると、肯定的なメディア論を展開している点が新しい。そして、情報の送り手側の視点と受け手側の視点の両方から、メディアを考察することを提唱している。

　東京書籍『新編　新しい国語3』では、森本哲郎の「イメージからの発想」と佐藤二雄の「テレビとの付き合い方」による映像論が掲載された。いずれもテレビニュースの映像は現実の一部を切り取ったものであり、撮影者の意図で構成されたものであることを論じている。報道されなかった事実の中にもっとも重要な情報があることを念頭におき、テレビを見ることを促している。

このように、メディア・リテラシーの概念の導入により、メディア情報が現実の一部しか伝えていないことが認識され、その情報を編集した送り手を分析する俯瞰的な視点が与えられたのである。さらに、印刷メディアの文章だけでなく、映像を含む多様なメディアも読解の対象と含められることが認識され、教材観が広がったのである。

(2) 多様なメディアを活用したワークショップ型授業の全盛

　中学校の教科書では、多様なメディアを活用したワークショップ型授業が展開する。三省堂『現代の国語』ではメディアを活用したワークショップの帯単元が登場する。1年で学校案内パンフレット、2年でニュース番組、3年でグループ雑誌の制作を扱う。他社では、ガイドブック、アルバム、本の帯、キャッチコピーの制作に取り組ませている。また、映像制作のワークショップも盛んとなる。光村図書『国語2』では「春を伝える」ビデオレターの作成、三省堂『現代の国語2』と東京書籍『新しい国語2』では教室をスタジオに見立てたニュース番組制作を扱っている。新聞を扱った教材では、学級新聞だけでなく、実際のマスメディアの新聞を扱い、紙面構成のルールに関する学習が組み込まれた。プレゼンテーション、調べ学習、意見文の単元では、インターネットの活用が取り入れられた。メディア活用による言語活動の活性化が大きく期待されていた。

(3) メディアの特性比較から始まった批判的分析

　東京書籍では、1年生で「書く2　根拠を示そう『映画は映画館かビデオか』」(『新しい国語1』)、2年生で「聞き取り座談会　話題：情報を得るにはテレビがよいか、新聞がよいか。」(『新しい国語2』)を扱っている。教育出版では2年生の教材で、「学級新聞は手書きがよいか、パソコンがよいか」(『中学国語　伝え合う言葉2』)のディベートを取り上げている。このように、メディアの批判的分析はメディアそのものの特性を比較することから始まったのである。

2. 2期：2005～2011年度
　メディア・リテラシー概念の定着と洗練されたワークショップ型授業

(1) 中学校説明文教材でのメディア・リテラシー概念の定着
　2期では、菅谷明子「メディア・リテラシー」（三省堂『現代の国語3』）、菅谷明子「メディアを学ぶ」（東京書籍『新しい国語3』）、水越伸「メディア社会を生きる」（光村図書『国語3』）によってメディア・リテラシーの概念が定着した。菅谷はメディア・リテラシーを「メディアの特性や社会的な意味を理解し、メディアが送り出す情報を『構成されたもの』として建設的に『批判』する能力」「自らの考えをメディアを使って表現し、社会に向けてコミュニケーションをはかることで、メディア社会と積極的につきあうための能力」と定義し、ステレオタイプを分析するロンドンの小学校の授業を紹介した。水越は、メディアの読み書きが社会を生きる上で重要な力とされる時代になったと論証し、物語の朗読やドラマ化などの表現活動が情報の編集についての学習となることを期待している。水越もジェンダー、ステレオタイプといった批判的分析の観点を紹介している。こうした分析の観点が初めて紹介された点でも画期的であった。

(2) 小学5年生社会科と連携したメディア活用のワークショップ型授業の隆盛
　2期では、中学校教材でメディア活用のワークショップ型授業が少なくなる。「広告・宣伝文を作ろう」（東京書籍『新しい国語3』）でCDジャケット制作に取り組ませる単元と、三省堂のメディアを活用したワークショップの帯単元のみになる。
　一方、小学校では2期からメディアを活用したワークショップ型授業が登場する。学校図書『みんなと学ぶ 小学校国語』では、1年生では絵、2年生では写真からのお話作り、3年生では詩と映像を結びつけた表現活動、4年生ではコマーシャル制作、5年生では本の制作、6年生ではニュース読解を扱う帯単元を設定した。

中谷日出の「アップとルーズで伝える」（光村図書『国語　四上　かがやき』）で、写真から伝わる情報がカメラワークによって異なることが示された。授業ではデジタルカメラを使った実践が盛んに取り組まれた。

また、ニュースの送り手を体験するワークショップが増える。清水建宇の「ニュース番組作りの現場から」（光村図書『国語　五下　大地』）で、ニュース番組の特集を制作する過程についての説明文を読む。その発展学習として、テレビニュース制作に取り組む課題があり、ニュース原稿と絵コンテが例示されている。東京書籍でも「ニュース番組を作ろう」（『新編　新しい国語　六上』）という単元で番組のコーナーの分析や表現技法の工夫を扱い、制作活動に取り組ませている。光村図書『国語四上　かがやき』では「新聞記者になろう」という単元を設定している。これは、平成10年版小学校学習指導要領から、小学5年生の社会科の産業の学習に放送、新聞、電信電話などの産業が加えられたことによる。メディア・リテラシーの導入に適した、教科横断的な学習が実現したのである。

3．3期：2011〜2015年度
メディア活用、映像編集シミュレーション、比較の観点の深まり

（1）メディアの活用方法とインターネット情報を論じる説明文
3期では、メディアとの付き合い方に説明文がシフトしていく。中学校では池上彰が「メディアと上手に付き合うために」（光村図書『国語2』）でテレビ、新聞、インターネットの特性比較と情報収集法を示している。小学校では堀田達也が「メディアとの付き合い方」（三省堂『小学生の国語　学びを広げる　五年生』）で、メディア情報は事実の全てではないからこそ鵜呑みにせず、自分自身で物事を判断すべきであることを、インターネットの活用方法に重点をおいて論じている。ネット上のコミュニケーションの難しさについては、池田謙一も「ゆるやかにつながるインターネット」（光村図書『国語　五　銀河』）で触れている。中学校では、吉見俊哉が「ネット時代のコペルニクス　知識とは何か」（光村図書『国語3』）で、知識の責

任が曖昧となっているネット上の情報を体系づけ、理解の枠組みを作っていくことを提言している。

(2) 印刷メディアを活用した映像編集のワークショップ

　映像編集に関する学習は、3期に入り、印刷メディアを活用した教材として復活する。

　教育出版『伝え合う言葉　中学国語』では、「メディアと表現」という帯単元を扱っている。1年では「写真と言葉が生み出す世界　メディア・リテラシー入門」、2年では「物語を読み解くメディアの解釈」、3年では「情報を編集するしかけ－メディアにひそむ意図」という単元を設定している。詩と写真、絵コンテ、記事と写真、新聞記事など、学習活動に必要な素材が印刷で提示してあり、学習者はそれらを選択し、制作に取り組む。振り返りでは、学習者自身が編集し制作した作品に対して、批判的な分析を行う質問が設定されている。同様の形式は、東京書籍『新しい国語1』でも採用している。池上彰の説明文「ニュースの見方を考えよう」の発展学習として、写真と文例を選択して1分間のニュースを作らせるワークショップが提示されている。

　他社では、ポスターの批評やブックカバーのデザイン、ポスターのコピーの検討、グループ新聞制作などのワークショップを扱っている。映像に関する学習では、実際の動画やデザインを扱うことが難しく、印刷メディアを活用したシミュレーションで代用する傾向にある。

(3) 比較の観点の質的深まり

　小学校教材では、光村図書『国語五』の「新聞を読もう」という単元で、記事の面積、新聞が読まれている場面、投書や小説や料理などのコーナー、写真に着目させている。ニュースだけでなく、多様なジャンルを分析の対象として扱っている。記事の比較ではオリンピックの水泳選手の結果に対する心情面の捉え方の差異を分析させている。三省堂『小学生の国語　六年生』「ニュースと編集について」では、担任の先生への取材メモの中か

ら、異なる項目を選択した二種類の生徒作品の記事を分析させている。編集の仕方によって事実の印象が異なることを実感させる教材である。

中学では、光村図書『国語3』の「論理の展開に着目して読もう　新聞の社説を比較する」という単元で、文化庁の国語世論調査の同じデータを使いながら、筆者の価値観による解釈の違いから異なる結論を導き出している二つの社説を比較させている。ここでは、批判的分析のため、ニュースバリューや表象に対する問い直しと共に、自分なりの物の見方や解釈を促す4つの問いを提示している。

このように情報の比較分析の観点がより洗練され、質的な深まりが出てきたのがこの時期の特徴である。

4．4期：小学校：2015年度〜
デジタル・メディアへの対応と新たな批判的分析の観点

(1) 小学校教材への「メディア・リテラシー入門」とSNSの登場

小学校教科書では、中学校の教材の後を追う傾向がある。東京書籍で中学校教材として扱われていた佐藤二雄の「テレビとの付き合い方」が小学校の『新編　新しい国語　五』に掲載されている。中学校教科書2社の説明文に採択されていた池上彰が学校図書『みんなと学ぶ　小学校　国語五年下』に登場する。説明文の題は「メディア・リテラシー入門」である。テレビ、ラジオ、新聞、インターネットがそれぞれのメディアの特性に応じて、第一次情報を編集してニュースを届けていることを説いている。また、学校図書『みんなと学ぶ　小学校　国語六年上』「メディアの目　自分の見方を持とう　インターネット・コミュニケーション」では、ソーシャルネットワークサービスを扱っている。メールとウェブや掲示板の違いを説明し、情報モラルに触れている。メディア・リテラシーで扱う情報の領域が既存のマスメディアからインターネットニュースやSNSなどのデジタル情報を含むようになってきている。

(2) 印刷メディア教材の多角的な視点からの分析

　小学校では定番の学級新聞の制作は三省堂『小学生の国語　四年生』、光村図書『国語　四上　かがやき』では、4年生で設定されている。また、記事の分析では、比較の観点で進展が見られる。光村図書『国語　五上　銀河』「新聞を読もう」では、全国紙と地方紙を比較させている。東京書籍『新編　新しい国語　六』「新聞の投書を読み比べよう」では、年齢、性別の異なる4人の投書を扱っており、批判的分析に多角的な視点を取り入れている点が画期的である。

　さらに、4期では広告を扱った教材が多い。三省堂『小学生の国語　六年生』「よさを伝える広告」では、ゼリーの広告のキャッチコピーを比較分析させる。東京書籍『新編　新しい国語　四』「広告と説明書を読み比べよう」では、電子体温計の広告と説明書を見開きで掲載し比較させる。学校図書『みんなと学ぶ　小学校　国語四年上』「メディアの目　身の回りのメディアを研究しよう」では、お菓子の包装紙や箱のデザインを分析させている。

　このように、3期から教材は印刷メディアが主流となっているが、分析の観点が多角的になっている点に特徴がある。

(3) 新たな批判的分析の観点

　学校図書『みんなと学ぶ　小学校　国語五年下』では、「オーディエンス」という概念が紹介されている。「オーディエンス」とは、メディアの送り手が「頭の中で分析して思いえがく『見てくれる人』」であり、年齢、性別、関心、価値観、時間帯による行動パターンなど多様な属性を持つ存在である。「オーディエンス」は「個人」としてだけでなく、「社会を構成している、さまざまな希望や関心を持つ人々の集団」と定義している。この概念を活用することで、より客観的で多様な解釈が可能となる。

　また、光村図書『国語　五上　銀河』「想像力のスイッチを入れよう」で下村健一は、編集されたメディア情報の誤解から生じる報道被害を引き起こさないための四つの問いを示している。「事実かな、印象かな」「他の

見方もないかな。」「何がかくれているかな」「結論を急がない」と問い直すことによって、伝えられていない事実の側面を想像させるのである。これまでのメディア・リテラシーの分析では、二つの情報を比較し、表象の差異を分析していたが、この四つの質問では、「描かれていること」と「描かれていないこと」の二つを想像力で比較させている。送り手の意図だけでなく、送り手が見落としている点や、事実の全容まで考えさせる点が、大変画期的である。また、言語表現そのものに着目させる分析方法は今後の国語教育の方向性を示唆している。

おわりに―国語科教科書教材の今後の課題

　以上の分析から、国語科として取り組むべき今後の課題が明らかとなった。
　1点目は映像を含めたデジタル情報を活用した教材の開発である。中学校では1期、小学校では2期に盛んであったカメラを活用した映像の実践が、3期には印刷メディアのシミュレーションへと変化していた。これは映像編集が難しく、時間がかかるだけでなく、学校のコンピュータでは処理しきれない高度デジタルビデオカメラの登場によるところも大きい。だが、こうした問題は、撮影や編集の機能を備えたタブレット端末の普及によって解消する可能性がある。そこで、国語科として、映像やデジタル情報を活用して言語力を育成する方略を開発し、教材化していくことが今後の課題である。
　2点目は学習者の発達段階に応じた批判的分析の方略の開発である。平成23年度版から高等学校の情報科「社会と情報」と公民科「現代社会」の教科書では、メディア・リテラシーを大きく取り上げている。発達した情報通信技術のより良い活用や、高度情報化によって発生する社会問題や世論形成への影響問題への対策として、メディア・リテラシーの活用を重視している。こうした高等学校での学習につながることを見据え、義務教育段階に国語科で育むべきメディア・リテラシーを精査する必要があ

る。メディア情報の読解、分析、表現の基礎となる言語能力の育成である。特に、「ジェンダー」「ステレオタイプ」「オーディエンス」などの批判的分析の観点は国語科が育成しておくべきであろう。小中高の教科を横断したメディア・リテラシー育成が大きな課題である。

註
1) 　カナダ・オンタリオ州教育省編（1992）『メディア・リテラシー　マスメディアを読み解く』　FCT（市民のテレビの会）訳、リベルタ出版
2) 　鈴木みどり編（1997）『メディアリテラシーを学ぶ人のために』世界思想社
3) 　水越伸（1999）『デジタル・メディア社会』岩波書店
4) 　菅谷明子（2000）『メディア・リテラシー　世界の現場から』岩波新書

第4章
国語科でメディア・リテラシー教育を
充実させるための枠組み
―言語のはたらきへの自覚を促すメディアの活用という視点―

砂川　誠司

はじめに

　メディア・リテラシーを教えるにあたって、なぜ写真を用いたりインターネットを用いたりすることが必要なのだろうか。国語科のメディア・リテラシー教育は、様々なメディアを授業に持ち込むことがその特徴のひとつである。いわば教育行為の変質がその特徴といえるのであるが、それらのメディアはメディアである以上、コミュニケーションや創造性を触発し変容させる諸々のはたらきとして捉えられる必要があり、また、リテラシーの対象として扱う以上、主体と対象をなかだちする道具として捉えられなければならない。さらにそれが国語科で行われる以上、そうした道具のはたらきは言語のはたらきとして捉える必要がある。原義的な意味を取り出してみると、メディアを扱うことが目的でないということはわかるが、なぜそれを扱わなければならないのか、つまり教育行為をなぜ変えなければならないのかという必要性は明確にはならない。

　このことは国語科でメディア・リテラシーを充実させることを阻むひとつの要因であるように思う。必要性が明確でないなら、それは国語科の実践と連続したものとして議論しにくいからである。メディアを用いて教育行為を変えることが既存の学習をいかに拡張させるのかという視点から、メディア・リテラシーを国語科のカリキュラムに統合する展望を拓いていくとき、国語科でメディア・リテラシーを充実させる枠組みがみえてくる

のではないだろうか。

　英国のメディア教育論も似たような軌跡をたどった。レン・マスターマン（2010）は、「多様な実践や状況の中から、（メディア・リテラシー教育の：砂川注）連続性と一致が現れてきた」として、その特徴を、「1 教師と学生が、多様な領域を、一貫性を持って理解できるような理論的枠組み」、「2 ジェローム・ブルーナーの有名な定式、「パワフルかつシンプル」かつ「どんな年齢においても何らかの形で教えることができるような中心的概念と原則」、「3 特徴的な設問様式あるいは調査方法」に分類しつつ、独自のメディア教育論の枠組みを明らかにした[1]。国語科においても多様な実践はすでに各所で行われている。問題は、その「連続性と一致」がいまだ明確ではない点にあるのではないか。しかも、国語科でメディア・リテラシーを充実させる枠組みはマスターマンが掲げるものと同じではありえない。様々なメディアをいかに活用することが、国語科でメディア・リテラシーを充実させることにつながるのだろうか。ここでは、メディアを持ち込むことによって国語科の教育行為を変えることについて、それが何をどう変えようとする試みなのかということから考えてみたい。

1. 国語科においてメディアを扱う必要性

　教育学者の宮澤康人は、「音声言語と書記言語のメディアの葛藤」について、それを「教育には、「声の文化」を尊重する伝統があるということと、他方で、学校は「文字の文化」を教えるところとして成立してきた、ということとの間にある矛盾」だという[2]。宮澤はこうした葛藤が将来のメディア・テクノロジーによってどのように変質していくか、「まだ誰もはっきりとは見えていない」と投げかける。宮澤の関心は教育史像の再構築にあるが、国語科におけるメディア・リテラシーの授業も同様の議論の延長線上にあると考えてよい。つまり、私たちはメディアを活用する授業をどのような文化的実践として捉えるかはっきりと見えてはいない。

　メディアとして捉えられるものは、何も最新のメディア・テクノロジー

に限らない。黒板とチョークであっても、それは特定の教育行為の生成を可能にする教育メディアである。例えば文学作品の読みを子どもたちの反応に基づきながら板書としてまとめていくという作業は、黒板とチョークという教育メディアの使用に支えられており、子どもたちの発言が文字として黒板に視覚化されることによって成り立つ教育行為である。ここでの黒板とチョークは、反応が文字言語によって記述されること、また、それによっていくつもの反応を整理することを可能にする。多くの教室で見られるこの風景は、一方で、子どもたちの発言のすべてを捉えきれない、あるいは自らの発言のすべてが取り上げてもらえないという、教師にとっても子どもにとっても、どこかもどかしさが常に生み出されるようなものでもあるかもしれない。あるいは複雑で曖昧な部分の多い発言を一言でうまく抽象化し、文字によって記述することに安堵を覚えることもあるだろう。そのようにみるならば、このメディアを用いて行われる授業の場は、まさに「音声言語と書記言語のメディアの葛藤」の場であり、それぞれの言語がもつ文化的機能が複雑に重なり合いながらしごとをする場である。

　こうしたことは、単に教育方法の問題であって、教育内容とは別種の議論と感じるかもしれない。しかし、それらを截然と分けることはできないはずである。時津啓（2012）によれば、「メディアは、コミュニケーション／物質それぞれの次元において教育行為へ作用している。他者へ伝えるメッセージの生成、その伝達、「ノートを開く」「鉛筆を握る」という行為にいたるまで、メディアは教育行為を規定している[3]」とされ、また、「コミュニケーションの次元と物質の次元が相互に関連し重層的に教育行為を規定している[4]」とされる。黒板とチョークというメディアによって考えを文字で整理していくこと、またそれに伴うコミュニケーションは、まさにそれ自体、そのような行為が読みを深めることなのだというメッセージともなり、そこで生じる様々な葛藤は、学びを左右する重要なファクターになるはずである。

　例えば、教育技術を追究した青木幹勇が黒板を使って解釈を深めていったということには、「コミュニケーションの次元と物質の次元が相互に関

連し重層的に教育行為を規定している」ことをよく示している。「わたしは、いまでも、子どもたちといっしょに文章を板書していて、ふと、深い読みをさぐりあてることがよくあります[5]」と述べる青木にとって、黒板は単に授業を成り立たせる道具ではない。自ら教材文を黒板に書いていく姿を子どもたちに見せることで、文章を書くスピードや思念すべきポイントを教え、さらにそれを真似るようにノートに視写させたり、行間には書きながら考えたことなどを書き込ませたりさせることで文章の特徴が読み取られていく。黒板という教育メディアを扱うことによって、書くという行為がもつ文化的機能が知らされるのである。それは学習法についてのメッセージでもあり、書くということの行為性を子どもたちが考えていくよう仕組まれている（ただしこのメッセージは暗黙のうちに取り扱われるのであり、必ずしも子どもたち自身が意識的になるわけではない）。また、青木の授業は書くことのみで構成されているわけではない。「書かれた問題の持つ限界を補ない、さらに、問題をもって読む学習をすすめるために、わたしのとくに、注意しているのは、この読む学習を展開していく、その時点、時点での、子どもの即文即時的な口頭の問題です[6]」と述べる青木にとって、音声言語の即時性は授業を成立させていくうえで欠かせない要素であった。青木は、自らの授業に生かすべき言語のモードの違いに意識的である。それぞれの言語がもつはたらきに意識的であるからこそ、それが授業のなかにどう現れ、生かされるべきかということに慎重なのである。

　国語の授業をおこなうために、どのような言語モードをとりながら、教師と子どもの、あるいは子どもと子どもの関わりを成り立たせていくかということを考えることが、国語科においてメディアを扱う際のひとつの大事な視点であるということがこの事例からはうかがえる。それは、国語科における「コミュニケーションの次元と物質の次元が相互に関連し」た「重層的」な教育行為を考えることであるともいえるだろう。したがって、国語科でメディアを扱う必要は、いかなる教育行為によって国語の学習を成立させるべきかということ、つまり国語科における教育行為の描き方を問題化することにある。問題化するだけではない。それはこれまでの教育

行為を批判や議論の対象とし、学習が確かに成立する論理を探ろうとする必要である。メディアを活用する授業をどのような文化的実践として捉えるかということは、こうした必要に導かれ、考えうる対象として浮かびあがってくると考えられる。

2. メディアを活用して言語の文化的はたらきへの自覚を促すこと

　教育行為の描き方ということに関わって、国語科の授業のなかでもメディアが用いられる場面のひとつとして、単元の導入の場面について考えてみたい。これからはじまる学習への動機づけを確かなものにするために、例えば教えていきたいテーマについての既有知識を共有したり、以前の学習との関連を想起させたり、あるいは（ひととおり教材を読んで）授業で取り上げるべき課題をつくることから始めることもあるだろう。どれも教材を読む前の心構えを作ることに変わりはないが、それぞれどのようなメディアを用いるかによって異なる教育行為を生じさせることはこれまでに述べたとおりである。以前の学習との関連の想起であれば、例えば模造紙に書いてまとめておいた学習のしかたが教室に掲示され、それを確認していくことで行われることもあろうし、単に教師から口頭で説明されることもあるだろう。課題づくりは黒板に発言をまとめていくというかたちで行われることもあれば、初読の感想（書かれたもの）を学習者同士で見合うというかたちもあるだろう。これらの違いは、文字言語の視覚性を取り上げたり、音声言語の直接性を生かしたりすることへの意識の向けかたの違いから現れる。したがってそれは、単に読みの構えを作ること以上の意味合いをもち、言語のもつ文化的はたらきへの意識の持ちように影響する。

　アメリカのメディア学者であるヘンリー・ジェンキンスを中心とするニュー・メディア・リテラシー・プロジェクトが提供するWeb上の「教師用戦略ガイド（teacher's strategy guide)[7]」では、「コミュニティ志向の読みの実践を導く」という目標のために、導入の活動を念入りに仕組んだ授業を提案している。彼らの提案は、彼らのいう文学に対する「伝統的な読

むことの期待」、すなわち書記言語の「直線性」・「連続性」・「完全性」・「深奥性」[8] といった読みの原理を理解させることを明確にした提案である。さらにこうしたことを実現させるために、専門家が文学をどのような目的で読むのかといったことをまとめたビデオを見せる。専門家とは、舞台役者であったり研究者であったりするが、それぞれの読みがどのような動機でなされているかということや、その違いが明らかになることによって、それぞれの専門的なコミュニティに特有の読み方が知らされていくのである。そして教室は、新たな専門のコミュニティとして立ち上げられる。あくまで「コミュニティ志向の読みの実践」の様相を知る手段としてビデオ等のメディアが用いられるのであるが、それらビデオは、言語が、異なるコミュニティの中で異なるはたらきをもつことを理解させようとするものである。その意味でこの導入は、言語のはたらきについて自覚的になることが目指されているといってよい。

　注目すべきなのは、学習者たちが読みを深めていく手だてとして、「注釈（annotation）と装飾（ornamentation）」を「ツール」として紹介している点である。文章への書き込みをさまざまなかたちで行わせるこの「ツール」が可能にするのは、個々の学習者の学習の記録ということではない。それはもっと文化的な活動であり、共有されたり、広められたりすることによって集団で読むことを手助けし、書記言語がコミュニティを生じさせる過程を理解させるものとして作用する[9]。ニュー・メディア・リテラシー・プロジェクトの目標である参加型の学習の成立は、メディアを生かすこうした「ツール」の開発によって達成されるのである。この概念的道具とも文化的道具ともいえる「ツール」の活用法こそ、メディア・リテラシー教育が求めるリテラシーの育成を助けるものであると考えられる。

　教育行為をどのようなものとして描くかということに関わってもうひとつ、筆者は以前、イギリスの教育学者であるデビッド・バッキンガムの議論から「振り返り」について検討したことがある[10]。映像制作の授業において、自らの作品を振り返って説明するひとりの学習者の事例を取り上げたのだが、そこにはメディア・リテラシーの学びが確かに生起したことが

みられる記述があった。しかもそれは非合理的な説明、つまり感情を基礎とした即興の記述であった。振り返りの小論には、教師との口頭でのやりとりではほとんど現れなかった学びの跡が記されている。学習者は、即興的な説明が行いやすい対面的な状況での音声言語による説明よりも、形式的な整えが必要な書記言語に即興性を帯びた熱っぽい説明を行ったのだった。学習者は自らの作品にいわゆる「注釈」を施していった。つまり、学習者は音声言語をそのまま書記するという方法で自らの語りを紡ぎだしたのである。この事例の場合、それによって自らの作品を語るメタ言語の発達が促されたということが、この授業における学びの成果であるが、それは「注釈」という「ツール」をいかに活用すれば自らの説明が最も効果的に示されるかということに学習者が自覚的であった結果である。

　私たちは「導入」や「振り返り」に限らず、さまざまな教育行為を思い描き、構想する。メディアを扱い、いかなる文化的実践としてその教育行為が実現されるべきものなのかということについて、上述の事例は、言語のはたらきについて着目させ、それを理解させようとする方向で扱うことを示唆している。メディアを扱う必要に導かれて具体的に教育行為を描こうとするとき、学習者には、学習における言語のはたらきに自覚的になることが求められるのである。コミュニティの生成過程での言語のはたらきかたや、教師や仲間への説明としての言語のはたらきかたなど、文化性を帯びた言語のはたらきが自覚されることによってリテラシーが育成される。メディアを活用した国語の学びとは、こうした文化性を帯びた言語のはたらきへの自覚を促すことにあると考えられる。

3. おわりに

　なぜ国語科にメディアを持ちこむ必要があるのか。それは、どのような言語モードを、どのような関わりを生じさせるものとして成り立たせるかという教育行為のあり方を捉えなおす契機にあるとひとまずいうことができる。そして、捉えなおされた教育行為に入り込む言語の文化的なはたら

きは、学習者自身が自覚的に捉えるべきものとなる。メディアを活用する方策について考えをめぐらすことは、言語の文化的はたらきについての学習をいかに組み立てるかを考えるものなのではないだろうか。ICTやコンピュータ等のメディアを用いて授業を構成しようとするとき、その授業の中で用いられると予想される言語のもつ文化的はたらきはまた、別の様相を呈するだろう。したがって、そうした様相の違いを見極めながら、学習者に必要な言語のはたらきについての自覚を促していく諸々の知見を統合していくことが、国語科でメディア・リテラシー教育を充実させるためのひとつの枠組みとなるのではないだろうか。

註
1) レン・マスターマン、宮崎寿子訳（2010）『メディアを教える　クリティカルなアプローチへ』世界思想社、p.27
2) 宮澤康人（2010）「西洋の教育文化における音声言語と書記言語の葛藤—教育史認識の「メディア論的転回」によせて—」（辻本雅史編『知の伝達メディアの歴史研究』思文閣出版）
3) 時津啓（2012）「メディアによる教育行為の規定に関する一考察—コミュニケーション・メディアと物質としてのメディアを中心に—」『広島文化学園大学学芸学部紀要第2巻』広島文化学園大学学芸学部、pp.29-39
4) 時津啓（2012）、p.36
5) 青木幹勇（1976）『青木幹勇授業技術集成　第2巻　書きながら読む』明治図書、p.250
6) 青木幹勇（1976）『青木幹勇授業技術集成　第1巻　問題をもちながら読む』明治図書、p.144
7) Project New media literacies, http://www.newmedialiteracies.org/wp-content/uploads/pdfs/revised_motives1108.pdf（2015年4月6日最終閲覧）
8) Project New media literacies, 同上。「直線性」（最初からスタートし、最後へ向かう。いくつもの本は一定の順序で読むことで理解できるデザインをもつ）、「連続性」（本は一貫性と累積的効果をもつ。それを読み飛ばすと失敗してしまう）、「完全性」（意味がわかるためにはすべて読まなければならない）、「奥深さ」（初読がもたらすのは表面上の理解「だけ」である。テクストを理解したと言うには、言語やテーマの重要な様式を読み、再読し、探さなければならない）
9) こうした活動には、青木と同様の言語認識が働いていると考えられる。

10）砂川誠司（2009）「メディア・リテラシーの授業における感情を伴う＜振り返り＞の必要性―D.Buckinghamの学習モデルの検討を通して」『国語科教育第66集』全国大学国語教育学会、pp.35-42

第5章
リテラシーの変遷と国語科教育の課題

中村　敦雄

1. はじめに－広義のリテラシー

　はじめに、広義のリテラシーについて定義を確認しておく。辞書によれば、リテラシー（literacy）とは「識字」や「読み書き能力」と説明されている。「文字に精通した」という語義のラテン語から派生した literate である状態を指す。リテラシーという語の初出は19世紀後半の合衆国であり、公教育が整備されつつあったなかで使われ始めた。測定する方法への関心も早い時期から喚起されていた。

　「識字」についていえば、ユネスコの活躍が知られている。発展途上国における個人の充足や国家の経済的発展と関連づけて意義が説かれてきた。対して、日本では、活字文化の国、近世以降の識字率は高かった、といった言説が定着していることから、社会的差別に対する識字運動等を除けば、注目される機会は乏しかった。一方、「読み書き能力」については国語科として、実践・研究ともに知見が蓄えられてきた。ただしその射程は学校に通う学習者であり、社会生活全体への問題意識は弱かった。

　日本でリテラシーが注目された例外的な事例としては、1948（昭和23）年に実施された「日本人の読み書き能力」調査が知られている。連合軍総司令部民間情報教育部（CIE）の協力のもと、15歳から64歳までの幅広い年齢層を対象として、「日本国民として、これだけはどうしても読んだり、書いたりできなければならないと考えられる、現代の社会生活を営む

うえに必要な文字言語を使う能力[1]」の測定が目ざされた。その後、日本教育学会、日本教職員組合、国立教育研究所の調査、さらには1956（昭和31）年度以降の文部省全国学力調査が実施されたが、測定対象はあくまでも「学力」であると説明された。以上の経緯から、わたしたちにとって、リテラシーとはなじみの薄いことばであった。

2. リテラシーの変遷

21世紀初頭、一転して、リテラシーは日本国内でも頻出するキーワードとなった。本書のタイトルに掲げられたメディア・リテラシーをはじめ、情報リテラシー、金融リテラシー等、多彩な修飾語を伴う使用であった。これまでの、能力やスキルといった語に代わっての登場であった。「読み書き」から連想される、生きるうえで不可欠な、との含意が好まれたのであろう。さらに遡って、リテラシーという語自体には、どのような含意があるのだろうか。20世紀のリテラシー研究の変遷について、先行研究でよく言及される二つを軸に概要を説明したい。1950年代以降広まった機能的リテラシー（functional literacy）と、その批判から出発して1990年代以降広まったクリティカル・リテラシー（critical literacy）である。

3. 機能的リテラシー

識字教育に従事する際に、広義の定義のままでは目標が定めにくい。その解決のために提案されたのが機能的リテラシーであり、合衆国の言語教育研究者グレイ（William Scott Gray, 1885–1960）の名前とともに言及されている。「人が機能的リテラシーを身につけた（functionally literate）といえるのは、その人が属する文化・集団のなかで、読み書き能力があたりまえの前提とされるあらゆる活動に効果的に参加することを可能にする読み書きの知識やスキルを会得した時である[2]」とは、1956年のユネスコの報告書に記された重要な定義であり、まさしく一時代を席巻した。機能的リテラ

シーには、次の二点の特徴が指摘できる。
　①　社会生活で必要な知識や能力を調査し、教科書をはじめとした系統的学習システムを構築する、科学的アプローチを前提としていること。
　②　問題領域を知識や能力の獲得のみにとどめず、グレイの定義にもあったように、実際に社会生活で使えるかどうかまで含めること。
　機能的リテラシーはユネスコの指針となり、世界各地で実践が展開された。ただし、理論が具体化される過程で、①が形骸化する実態があった。

4. クリティカル・リテラシー

　1950年代からブラジルで成人識字教育に従事していたパウロ・フレイレ（Paulo Freire、1921-1997）は、学習者の生活経験を無視し、機械的に文字を教え込もうとする識字教育のあり方を痛烈に批判した。有益とされる知識を教師が系統的に与え、学習者は受動的に貯えていく、こうした順応を強いる抑圧的枠組みを、フレイレは「銀行型教育」と呼んだ。そうではなく、いま生きている社会のなかで、多様な対話を通して能動的に知を構築する必要性を説いた。とりわけ、リフレクティブな視点から問い直すことで、主体性を獲得するための「意識化」の意義を強調した。意識化によって、自分が抑圧されていたことに気づき、人間的な解放への意志を喚起するだろう。対して支配側は、意識化によって体制が打破される危険を察知しているために、人道主義で装った銀行型教育で学習者を馴化し、批判の萌芽を摘み取るのだ、と[3]。
　フレイレの所説に刺激されて、クリティカル・リテラシーが登場した。多言語多文化への問題意識から、支配的な知をアプリオリの前提として特権化する弊害を衝いた。意識化を重視し、知や文化がどのように構築されているのか、分析的に考え、主体的に立ち向かい、自らの〈声〉を発して、対話することが重視されている。社会文化的な価値観を支えるイデオロギーにまで迫ろうとしている点に特徴がある。以上の認識から、機能的リテラシーが科学的アプローチのもとで前提とした、中立とされる状態こ

そ、選好されたイデオロギッシュな状態なのだと喝破した。こうした発想は、ポストモダニズムやカルチュラル・スタディーズとも通底した、20世紀中盤以降に台頭した時代精神を体現した志向性として理解できる。

5. 対立から調整へ

　理論研究では激しい対立があったが、実践場面で、機能的リテラシーとクリティカル・リテラシーのどちらか片方だけを取り上げることは現実問題として困難である。そこで1970年代中盤以降のユネスコや、OECDが実施しているPISA調査の「リーディング・リテラシー」では、両者を弁証法的な関係のもとに布置し、調整する方略が採用されている。

　1995年に刊行された『リテラシー事典（The Literacy Dictionary）』では「リテラシーは日常生活での読むこと書くことの使用に際しての考え方、ないしは思考の方法であるとともに、特定の言語における必要最低限の読み書き能力である[4]」と説明された。思考に関わらせて記述している点に注意したい。続けて、同事典では、解釈や意味生成過程における個人の主体的・能動的な役割が強調されている。クリティカル・リテラシーから得られた成果によって、機能的リテラシーを補完していることがうかがえよう。

6. 国語科教育におけるリテラシー受容

　語そのもののなじみは薄かったが、わたしたちはリテラシー研究の成果を実質的には多く受容している。敗戦後、合衆国の理論が摂取されたなかに機能的リテラシーや先述の測定方法が含まれていたからである。注目すべきは、戦後早い時期から機能的国語教育を提唱し、国語科学習指導要領の策定に中心的に参画した輿水実（1908-1986）の所説である。

　　　むかしは、読み書き能力を静止的な立場でとらえていた。それに対

> して、ファンクショナル・リテラシー、「機能的な読み書き能力」を考えようという提案が、ユネスコから出されてきた。〔…〕このように、国語の学力能力を機能的にとらえていくことは、ユネスコの案であり、世界各国の動きのひとつである。／しかし、わたしはこれを一歩進めて、国語能力を生きて働く「人間の能力」として考えていきたい。〔…〕国語の能力を、ことばのはたらきに即して、そのことばのはたらきの実現方法として見ていきたい。[5]

過去の国語科との差異が強調され、機能的リテラシーの原理的な枠組みを援用して、「生きて働く『人間の能力』」が打ち出された。構成要素である「能力」は、「はたらきの実現方法」、あるいは「知識、技能の習得の仕方、その使い方」と定義された。

> 　戦後の技能主義、技術主義は、いろいろな教材を取り入れて、いろいろな技能にふれさせようとしている。／しかし、この技能主義的読解教育では、自らどんな読み物を選ぶかという書物の選択力や、読みとった観念を実生活の上に利用する積極的な能力の養成が考えられていない。ところが、それが一番大きな問題である。今後の読み方教育は、単なる読解技能教育でなく、そこにまで手をのばすのでなければならない。そういう機能的な読み方の教育でなければならない。[6]

昭和33年版学習指導要領の告示前後に台頭した、一般的には「能力主義」と呼ばれていた言説を、輿水は自らがいわんとする能力とのちがいを明確化させるために、「技能主義、技術主義」と呼んだ。その狭隘さを論難し、「書物の選択力や、読みとった観念を実生活の上に利用する積極的な能力」の不足を指摘した。機能的リテラシーの原理から、実生活との結節点を増強する方策を示したのである。だが、10年後、輿水の言説は変化を遂げる。

〔…〕言語生活というのは、まことに包括的な概念であって、これを教育のほうに持ちこんでくると、その作用面、行動面よりも、電話のかけ方でいえば、受話器の置き方、読書指導でいえば、書物の取り扱い方などの生活内容それ自体が、はいってくる。国語教育の中に、いろいろの不純物がはいってくる。それだから具体的なもの、生きたものであるとはいえるが、それは、生活単元学習時代の考え方で、それでは、国語科学習指導というものが、ただ広がるばかりで、その中核がなくなる。〔…〕それよりも、戦前の、垣内松三先生が、言語文化論を背景に提案された「言語現象」とか、「まこと」とかいうような、一つのまとまり、構造的な統一性を示す概念のほうが、国語科教育の新しい課題を解決するのにふさわしいもののように見えてきた。[7]

　輿水の認識のなかに、機能的リテラシーが力説した「文化・集団」とつながった具体的な問題意識はもはや原形をとどめていない。以前主張した「自らどんな読み物を選ぶかという書物の選択力」にしても、「書物の取り扱い方」として片づけられ、不純物として排斥された。輿水の関心は、技能や能力をしぼり、基本的事項を精選することに移っていた。
　「国語科教育の新しい課題を解決するのにふさわしい」概念が、現実の「生活内容」を排除して独立性を宣言する、見ようによっては、本末転倒の事態が起こった事実をどう解釈すべきだろうか。リテラシーから「まこと」へ、プラグマティズムから、あえていえば国学への回帰は、懐旧の発露かもしれない。あるいは、合衆国における進歩主義教育の退潮をにらんだ舵取りとも解せよう。けれどもわたしたちは、ここに、時間、空間、何よりも個人ごとに多様な刻面を持つ実生活と、国語科教育学としての学的体系をどう切り結ぶかという本質的なアポリアをも看取しておく必要がある。
　ここで説明されている能力は、あえていえば、中核となる「統一性」を構成するため、累加可能な部分として構想されている。フレイレであれば、「銀行型」と非難するだろう。こうした能力観の源泉は、過去の能力

観、そして何より機能的リテラシーに求められるが、「生活内容」を排除した点で独自の屈折が加えられている。その辿り着いた先が、話すこと・聞くこと・書くこと・読むことの四領域を、表現・理解のみに精選した昭和52年版学習指導要領であった事実は、わたしたちがよく知るところである。学校現場では、精選された能力を実体的に把捉して、国語科の範囲をさらに狭めてとらえようとする、行き過ぎた解釈を行う向きもあらわれた。

　わたしたちは、リテラシーの変遷に注意するとともに、いま、どのようなリテラシーのもとに立っているのか、つねに問い直す必要がある。

7. 国語科におけるメディア・リテラシー受容

　メディア・リテラシーはメディア論の泰斗として知られるマクルーハン（Marshall McLuhan, 1911-1980）と、先述のフレイレの理論とが響き合うなかから形成された。それゆえ、後者から意識化や分析的な観点を引き継いだことに注目したい。メディアからの情報が氾濫し、メディアが〈現実〉をかたちづくる時代を見据えた、現在を生きるうえで必須のリテラシーである。日本の国語科でも受容され、独自の取り組みも始まった。ただし、誤解も見受けられることから、以下、三つのポイントを挙げておく。

　　a　メディア理解活動では、言語や映像を分析的に理解する学習が行われてきており、クリティカルな思考の育成が期待されている。その際に、偏りや商業的意図が内蔵されていると教師が解釈した教材が取り上げられることが多いが、そこから、メディアは信用できないといった一面的な訓示に陥らないように注意したい。教師が用意した〈正答〉へと最短コースで誘導する学習は、本来、メディア・リテラシーとして培うべき内容とは相容れないことも確認しておきたい。学習者自らが意識化できるように足場かけを行い、対話を行う過程を尊重することがポイントである。

　　b　メディア表現活動については、パンフレットやテレビ番組等の制作

活動を取り上げた教科書教材も登場した。国語科の表現活動といえば、個人作業で、原稿用紙中心であった〈常識〉からの脱却が図られた。ただし、学習指導によっては、学習者が技術を使うのではなく、むしろ、使われている実態もあるようだ。特殊効果に凝りすぎて文字が読みづらい、肉声が聞こえないといった惨状は是正が必要である。誰に、どんな〈声〉を、どのようなメディアで、どのような方法で伝えたいのか、自らの意図に照らしてクリティカルな思考を働かせることがポイントである。

c　メディア・リテラシーの中心概念についての学習指導に関わって、小学校教科書にはマンガの表現方法を取り上げた教材、中学校教科書にはメディア・リテラシーについての教材が掲載されるようになった。教材の登場は評価すべきであるが、後者の内容は、あえていえば、教師をはじめとした大人に向けた記述に近い点が惜しまれる。加えて、他の教材と同様に、段落に分けて要旨をまとめるといったパターンで片づけて、独自の意義が生かされていない実態もある。また、メディア・リテラシーを取り上げた学習指導では、学習者の意識化を促すために、彼らが親しんでいるアニメーション等のポピュラー文化を扱う場合がある。これまでであれば、もっぱら学校から排除されてきたが、あえて取り上げる意義を確かめたい。社会文化的な問題意識を含めて、中心概念の共有がポイントである。

8. おわりに－国語科教育の課題

メディア・リテラシーを取り上げた授業に対して、「こんなのは国語じゃない」といった非難が浴びせられることがある。声の源には、かつての能力観が息づいている。かような感情的な反発は問題解決にはつながらない。ここまで述べてきたように、メディア・リテラシー、さらにその土台を成すリテラシーから摂取すべき知的成果は少なくない。ただし、実生活と学的体系の双方への目配りのもとでの最適化を忘れてはなるまい。

現在から未来を生き抜く学習者にふさわしい国語科とはどうあるべきなのか。わたしたちが、向き合っているのは国語科教育にとっての大きな課題である。はじめの一歩となるのは、わたしたち自身の意識化なのだ。

註
1)　読み書き能力調査委員会編（1951）『日本人の読み書き能力』東京大学出版会、p.1。
2)　William Scott Gray, *The Teaching of Reading and Writing,* UNESCO, 1956, 24.
3)　パウロ・フレイレ（小沢有作他訳）（1979）『被抑圧者の教育学』亜紀書房。
　　パウロ・フレイレ（三砂ちづる訳）（2011）『新訳被抑圧者の教育学』亜紀書房。
4)　Harris, T. L. et.al., *The Literacy Dictionary,* International Reading Association, 1995, p.142.
5)　輿水実（1959）『新しい学力観に立つ国語指導法』明治図書、p.36。
6)　輿水実（1958）『読み方教育学』明治図書、p.32。
7)　輿水実（1968）『言語観の改造』明治図書、pp.102-103。

参考文献
塚田泰彦（2000）「機能的リテラシー論の実践的含意」『富山大学国語教育』25号、pp.92-82。
小柳正司（2010）『リテラシーの地平』大学教育出版。

第6章
国語科における教科内容の再構築

松山　雅子

はじめに

　周知のように、日常的な社会生活において、子どもはマルチモーダルな言語環境に暮らして久しい。文字言語を単一モードとして捉えるというよりは、挿絵や写真、背景映像、音声言語やBGM・効果音との関係性の中で意味理解を求められている。たとえ、文字のみで表されたテクストであっても、文字の大きさ、フォント、太さ、色彩、レイアウトによって多様なアフォーダンスのただなかで意味を受容している。

　こうした言語環境にあって主体的・能動的に駆動する言語能力を育もうという方向性は、国語科教科書の教材内容にも具体的に反映され始めてきた。義務教育だけに絞って概観しても、それは如実である。以前から、新聞記事、広告、組み写真などが読解、表現双方に考慮されてきたが、「見てもらおう　読んでもらおう」(平成23年版『小学生の国語六年　学びを広げる』三省堂)に、ポスターのレイアウトが取り立てられたことは着目に値する。視覚的構成や構図が意味生成に不可分にかかわっていること、それゆえ、レイアウトを無視しては十全な意味理解ができないということを明確に意識づけている。

　また、これまで挿絵と言えば、理解の助けとなる補助として添えられてきた感が強いが、物語文脈とのかかわりで読むべき対象としての挿絵が、絵本からの延長線上に位置する低学年教材に顕著である。小学校低学年の

物語教材「ニャーゴ」（『新しい国語　2下』東京書籍）を一例に取り上げる。その導入部は、本文と挿絵がシンクロナイズし、猫の危険度と先生に従順な児童の姿が強調される。同見開きの左頁端の別の挿絵には、切り株のこちら側で先生の話など全く知らず、楽しげな3匹の子ねずみが描かれている。この見開きは丘陵の左右に二葉の挿絵がレイアウトされ、その間を文章が占める一葉の絵と見ることができる。まさに、文章と絵が不可分にかかわりあう視覚的な導入部である。読み手は文章を追うだけで物語を解するわけではなく、先生ねずみや仲間の子ねずみの知らぬ3匹の存在を一目で見て取りながら、先生ねずみの忠告を読む。同時に、3匹が知らない猫の怖さを知りながら、3匹が猫と出くわす場面に立ち会わざるを得ない。登場人物に同化する読みに止まらず、語りの全体を俯瞰し得る異化の読みが織りなす物語の醍醐味へと誘われるのである。冒頭の挿絵によって、あたかも全知の語り手に似た優位な立場で読み進むために、本性を現した猫に向けて放った3匹の対応は、読み手にとってさらに意外であったに違いない。仕掛けられた語りの享受者への入門編である。

　このような言語表現と映像表現の関係が織りなす意味作用を読む学習は、これまで説明的文章に多く見られた。小・中学校国語科の改訂版教科書を概観すると、言語表現と映像表現という異なるモードの関係性にいっそう慎重に配慮した教材化が推し進められている。たとえば、「『鳥獣戯画』を読む」（『国語6』光村図書）は、絵巻物と文章の組み合わせだが、両者ともに他律的で、その相関を読むことが展開の仕方や表現の仕掛けに気づくことに繋がる。自律した表現形態である絵巻物は、文章によって、ある観点と順序性に沿って読まれるべき画像として読み手に供され、けして汎用的なテクストではない。一方、文章のほうも、画像と一体となって初めて意味をもつ書かれ方である。

　中学校に目を移すと、たとえば「想像する言葉」（平成24年版『中学校国語2』学校図書）では、絵読みから物語創作や詩創作へと展開する学びが、書く学習単元として明確に位置付けられている。「物語を読み解く　メディアの解釈」（『中学校国語2』教育出版）では、自分の読みを可視化する

方略として動画冒頭の絵コンテを活用し、既習の「ごんぎつね」の再読を試みている。このように、言語表現が映像表現と不可分にかかわることで意味を紡ぎ出す教材の読解と表現が、義務教育の教科書教材中に的確に位置づけられ始めた。眼前のテクストは、どのような構成要素から成り立っているのか、それぞれにいかに質的に異なるのか、それらが相互に関係するとき、どのような化学変化を起こすのか。この関係性を読み取り、表現する力は、国語科の育むべき力として明確な学習課題となりつつある。高校の平成25年度国語科学習指導要領に明文化された「文字、音声、画像などのメディアによって表現された情報を、課題に応じて読み取り、取捨選択してまとめること(「国語総合」内容(2)オ)」に通じる言語能力である。いかに、このマルチモーダルなテクストを国語科の教授内容として体系的に学習指導していくべきなのかが、明確に問われる時代となった。

1. 直視すべき国語科としての課題

　先述したような学習指導の刷新に繋がる展開を歓迎するとともに、残された課題も考慮しなければならない。網羅的ではないが、現行の国語科の学習指導実態に即した3点と教師の専門的力量にかかわる教師教育の側面からの2点である。
①新聞、広告、ポスター、絵画、写真等、社会的媒体を教材化することが、そのまま国語科のメディア教育になるという直線的な捉え方には、功罪の両面を含んでいること。
②国語科の教科特性とは何かを再検討することなく、マルチモーダル・テクストを学習指導の対象にしえないこと。言い換えれば、言葉で考える方法を学び、創造的に活用する力を育む国語科において、扱うべき社会的文化的要素とはどうあるべきかを再考すること。
③伝統的メディアとしての書籍、テレビ、インターネット等の(パッケージ)媒体の社会的相関が、育むべき学習者の言語能力といかにかかわるか。ならびに、これらパッケージによって表出される言葉(文字／声)、

映像、音声等がいかに異なる記号的働きをなし、意味構築に作用するものか。今日的環境を踏まえた育むべき言語能力の再考が求められていること。

④複数の表現メディアとその相関を国語科の学習対象とする動向を、限られた授業時間数に対する量的負担の増加として判断されがちなこと。

⑤映像テクストの教材分析法、および言語と映像の相関の分析法を確認する十全な教師教育の場が限られていること。そのため、学習者の既存のリテラシーと関連付けた授業構想が進展し難い場合が見られること。

　上記5点に共通するのは、これからマルチモーダルな言語環境で生きる学習者に対して、相対的な思考力をいかに育むかという国語科としての課題であろう。マルチモダリティの社会記号論を提唱する Kress（2010）は、社会環境に常に複雑に組み込まれ、そこに参与する人々の社会的多様性と差異性によって、社会的コミュニケーションのダイナミズムが生まれると指摘する。そのダイナミズムを生み出す過程で「多様さは、同時代の社会的、記号的適合性に応じて再形成され、変換されることになる。翻って、これらは、コミュニケーションの記号的、社会的な生産力となる。それが記号変換される過程で、社会的問題と見なされるものを公共的な「場所」に位置付け、同時代的な社会的・記号的事象として生成し、多様に形作る。」と捉えている。[1] この Kress の見方を踏まえて展開した、イギリスの小学校国語科教育において、マルチモーダルという概念を体系的に捉えようとした試みを紹介し、そこから我が国への示唆を得たい。ここでいうマルチモーダル・テクストは、身体表現（身振り、動作、姿勢、表情）、イメージ（静止画・動画写真、描画、線画、CG）、サウンド（話し言葉、効果音、音楽、沈黙（無音））、文字表現（フォント、図表、レイアウト）、時間の幅（ショットの長さ、シークエンス、リズム、連結部）の多様な組合せからなるテクストを指す。[2]

2. マルチモーダル・テクストの読解・分析・反応にかかわる小学校の体系的発達モデル

　Kress のマルチモダリティ論を踏まえ国語科教育のありようを模索してきたイギリスにおいても、マルチモーダル・テクストに対する子どもの理解と反応の発達的展開を詳述した明確な枠組みを持ちえていなかった。動画をカリキュラムの中に有機的位置付ける方策を探ったアクション・リサーチ「リテラシー再編」プロジェクト（Reforming Literacy. 2008-2009）は、動画に止まらず、マルチモーダル・テクストに対するより発展的な調査の必要性と可能性を示した。言語（文字／声）と画像や音声等の異なるモードの関係性の中に、以下の事柄を児童はどのように読み取っていくのかという問いである。

1　作り手（作家）の意図
2　表現形態に期待するもの
3　総合的に期待するもの
4　効果的な作用に対する反応
5　登場人物の認識
6　テクストに見られる既存のテクストとの関係性（間テクスト性）
7　モダリティ

　これらを念頭に、実践的なケーススタディの結果を踏まえ、マルチモーダル・テクストによる学習の体系的なありようを、既存の読みの評価観点に照らし合わせ、どれほど言語化しうるかという試みでもあった。表1に、4段階の到達度表から本章で着目したいところを抽出して再構成した。[3]

　4段階の到達度とは、A 緊急に対応すべき、もしくは入門期の読み手／視聴者、B 発展途上の読み手／視聴者、C 経験豊かな読み手／視聴者、D 卓越した読み手／視聴者である。そのうえで、それぞれの段階の学習者の学びのパフォーマンスを6つのカテゴリーから段階的に素描したものである。ケーススタディによる学習者実態が基礎データであり、網羅的な到達度表を意図したものではないが、既存の読みの評価軸がいかにマルチモー

表1

	①テクストへのかかわり、理解、反応	②推測や推論	③テクストの構造と組織	④スタイルとコンポジション	⑤テクストの目的、視点、受け手に対する効果	⑥社会的、文化的、史的コンテクスト
A 緊急に対応すべきまたは入門期の読み手/視聴者		1 一般的な字義通りに解釈するモダリティの異なる場面について認識できるところもある。例えば、ストーリーに加工されたものだと理解しているが、テクストへの参与そのものも中心にしている。	1 テクストの主たる部分がわかる。例えば、題名、クレジット、結末。 2 共通点と相違点をメモにとる。例えば、テクストと相違点を比較する。絵本中の視覚イメージの比較や動画の中のザルドの比較。 3 多様な要素が複合的に、注目できるものもある。例えば、視覚イメージと言葉がどのように相互にかかわりが合うか。 4 効果的に情報を配置するレイアウトを活用する。例えば、web ページの組み立てなど。 5 拠り所を活用しながら内容や主題についての組み立てを行う。			
B 発展途上の読み手/視聴者	1 テクストについて根拠ある意見を示し、自分の好みに基づき個人的な既読選択をする。 2 重要な要素について注釈しながら、テクスト全体を出来事、物語中の主とテクストの主題や意図と見え、および視覚イメージや絵画的要素の与える影響についての諸要素について。 3 明確にテクストに言及しながら、テクストに反応し、価値付ける。 4 テクストのタイプに対応し、異なる読みの技術を活用する。例えば、絵本絵の本の読み方をすべて、情報の本では全方向的に広げたり、ナヴィゲイトしやすいように、画面上のメニューを一覧を探すなど(radial reading)の活用。	1 他のテクスト体験を活かし、内容の展開力について説得力のある意味立てをする。 2 テクスト全体を見渡し、考えや情報をまとめて引き出す。例えば、マンガ、テレビ、ゲーム、映画中の状況変化に、web サイト上の構成上の特徴。 3 テクストの他の要素に明確に言及しながら、テクストの中で隠されたテーマや考えを探す。例えば、映画、コンピュータ・ゲーム、絵本における照明の活用や構図(遠近法)の工夫、コンピュータ・ゲームの活用におけるサウンド音響。 4 主要人物の行動について話し合い、テクストをもとに実証しながら自分の観点を正当化する。テーマを受け止め、絵本や情報の本としての、物語世界の一部分としてのモダリティを正当化する。物語出来事は「現実」ではないが、誘惑される内容、それは設定の質的に現実の生活に反映するようなもの。	1 共通点と相違点をメモに取り、テクスト間の違いがわかる。例えば、状況設定のテーマなど、追及されたテーマ。 2 テクストの特徴を活用して、多様性が異なる工夫を見て取り、評価する。例えば、題名、クレジットや諸言、伝、web 付中のテクストとマンガや雑誌の掲載された広告。	1 スタイルや表現性の多様性がわかる。例えば、CG アニメとマンガイラストの違い、情報テクストや写真スケール差。 2 コンポジションの効果なや要素の活用に気づきながら考えを探す。例えば、動画のムードを創り出したり、緊張状態を醸し出すために、照明、音楽、視覚イメージに見られる彩や演技法。	1 テクストに言及しながら、さまざまな人物造型法がかかる設定の知識をもとに、続き話しや別の出来事・行動を考察する。 2 語り手の意図や作家の意図について着眼する。例えば、状況設定がわかり、クローズアップ逮近が、いかに意味を反映する。 3 明確にテクストに言及してテーマや考えを探求する。 4 テクストの作家について話し合う。疑問にしたり、例えば、パンフレット、インターネット、広告。	1 多様な文化背景に見られる類似テクストの知識をもとに、続き話しや別の選択肢を考察する。 2 さまざまなジャンルや状況設定がわかれば、世界中の地域からも。 3 明確にテクストを言及してテーマを考えさせる探求する。 4 テクストを相互に関係付ける。例えば、同じシーケンスの、ひとつ間の、映画と映画の、マンガを映画の、伝承物語間の、インターネット情報相互の関係。

62

	AF1 テクストの正確な解読に対応することと考えられる読みとることの評価観点 (AIs for reading)	AF2 テクストから意味を引き出すために方略を用いること。事項、考えを理解し、言及・検索することのできる読みとりテクストへの言及。	AF3 テクストから情報、事項、考えを推論し、解釈し、解釈する。	AF4 テクスト・レベルの文法的特徴（文頭の働き、句読を含む）や表現上の特徴を含む、テクスト構造や組織を理解し、注釈する。	AF5 語レベル、文レベルの文法的／文字的特徴の複数を含む、作家の表現手法について説明し、注釈する。	AF6 作家の意図や視点を理解して注釈する。読者に対するテクスト全体の影響を理解し、注釈する。	AF7 社会的、文化的、歴史的コンテクストの伝統として文字的テクストを関係づける。
C 経験豊かな読み手／視聴者	3 テクストの構成を活用し各特徴の妥当性、関心度合を吟味し評価して、自目的をもって多様な抽出を行う。例えば、雑誌・絵本・マンガ・web材やテレビ・ショッピング・DVD等の各種テクスト、物語、web材ゲームシステム、web材の画面構成。 4 タイプの異なるテクストでは、同一情報やテーマをいかに扱うか、比較検討しながら、テクストを批判的に価値判断する。例えば、物語・マンガ・絵物語における映画の各種型、既知の物語の劇場映画の造型、同じ物語のビデオ・アニメ版等。	1 テクストがどのように読者に働きかけるか、それはなぜか、それらに対してどう反応するか、自分の反応に対しても批判的に注釈しながら、幅広いテクストに対してみずからの個人的な反応をとらえる。例えば、家族、社会的、文化的経験を振り返りながら。	1 表現のスタイルやアリュージョンに何が、心情的リアリティを認識し、テクスト中のモチーフの違いを吟味しながら注釈する。例えば、状況説話は非現実的だが、人物の心情把握は読み取ることができる、現実味をもっている、もしくは、隠されたメッセージ性は（読み手にとって）身近なものであることなどか。	1 テクストの各セクションは、いかに順序づけられ、考えを構築したり、情報を展開させたりするのか理解する。 2 テクストのタイプに言及しながら、特定のテクストの観点からみる。例えば、説明の成立しているコンピュータ、ゲーム、映画、雑誌、グラフィック・ノベルにおいて。 3 異なるメディアの多様なテクストのタイプが理解できる。例えば、本、コンピュータ・ゲーム、映画、web材、雑誌、新聞、SF、冒険物語、web材伝説、神話、インターネットの使用手引き、記録テクスト、説明を意図したテクスト。	2 要素間の相互関係の効果を分析する。例えば、言葉と視覚で伝達される多様なメッセージ（かれ）、多様なメッセージ（もしくは沈黙）や行動の選択、構成における関係性。	2 幅広いテクストを参照しながら、テクストが人びとや全体のテクストがバランスや成功の度を批判的に注釈する。例えば、読者や視聴者に働きかける文体的、構造における工夫の活用。	
D 卓越した読み手／視聴者	1 テクストがどのように読者に働きかけるか、それはなぜか、そのテクストに対して批判的に注釈しながら、幅広いテクストに対してみずからの個人的な反応を表しうる。例えば、家族、社会的、文化的経験に言及しながら。		3 テクストのモデルタイプについて、価値判断する。	1 異なるタイプのテクストの相互関係を認識する。 2 異なるタイプのテクストにおける言語上の特徴、構造について、理解を助ける知識を活用して、自分の推論を確かなものとする。	1 テクスト中のスタイルやコンポジションの効果、テクストのテーマや展示の度合いについて価値判断する。例えば、テクストのテーマやコンポジションのためのバイラスや様式のコンポジションを選択する。	3 人物の行為の可能な選択肢を探り、作家が選択した結果や末来に物語のテクストの段階について注釈することを通して、物語を中のテクストに対して批判的に反応する。例えば、YouTubeと参考書籍とを比較する。	1 テクストに言及しながら同じ情報を異なるソースがどう扱うかを批判的に比較する。例えば、国際的な出来事に対しての二ュース報道。

第6章 国語科における教科内容の再構築　63

ダル・テクストに援用し得るかを、教師に明示する見取り図がめざされている。第1、第2レベルと数値化した段階ではなく、「要緊急対応」「発達過程」「(すでに一定の)経験済」「熟練」と児童の姿が浮かぶ名づけである。6つの観点は、①テクストへのかかわり、理解、反応、②推測と推論、③テクストの構造と組織、④スタイルとコンポジション、⑤テクストの目的、視点、受け手に対する効果、⑥社会的、文化的、史的コンテクスト、である。

表1は、学びつつある過程の姿を捉えるために「B 発展途上の読み手／視聴者」を抽出した。観点別にAからDまでの発達を俯瞰するために、「③テクストの構造と組織」を取り立て、Bの見取り図と合わせ、全体を類推しうるよう、筆者が再構成した。中央の段に、対応すると考えられる読むことの評価観点AF1からAF6を掲げた。加えて、我が国の国語科でも今日話題に上ることの多い読みの力である、(ア)テクストの質的価値判断の力(下線)と(イ)同化と異化の重層的な力(太字)を取り立て、AからDの到達度の中から関連する事項を抽出している。

平成21年度国語科学習指導要領は、周知のように、義務教育9年間を見通した体系的教授過程をもつ。中学3年生で求められる読みの到達点は表2の通りで、先の6観点は、軽重はあるものの、アからオすべてにかかわる。「イ　文章の論理の展開の仕方」「場面や登場人物の設定の仕方」を「捉え」るという理解行為は、マルチモダリティの観点を踏まえた学びの体系性において、どのように細分化され、詳述されるのか。実験的授業による実態調査を踏まえて作成された見取り図(表1)には、自然言語に近い形で、求められる言語能力が浮かび上がるよう

表2　読むこと　中学3年
ア　文脈の中における語句の効果的使い方など、表現上の工夫に注意して読むこと。／イ　文章の論理の展開の仕方、場面や登場人物の設定の仕方をとらえ、内容の理解に役立てること。／ウ　文章を読み比べるなどして、構成や展開、表現の仕方について評価すること。／エ　文章を読んで人間、社会、自然などについて考え、自分の意見をもつこと。／オ　目的に応じて本や文章などを読み、知識を広げたり、自分の考えを深めたりすること。

意図されている。我が国の学習指導要領の細案と仮定して、その内実を探ってみよう。

3.「B 学習途上の読み手／視聴者」の学びのモデル
　―分析的観点の意識化と体験

　表１にもとづき、多様な学習経験を積み重ねる学習者に予想されるパフォーマンスを概観すると、いずれの観点においても、テクストの質の異なる構成要素に気づくことに比重がある段階だとわかる。
　「①―1 重要な要素（例　出来事・人物・視覚イメージ等の及ぼす効果）」「②―3 テクストの諸要素から潜在的主題へ（例　マンガ・コンピュータゲーム・映画・絵本等の照明（光と影）や構図の工夫に言及して）」「②―4 人物の行動にもとづく判断」「④―2 コンポジションの多様な要素の効果と相関（例　動画における雰囲気の創出や緊張感の造型に果たす照明、サウンドの効果／絵本の線描画の色彩や遠近法の効果）」「⑤―1 多様な人物造型法に対する反応」「⑤―2 語りの視点から作家や監督の意図の注釈（例　クローズアップや遠近法の意味するもの）」以上のような、テクストへの入口を明確に意識でき、その入り口のモードによる反応を経験し、説明、注釈をし、自分の考えをもつ。批評読みのための分析観点の拡張とそれによる読みの経験、ならびに、その言語化の段階である。マルチモーダル・テクストゆえに、⑤―2 の事例のように、活字テクストと映像テクストの双方を、語りの視点という同一観点から相対化していく学習経験が求められる。作家は監督と相対化される。それよって、学習者自らも書籍と映画が林立する社会環境における社会的な受容者（読み手／視聴者）に（擬似的に）位置づけられるのである。
　また、「③―1 共通点や相違点をもとにテクスト比較（例　状況設定の変化、人物のタイプ、訴求テーマ）」「⑥―2 多様なジャンルや状況設定の理解」「⑥―4 テクストを関係づける要素の認識（例　同種の話題、同ジャンル（映画同士／伝承文学同士）、ネット上の情報同士）」等、先例と根幹は変わらな

いが、多様な分析観点に気づくだけではなく、複数の多様なテクストの重ね読み、比較読みに収束させていく。なんらかの比較対象を設定すること、さらには設定するための有効な観点を見出すことが、相対的思考への第一歩になることを経験的に学ぶ段階である。こうした経験が、つぎのC段階の「⑤―2」のように、多様なテクストが意図した読み手へのインパクトを比較し、その効果を「批評的に注釈」する段階へと連動していく。成熟したD段階では、複数のテクストを重ね読む経験を踏まえ、一つのテクスト内で、文脈上可能な人物行動の選択肢を自ら想定し、作家の結末の付け方や語り手の造型について評価する。そのうえで、テクストの取り立てるべき問いに対する批判的読みを展開する。この見取り図が期待した、自律したテクスト受容者モデルの一端である。

おわりに―（ア）テクストの質的価値判断の力と（イ）同化と異化の重層的な読みの力

　「③テクストの構造と組織」をAからDへと俯瞰すると、テクスト内の構成要素の相関とその効果の価値づけに始まり、C、Dでは、マルチモーダルな異テクストの比較読みを通して構造化の共通性や差異に気づくことが期待されているのに気づく。

　（ア）テクストの質的価値判断の力という観点から、「価値付ける」「価値判断する」等の述部を焦点化してみると、B段階①②③に始まり、C、Dでは①から⑥のすべての観点に散見できる。A段階は 'identify'（それとわかる／認識する）という述部が頻出し、価値判断の前提となる読みの力が徹底されている。テクストを対象化し価値判断するための必須条件として、AB両段階で、わかりやすい基礎的なテクスト要素から次第に細部の潜在的な要素に意識を向け、分析的な読みの方略の経験を積み重ねていく。児童の日常同様、本、絵本、マンガ、テレビ、映画、ゲームという異テクスト固有の要素が加わるため、A、B、Cと3段階にわたり具体的な事例を付し、自然言語に近い形で教師の理解を促す配慮も窺える。

一方（イ）同化と異化の重層的な力は、A 段階「②−1」から始まり、B「②−5」C「②—3」D「②−1」と繰り返される。共通するのは、テクストは作り手の意図によって構造化された記号体であることを理解したうえで読み入る、理性に根差したテクスト享受者が求められていることである。報道、広告、ネット情報と広く扱う場合、この文学の分析的批判的な読み手モデルが、その基盤となるという学習指導観である。

　以上、イギリスのモデル試案は、マルチモーダルな言語環境で生きる学習者の相対的な思考力をいかに育むかという問いに対し、教授内容とその体系化を探る一つのヒントを与えてくれる。絵を使う、CM を導入するという素材の問題から、自律した読み手の内実を再認識する方向へと明確に転換を図らなければならない。文学的テクストで鍛えた分析的批判的読みの力を、非文学的テクストに援用するというボーダレスな読みの力の捉え方を探求する必要もあろう。マルチモーダル・テクストが求める相対的思考力は、けして新しい力ではなく、これまでの読みの力の学習指導の延長線上にあることを再認識したい。モデル試案が、児童の読みの発達モデルを自然言語で詳述し、明日の授業に通じる教師の駆動力を促すものであったことも忘れてはならない。

註
1) Kress, G.（2010）*Multimodality*. Routledge. p.35
2) Bearne, E.w/Bazalgette, C.（2010）*Beyond words*. UKLA. p.7
3) 表1は、注2資料 pp.8-11 から抜粋し、対応すると考えられる読みの評価観点 AFs を加えて、筆者（松山）が再編成したものである。

参考文献
デビッド・バッキンガム（2006）『メディア・リテラシー教育　学びと現代文化』（鈴木みどり監訳）世界思想社
カレン・ロス他（2007）『メディアオーディエンスとは何か』（児島和人他訳）新曜社

Ⅱ
国語科教育としての
メディア・リテラシー教育実践

第1章
絵図を活用した授業実践
―多様な言葉をうみ出す絵図メディア―

鹿内　信善

はじめに

　絵・図・絵図、これらは意味的に類似した言葉である。限られた紙幅の中では、それぞれの遣い分けを説明できない。そのため本章では、意味範囲の広い「絵図」という語を用いていく。

1．絵図によって言葉を創る

(1) 絵図は言葉を創り出すメディアになる

　絵図は読み解くことができる。つまり絵図から言葉を創り出していくことができるのである。筆者は、絵図を読み解くことは次の3つの処理によってなされると考えている。①変換―テキスト中で記述されている概念や内容を別の言葉に言い換えたり、ある種の記号表示法を他の表示法に変えたりする活動。②要素関連づけ―テキストを構成している諸要素を相互に関連づける活動。③外挿―テキスト中で記述されている内容を超えて、結果について推測したり発展的に考えたりする活動。

　これらの処理を具体的に説明していく。まず図1を見てみよう。図1には様々な要素が描き込まれている。例えば「少年」「手」「セーター」等々。このように説明すること自体が、すでに「絵図によって言葉を創る」活動になっている。つまり、絵図に描かれている視覚情報を「少年」とか「手」

などの言語情報に「変換」しているのである。

　図1からは「少年が手をあげている」という言葉を創り出すこともできる。これは、絵図を構成している要素（少年・手）を関連づけて創り出した言葉である。つまり、「要素関連づけ」という処理が行われているのである。

図1　「少年」の絵図A

　図1では、少年の右側に直立した物体が描かれている。この物体を「バス停」という言葉に「変換」することができる。そうすると「少年はバス停で手を振っている」という解釈が成り立つ。しかし、図1は「静止画」である。このため絵図の中で、少年の手は動いていない。にもかかわらず、図1から「少年は手を振っている」という「動き」を読み取ることができる。このような読解が、絵図に描かれていることを元に発展的に考える「外挿」処理に相当する。

　図1で、少年の右側にある物体を「冷蔵庫」と変換してみよう。そうすると、次のような読み解きも可能になる。「少年が冷蔵庫の前で手をあげて『中にアイスが5個ある』と言っている」。図1には「アイス」は描かれていない。絵図内容から発展的に考えて生み出した読み解きである。したがってこの読み解きも、外挿処理の結果として成立したものである。

　「バス停で手を振っている」も「冷蔵庫の前で『中にアイスが5個ある』と言っている」も、絵図に描かれていることからかけ離れた妄想にはなっていない。絵図に描かれているものから創り出された「根拠のある」言葉である。

　コンテキストは絵図読み解きの根拠のひとつになる。図1の場合、少年

72

の右側にある物体を「バス停」と変換すれば「バス停の前」というコンテキストが生まれる。同様に「冷蔵庫の扉部分」と変換すれば「冷蔵庫の前」というコンテキストが生まれる。それぞれのコンテキストに応じて絵図全体の読み解きも変わってくる。絵図は多様な言葉を創り出すメディアになり得るのである。

(2) 情報処理モデルを授業づくりモデルにする

　心理学は「視覚」に関するたくさんの研究を蓄積してきている。そのため認知心理学の概論書では、視覚情報処理に関する様々なモデルが紹介されている。しかしそれらのモデルのほとんどがきわめて複雑なものになっている。

　これに対して本節で紹介した絵図情報処理モデルは、きわめてシンプルなものである。情報処理モデルの有効性は、そのモデルを何に活用するかによって決まってくる。国語の授業づくりには、複雑な情報処理モデルはまったく役に立たない。本章で紹介しているようなシンプルな絵図情報処理モデルであれば、教師も、授業づくりモデルとして活用していくことができる。変換・要素関連づけ・外挿。これらたった3つのレベルからなる情報処理モデルを活用した授業づくりの実際を次に見ていく。

2. 未来に生きる授業実践

(1) 根拠のある外挿を引き出す看図作文の授業
1) 絵図から言葉を創る看図作文

　中国語では、文章テキストを読むことを「看書」という。また絵図を読むことを「看図」という。これらはちょうど、PISA型読解リテラシーを構成する「連続型テキストの読解」と「非連続型テキストの読解」に対応する。看図作文とは、絵図を読み解き、読み解いた結果を作文にして発信することである。したがって看図作文はPISA型リテラシーを育成する重要な方法となり得るものである。

看図作文はもともとは中国の国語（語文）教育で行われてきたものである。筆者は、中国の看図作文に心理学や記号論などの研究成果を取り入れ、「新しい看図作文」指導方法を開発してきた。ここでは絵図から言葉を創り出す授業の実践例として、まず第1に「新しい看図作文」（以下単に「看図作文」と記す）を取り上げる。

2）森寛の協同学習を取り入れた看図作文授業

森寛は日本で一番多く、看図作文の授業を積み重ねてきた中学校教師である。以下に紹介する授業は中学校2年生に対して3月に実施したものである。授業は3人構成の協同学習スタイルで行った。1時限配当の授業である。ここで紹介する授業で用いる絵図は図2である。

今回の授業をつくるにあたって、森から次のような要望が出された。「『うふふ』というテーマの絵図がほしい。」この要望を受けて看図作文研究会に所属するアートスタッフが制作したのが図2である。

図2　「うふふ」の絵図

どんな絵図でも看図作文授業に使えるわけではない。看図作文に使える絵図は、適度な空白・曖昧・対立などの条件を備えていなければならない。これは、優れた文学作品がもっている条件と同じである。図2にも空白や曖昧・対立等が様々に描き込まれている。

①**授業のステップ**

①黒板に絵図「うふふ」を貼る。生徒たちは看図作文授業を何度か受けている。このため変換処理は、黒板に貼ってある絵図を用いて全体指導で簡単に済ませてある。

②絵図「うふふ」を印刷した用紙を配付する。絵図「うふふ」の周囲には書き込みができる余白をつくってある。この余白はワークシートとして使う。a）いつ、b）（箱の）中身、c）誰から（誰へ）、d）このあとどうなる、の4項目を記入させる。余白は4分割させ、上記a）〜d）を4パターン記入させる。
　③グループ討議によりa）〜d）1パターン目を記入させる。その後次のように全体指導する。

　T　では、途中のところもちょっと顔をこちらへ向けてください。鉛筆持ってる人いったん置きましょう。あるチーム、こんなパターンAになりました。いつ、「ホワイトデー」。中身は、「クッキー」。誰から誰へ、「女から男へ」。このあとどうなる、「半分にする」。…盛り上がらないねー。
　S　はは。
　T　さみしいねー。
　Ss　（笑）
　T　もっともっとドキドキさせてほしいんですよ。ええー!?ってやつにしてほしいんですよ。
　Ss　（笑いながら口々にいろいろ言っている）
　T　いい？こんなの書いていいの？っていうのにしてほしいので…
　Ss　（盛り上がっている）
　T　次、もっともっといってください。いいですか？はい、では戻しますので、次パターンB、どうぞ。どんどん道をはずしていってください。

　④このあとBパターン・Cパターンと続けてグループ討議させる。このようにすると次第に創造的な反応が生まれてくるようになる。その一例を授業記録として載せておく。
　　T　もっとね、図を細かく丁寧に見てくれてね、新たなのが出てきま

した。はい、いつですか。

S1　えっと、12月24日です。

T　はい、中身何でしょう？

S1　手袋です。

T　手袋です。誰から誰へ。

S1　男子から女子？（グループのメンバーに確認している）

T　（男の子）ふたりから。はい、じゃあ、ちょっとそのふたりの間柄も含めてこのあとどうなる、少し語ってください。

S1　（笑）このふたり（男の子）が双子で、こっち（手前の女性）も双子で…

T　えっ。2対2。

S1　はい。で、こっちがこっち（左の男の子が左の手の女性）と付き合ってて、こっちがこっち（右の男の子が右の手の女性）と付き合ってて…。（すべてグループメンバーとその場で相談しながら、指さししながらコメントしている。）でも、こっちはこっちのこと（左の男の子は右の手の女性）が好きで、こっちはこっちのこと（右の男の子は左の手の女性）が好きで…。

T　本当は。

S1　…って感じです。

T　複雑なんだ。それが、その表情やポリポリ、口元に表れているんだってこと、なんですね。

S1　そうです。

T　このあとちょっと混乱が起きそうですね。はいOK、戻ってください。

⑤最終的にDパターンとして自分が書く作文の構想をまとめさせる。

⑥作文記述。Dパターンのa）いつ、b）中身、c）誰から、d）このあとどうなる、を元にして作文を書かせる。字数は400字である。時間内に書けない生徒には休み時間に書き上げるよう指示する。作文例をひとつ載

せておく。

生徒1の作文例

> 「エイプリルフールの恐怖」
> 　「勝先輩、崇先輩、これ義理チョコです。」○○中学校一年である美奈は同じ陸上部である先輩二人にプレゼントをした。
> 　「あの…、これ、できれば公園で開けてほしいんですけど…。」
> 　美奈は申し訳なさそうな顔をして言った。女子に弱い二人はすぐに了解した。
> 　「ふっふっふ。あいつら本当にだまされやすいんだから。まさか箱の中身が爆弾だとは思いもしないよな。」
> 　美奈は二人と別れた。二人はスキップを交えながら公園へ向かった。公園に着くとベンチに座り、さっそく箱に手をかけた。いっせーので！ふたが開いた。その瞬間、
> 　「どっかーーーーん！！ぽふっ。」爆弾が爆発した。二人は十メートルほど飛ばされて倒れていた。その様子を木の陰から美奈は見ていた。
> 　「ふっ。全て計画通りだわ。今日は四月一日、エイプリルフールだもんね。」

　この作文は絵図の内容から逸脱していない。しかも、多様に解釈できるセリフを最後にもってくる文章力もすばらしい。普通の人は、この作文を登場人物たちがだまされたお話として解釈するであろう。しかし別の解釈もできる。この作文の最後のセリフは読み手に対して話しかけているようにも受け取れる。この作文を最初に読むのは教師である森である。最後のセリフが森に対して発せられたものであるとしたら、次のように解釈できる。「ふっ。（森先生、気づきました？この作文は全部ウソ。だまされたでしょう。それも）全て計画通りだわ。」

　この作文は創造的アイデアがたくさん散りばめられた優れた「作品」になっている。

3）森寛の授業から学べること

前述したように、コンテキストが変われば、要素関連づけや外挿の内容も変わってくる。森の授業では、この原理を巧みに利用している。絵図「うふふ」を見た生徒たちは、通常、バレンタインデー・ホワイトデーというコンテキストを思い浮かべる。絵図の読み解きは、これらのコンテキストに沿ってなされる。ごく普通のコンテキストの中で読み解けば、絵図「うふふ」は陳腐な内容になってしまう。それを防ぐために森は、何度かにわたって、コンテキストを壊すための介入を行っている。それによって創造的な反応が出やすくなっている。森のこの指導法は、絵図から個性的な言葉を創り出させるための効果的な方法である。

森の実践から学べる点はもうひとつある。森は常に「個人差に対応する」ことを目指して授業づくりをしている。森が行う看図作文の授業では、たいてい400字作文を書かせている。これも個人差に対応する方法として採用されている。作文が得意な中学生なら、400字作文を書くのは容易なことである。そういう生徒は400字の中で、おもしろさや読みやすさを出すための工夫をこらしていく。作文が得意ではない生徒は400字のマス目を埋めることに力を注いでいく。コンテキストをA・B・C・Dの4パターン考えさせるのも個人差に対応する工夫のひとつである。1クラス40人いれば、中には絵図「うふふ」をバレンタインデーというコンテキストでしか読み解けない生徒も出てくる。そういう生徒には、バレンタインデーというコンテキストで作文を書くことも許容されている。このような指導の結果、生徒たちはそれぞれの個人差に応じた努力をして、全員が「個性的」な400字作文を書き上げてくれる。

（2）共通根源イメージ論に基づく語彙指導
1）李軍の共通根源イメージ論

李軍は、中国から日本に留学し、国語教育学を専攻し、国語教育学で博士号を取得している。ユニークな経歴をもった研究者である。ユニークなのは経歴だけではない。彼女の「共通根源イメージ論」はきわめて独創的

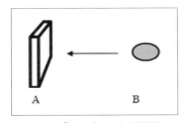

図3 「つく」の共通根源イメージ

なものである。かつ日本語の仕組みを理解する上で有益な理論である。まずは、李の共通根源イメージ論の概略を紹介していく。以下は、李（2013）の博士論文[1]を参考にしている。

日本語では「つく」というやまとことばに様々な漢字があてられている。例えば「就く・着く・突く・付く・点く・撞く・搗く」である。やまとことば「つく」は多様な意味をもっている。現在では多様な漢字があてられていてわかりにくくなっているが、実は上にあげた「つく」はすべて共通の意味をもっている。これが李の第一の大発見である。李によれば、やまとことばの「つく」は図3のような共通根源イメージをもっている。

このことは、同訓異字をより具体的な絵図にしてみると一層わかりやすくなる。李はたくさんの絵図例をあげているが、ここでは2つだけ選んで載せておく。

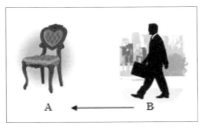

図4 「席に就く」

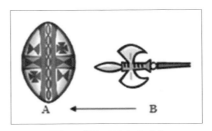

図5 「矛で盾を突く」

日本語はたくさんの「同訓異字」をもっている。それらの多くが共通根源イメージをもっている。例えば「さく」には、「咲く・裂く・割く」などの漢字があてられている。「さく」は図6のような共通根源イメージをもっている。

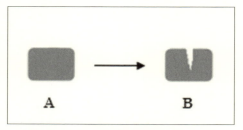

図6 「さく」の共通根源イメージ

このように、李の共通根源イメージ論は適用範囲の広い説得力のある理論になっている。

2) 授業方法としての共通根源イメージ論

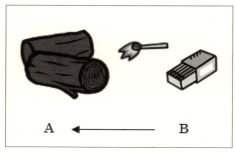

図7 マッチで火が点く

李はもうひとつ大切な発見をしている。例えば「電灯が点く」のような例文だと、図3のような「つく」の共通根源イメージを取り出しにくい。しかし図7のように絵図化してみたらどうであろうか。

図7に描かれた絵図要素は「マッチ」「火」「薪」などの言葉に変換できる。これらの言語要素を関連づけて文章にする。「マッチで薪に火が点く。」このようにすると図7は「つく」の共通根源イメージと容易に重なってくる。つまり「点く」の根源的な意味を明らかにすることができる。李は、共通根源イメージ論を語彙指導に活用する方法も発見したのである。

3) 李軍の語彙指導実践

李は自らの共通根源イメージ論に基づく語彙指導の授業モデルをまとめている。それは次の3つのステップからなっている。

①同訓異字の持つ共通根源イメージを想像させ、共通根源イメージ図を作

成させる。②共通根源イメージ図に描かれた記号や図形を具体的な事物（言葉）に変換させる。③変換した具体的な事物間の関連性を想像させ、短文を作成させる。

　李はこのモデルに依って組み立てた語彙指導プランを、大学の「国語表現論」の授業で実践している。李はワークシートを用いて指導を行っている。李が作成したワークシートを見れば、授業の組み立てがよくわかる。そこで以下にワークシートの一部を載せておく。

3　「さす」「さく」の共通根源イメージを言葉で表現し、絵図に描いてみましょう。
【グループレベル】

| 「さす」のイメージ： | 「さく」のイメージ： |

4　「さす」「さく」の変換表に記入し、関連する熟語を調べてみましょう。
【グループレベル】

同訓異字	A	B	短文	関連する熟語
指す				
刺す				
挿す				
差す				

同訓異字	A	B	短文	関連する熟語
咲く				
割く				
裂く				

5　今日の学習を通して、和語や「同訓異字」について新たなに感じたことを書いてみましょう。

図8　李が用いたワークシートの一部

4）李軍の実践から学べること

　李の実践は大学生を学習者として行ったものである。しかしこの実践はもともと、高校1年生用国語教科書の単元に対応させて組み立てたものである。このため李の実践は、高校以下の校種においても活用可能な授業モ

デルになる。

　何よりも、李の実践の特徴は、その発想のおもしろさである。これは学習者たちにも充分に伝わっている。ある学習者は、次のようなコメントを記述している。

学習者のコメント例

> 　同訓異字はたくさん存在すると思われる。今までは「まぎらわしい」「ややこしい」という考えしか持っていなかったが、深く考えたり、改めて調べてみたりしたら、意外に色々なことを学ぶことが出来たので、驚きでした。

　「まぎらわしい」「ややこしい」という事前の印象が、授業を受けることにより知的な「驚き」に変わっていくのである。李の理論と実践はマイナスをプラスに変えていく力をもっている。その力をぜひ学びとっていきたい。

(3) 看図作文から絵本づくりへ
1) アートと国語授業者のコラボ

　メディア・リテラシー学習に絵本を活用した実践報告は由井（2002）によってすでになされている。由井の実践は、「絵本を読むこと」を学習者の活動にしている。そこで、ここでは「絵本をつくること」を学習者の活動とした実践を紹介する。

　図9の写真は、小学校1年生が文を書き、表紙を描いた絵本の完成例である。これらの絵本は、看図作文方式を活用して創ったものである。

　図9のような絵本が完成するまでの全体の流れは次のようになる。

図9　小学校1年生が作成した絵本例

> 絵本原画（10枚）作成→原画を元にした「看図作文授業」指導案作成→看図作文授業6回（児童による、「絵本の文章部分の作成」）→絵本の表紙作成→絵本の製本

　絵本の原画は、石田ゆきがすべて作成した。石田は看図作文研究会のアートスタッフである。原画は全部で10枚ある。この10枚は、全体を通して「おはなし」が創れるように配慮して作成したものである。絵本のページ構成例は後掲する。ページ構成例の偶数ページに印刷されているのが、石田が作成した原画である。

　指導案の作成は、兒玉重嘉が行った。原画を絵図テキストとした看図作文授業も兒玉が行った。看図作文授業は全部で6回である。7回目の授業で児童は表紙を作成した。絵本の製本は石田が授業とは別の日に行った。

　学習者は小学校1年生である。ここで紹介する授業は3月中旬に行った。1年生最後の時期である。また、今回学習者となった児童たちは、看図作文を書く授業を受けている。看図作文を書くことの楽しさも体験的に理解している。そのため、作文を書くことに抵抗感をもっていない。そのような状態にある小学校1年生が学習者である。

　絵図から言葉を創り出すことに楽しみを感じている学習者であれば、使用する絵図が10枚になっても楽しみながら作文活動を行っていける。看図作文方式を用いれば小学校1年生でも確かな言葉を創り出していける。そのことを例証するための実践紹介である。

2）授業の実際
　ここでは第1回目の授業を紹介していく。
①最初の動機づけと目標呈示

　　T　今日から絵本をつくります。
　　Ss　イエーイ！イエーイ！！イエーイ！！！
　　T　なんと、絵を描いてもらって（描いてもらった絵を）、君たちにプ

レゼントします。
Ss　イエーイ！！！（口々にいろいろ言っている）
（中略）
T　絵を見せます。いくよ、じゃあ10から数えて。
Ss　10、9、8…3！、2！！、1！！！、ゼローー！
T　（1枚目絵図をテレビ画面で呈示）
S　うわ！
S　うえ！？
S　え！？
S　何これ！
S　難しい。
S　何これ！
S　すご。
Ss　（口々にいろいろ言っている）
S　これ1枚目？
T　1枚目。
Ss　えーーーーーー！！！
T　もう始まってるよ。
S　2枚目！
T　まずは、いくよ、配ります。1枚目です。（プリントした絵図を配付）
Ss　（大声で口々にいろいろ言っている）
S　うお！
S　えー、すご。
T　これ描いた人天才でしょ。よく見てください。
Ss　（口々にいろいろ言っている）
T　先生じゃないからね、描いたのね。石田ゆきさんって人。
S　えー、すご。
S　すっげー！！何か女の人の隣にも何かちっこいのいる！
Ss　（口々にいろいろ言っている。教師は何も指示していないが、子ども

たちは周りの子と発表し合っている。)

　これはかなり省略してあるが、授業開始から5分間分の授業記録である。鹿内は、多段階動機づけシステムによる授業づくりを提案している。今回の授業も、そのシステムを導入して構成している。上掲の授業は、わずか5分間の記録である。この短い間にも、授業者は多段階動機づけを行っている。
　「今日から絵本をつくります。」これは、子どもたちにとっては非日常的な行為である。このような、意外性のある目標呈示によって「イエーイ！」という歓声があちこちで起こっている。さらに「え！？」「うわ！」等の、疑問や驚きが入り混じった声が何度も生まれている。
　看図作文は単に、「書くことがない」「どう書いていいかわからない」という困難を克服するだけの方法ではない。上掲授業記録に見られるように、作文に対する動機づけを高めるきわめて効果的な方法である。

②**変換の指導**

　第1回目の授業では、主に変換活動の指導を行っている。変換は、絵図に描かれている要素を言葉に置き換えていく活動である。これは、それほど簡単な活動ではない。ある要素が絵図には描かれているが、それが学習者には「見えていない」ということがよくあるからである。その具体例を授業記録としてあげておく。

　　T　（板書「みえるもの」）
　　Ss　（夢中で発表し合っている）
　　T　はい、見えるもの。はい。
　　Ss　はーい！はーい！
　　T　はや。はい、S1さん。
　　S　はい、星です。
　　T　（発表内容を順次板書していく）
　　S　え？星？

S　見えるしょ！
　　S　見えるしょ！！
　　S　つぶつぶ、つぶつぶ。

　絵図には星が描かれている。しかし学習者によっては、それが見えないこともある。描かれているものが「見える」ようにしていくためには、他の学習者の「見え方」をシェアしていくことが最も効果的である。とくに低学年児童が学習者の場合、変換の指導にも時間をかけることが大切である。今回は、上掲授業記録のあとさらに6分、変換の指導を行った。
③作文の書き方指導
　今回の学習者たちは、「いつ」「どこで」「だれが」「どうした」という、作文の書き方をすでに習っている。そのため、この書き方指導の復習を変換指導のあとに行った。この復習は、1分に満たない短時間で行っている。
④要素関連づけ・外挿の指導
　次に要素関連づけ・外挿活動を行わせる。それにより「いつ」「どこで」「だれが」「どうした」に相当する内容を明確化させていく。このステップは作文に書く内容の取材指導にあたる。授業記録の一部を載せておく。

　　T　いつ、どこで、何をする。素晴らしいですね。じゃあ、皆さん、これ、いつ？
　　S　わかんない。
　　S　夜。
　　S　夜。
　　T　なんで夜？
　　S　暗いから。
　　T　夜。(順次板書していく)
　　S　星あるから。
　　Ss　月あるから。月あるから。月あるから。
　　S　月あるし、あの星あるから。

T　夜以外で。朝（挙手を促すが誰も挙げない）。皆、夜でいい？
Ss　うん。うん。
T　うん。（数秒の間）何月だろう。何月くらい？
S　夏。
T　なんで夏？
Ss　（口々にいろいろ言っている）
T　しー。S18君、なんで夏だと思ったの？
S　雪もないし半袖だから。
T　おー、なるほどね。
（後略）

　このようにして絵図の読み解き指導を行っている。このあと原画1枚目に対応する作文を書かせる。兒玉は作文を書かせるために次のような説明を行っている。学習者が1年生なので丁寧な指導を行っている。

　作文の記入欄の外に名前を書くこと・横書きにするため記入欄の左上から①と始めること・絵図が全部で10枚あること・呈示された絵図1枚の内容だけで作文を完結させていくこと・次の絵図がどんなものでもつながるように書き終えること・字数は配付した1枚の作文用紙いっぱいまでに納めること。さらに「ある夜のこと」等の言葉から書くと書きやすくなるという、書き出しの助言もしている。

　このようにしてできた児童1の作品を例として図10に載せておく。原画2枚目以降も同様にして作文指導を行っていく。ここでは1ページ目2ページ目の例のみ掲載するが、この続きは石田他（2013）[2]で見ることができる。

図10 児童1の作品

⑤石田・兒玉実践から学べること

　鹿内は、兒玉の指導によって完成した絵本を読み聞かせ会のテキストにしたことがある。この読み聞かせ会にはⅠ町の教育長・小学校長・司書等17名が参加していた。読み聞かせはⅠ町読み聞かせサークルの会員に依頼した。この会では読み聞かせを聞いた参加者全員が、この作品が小学校1年生が創ったものであることに気がつかなかった。絵図をメディアにすれば小学校1年生でも完成度の高い言葉を創り出すことができるのである。

3. 授業づくりのヒントと今後に向けた課題・展望

　本章で紹介した実践は3つとも変換・要素関連づけ・外挿という情報処理モデルを活用している。このモデルはシンプルなものであるが、汎用性が高い。このモデルは絵図から言葉を創り出す授業づくりのヒントとなるものである。

絵図から言葉を創り出す授業のレパートリーを広げていくことが今後の課題である。本章で紹介した森寛は、これまでにたくさんの看図作文授業を行ってきている。その実践資料の多くは未公刊である。森の実践資料を公開していくことは、鹿内にとっての課題である。

　絵図から言葉を創り出す活動は美術館でも行われている。いわゆる対話型のギャラリートークである。子どもを対象にした対話型のギャラリートークも頻繁に行われている。しかし、子ども向けの対話型ギャラリートークでは、大人を鑑賞者として創作された作品がテキストにされていることが多い。大人用の絵を見せて、無理に子どもたちから言葉を引き出していく必要はないのではないだろうか。由井（2002）[3]も、絵本との関連で、次のような疑問を呈している。「『絵』が意味する内容を真に理解するのは子どもではなく、むしろ文学や絵画について、批判的に、また分析的に読めるようになった高校生や大人なのではないだろうか。」

　文学に児童文学があり、音楽に童謡があるように、「子どもが読み解ける絵図」がひとつのジャンルとして成立してもよいのではないだろうか。アートスタッフとコラボすることによって子どもが読み解ける絵図ライブラリーを充実させていくことも今後の展望の中に入れておきたい。

おわりに

　本章冒頭に載せた図1の少年と図11の少年はほとんど同じポーズをしている。しかし図11では「少年は手を振っている」という読み解きは難しくなる。図1と図11では「手のひら」や「頭髪」の様子が微妙に異なっている。このような細部の違いに注目するこ

©yuki.ishida

図11　「少年」の絵図 B

とによっても絵図の読み解きは変わってくる。そして、そこから絵図読み解きのおもしろさが生まれてくる。絵図を読み解くことはおもしろい。このおもしろさを授業づくりにいかさない手はないであろう。筆者は図11の少年のように、手を高く挙げてそのことを強く主張していきたい。

註
1)　李軍（2013.2）『漢字文化を生かした漢字・語彙指導法の開発―日中比較研究を軸に―』早稲田大学博士論文
2)　石田ゆき他（2013.3）「看図作文方式を活用した絵本づくりの授業開発―小学校1年生での実践―」『道都大学紀要美術学部』第39号、pp.91-104
3)　由井はるみ編著（2002）『国語科でできるメディアリテラシー学習』明治図書 p.60

参考文献
鹿内信善（2003）『やる気をひきだす看図作文の授業―創造的［読み書き］の理論と実践―』春風社
鹿内信善編著（2010）『看図作文指導要領―「みる」ことを「書く」ことにつなげるレッスン―』溪水社
鹿内信善編著（2013）『協同学習ツールのつくり方いかし方―看図アプローチで育てる学びの力―』ナカニシヤ出版
鹿内信善編著（2014）『見ることを楽しみ書くことを喜ぶ協同学習の新しいかたち●看図作文レパートリー●』ナカニシヤ出版

第2章
写真を扱った授業実践
―静止画を読む観点を活用した言語活動―

羽田　潤

はじめに

　写真を使った言語活動は新しいものではない。写真を見ながら作文を書く活動、新聞作りで写真を使う活動、パワーポイントプレゼンテーションを活用したスピーチの活動など、従来の国語科授業の中でも、学習者の言葉を生み出す教材として、写真は大いに取り上げられてきた。

　しかし、それらの活動に、写真を「読む」という観点は取り入れられていただろうか。我々の日常に溢れる表現物を読みの対象として見ていこうという視点はあっただろうか。見たものを文字に書き起こす作文活動、文脈に適した写真の選択という作業には、写真を見るだけにとどまらず、写真を読むという思考過程が含まれていると考えられる。しかし、「写真を読む」という学習指導要領圏外の言語活動は、国語科の授業の中で、学習者に強く意識される機会がなかった。国語科は、文章を読む教科として、写真は、学習目的としては、補助的に使用されてきたのである。

　とはいえ、子ども達が読み解くべきは、日常であり社会である。であるならば、写真という表現について、それがどのように作られているものなのかを追求し、どのような言語表現と組み合わせていくのかを探求していくことが、国語科の学習として写真を活用する意義となる。

1. 写真によって言葉を創る

(1) 学習指導要領における「写真」

そもそも写真を国語科で扱うことの是非はどうなのか。PISA調査（2003）以降、国語科において育むべきリテラシーの範囲についての議論は大きく変化した。なかでも、非連続型テキストの読解が読解リテラシー（Reading Literacy）の範疇として示されたことを受け、平成20年版小学校学習指導要領解説（国語編）、中学校学習指導要領解説（国語編）には、言語外メディア（写真等）及び複合型メディア（新聞等）の文言が記載されることになった。ただし、「書くこと」や「話すこと・聞くこと」の内容であり、「読むこと」の対象は、「語」、「文」、「文章」である。

しかし、平成22年版高等学校学習指導要領には、国語総合「C読むこと」の言語活動として「イ文字、音声、画像などのメディアによって表現された情報を、課題に応じて読み取り、取捨選択してまとめること。」、現代文Bには「ウ伝えたい情報を表現するためのメディアとしての文字、音声、画像などの特色をとらえて、目的に応じた表現の仕方を考えたり創作的な活動を行ったりすること。」とあり、「写真」も視野に入れながら、読解・表現について提示されており、写真の読解が国語科の範疇であることを示しているといえよう。

(2)「写真」が生み出す言葉

写真の読みも文章のそれと同じように、見えるものとその意味の2段階読解である。ただ、文章と違い、見えるものを言葉にしていく作業が生じる。写真に写るトマトを、「赤くてピカピカしたトマト」と言語化するのか、「黄色がかったヘタのくたびれたつやつやしたトマト」と表現するのとでは印象が変わる。見ているものを言語化する作業は、それだけで学習者間に違いが生じ、同じものを見ているはずなのにすでに解釈が違うということにもつながる。皆が同じものを見ているわけでも、見えているわけ

でもない。何が見えているのかを言語化して共有する過程が大切である。

次に、なぜそのトマトはそのような写され方をしているのかを考える。なぜひとつだけなのか。なぜ照明は右からなのか。畑ではないのか、お店でもないのか、この写真の目的は一体何か。広告用なのか、個人のスナップ写真なのか。写真が1枚あれば、発問次第で、言葉を生み出す多様な活動が可能になる。

では、以下、「写真を読む」活動が軸になった実践を、小学校、中学校、高等学校からひとつずつ、3つ報告する。

2. 未来に生きる授業実践

(1) 小学校における写真を組み合わせた物語制作の実践（粟野志保教諭・吹田市立山田第二小学校）[1]

1) 実践の目的

本実践は、学習ソフト[2]に用意されている静止画を組み合わせ、一定の条件にそって、動物が人間にインタビューする4コマ物語を作るという学習活動を、小学校5年生を対象に行ったものである。学習目標は以下の3点。

> ① 4コマ物語における起承転結の構造を意識し、プロットをたて4コマ物語を制作する。
> ② 視覚要素から人物のキャラクター像を想像し、語りの特徴について考える。
> ③ 創作した4コマ物語について相互批評を行う。

2) 学習展開（全6時間）

学習展開は以下の通り。「写真を読む」、「写真を組み立てる」、「作品を相互評価する」の3段構成である。

	小単元	学習活動
1	写真を読む。(2h)	①9種類の動物の静止画（資料3）から、その人物像について、班でブレーンストーミングをする。②動物たちが人間に行うインタビュー内容について考える。
2	写真を組み立てる。(3h)	①動物から人間（スズキさん）へのインタビューの構成を、4コマで考える。【条件】第1カットと第3カットは同じ静止画を使う。第2カットのスズキさんは、指定の笑顔の横顔（右写真）を使う。第4カットのスズキさんの表情は72パターンの表情から選ぶ。②ソフトを用いて4コマインタビュー物語を作る。
3	相互評価を行う。(1h)	①作成した創作4コマについて発表、批評会をする。

3）学習の実際

　最終的に制作する作品の枠組みは以下のようになる。インタビュアーとしての動物カットと、インタビュイーとしてのスズキさんが交互にくる2往復のインタビュー場面となる。粟野は、「制限された起承転結の構造のなかで、いかに『転』の部分を演出するか、また結で選ぶスズキ氏の表情、視覚に語らせて物語を結ぶか。この実践の目標①『4コマ物語における起

資料1　4コマインタビューの枠組み

【条件】第1カットと第3カットは同じ静止画を使う。第2カットのスズキさんは、指定の笑顔の横顔を使う。第4カットのスズキさんの表情は72パターンの表情から選ぶ。

承転結の構造を意識し、プロットをたて4コマ物語を制作する』は、この2点を要とする。評価としては、制作過程のこだわりや考えの根拠を、学習者のワークシートの記述や態度観察において行った。」と述べる。

資料2　ブレインストーミング用ワークシート

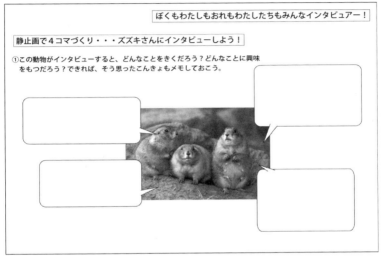

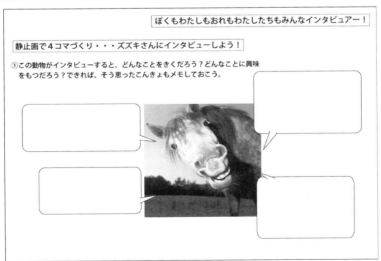

第1カット（及び第3カット）で使用するインタビュアーとしての動物カットの選択については、インタビューの形態を模索するため、前頁に示したワークシートを使いながら、班でブレーンストーミングを行っている。写真を読み、この動物なら、どんなことを言いそうなのかを書き込んでいく。読みの対象として選択したのは、資料3にまとめたように、多様な写され方をしている多様な動物である。児童になじみのある動物を多く選び、写真の読みから導かれる言葉がたくさん出るように配慮されている。

資料3　多様な写され方をしている多様な動物の表情豊かな写真9種

			仰角（カメラ）	正面（カメラ）	俯瞰（カメラ）
単体	アップ			〇	〇
	ミドル	正面顔	〇	〇	〇
		横顔		〇	
複数		正面顔		〇	〇

　写真の読みから出てきた児童の言葉を以下に示す（資料4）。粟野はこれらの言葉を、「①他メディアによる既知の物語体験を重ねる」、「②なじみ

のある動物の情報を重ねる」、「③学習者自身の物語を重ねる」、「④画像を読み、得たイメージを重ねる」の4種類に整理している。逆に言えば、児童の知識・体験を呼び起こす要素をもった写真を選択することがここでは重要であることがわかる。粟野は「写真を見て物語を作るという学習活動は、国語教科書でも採り入れられている課題であるが、学習者に既知の情報がなければ、画像から読み取ったことをもとに語りが作られるということは、物語作りと静止画の関係を考える上で大変に興味深いことであった。」と述べる。活字の物語の人物描写の読みに一定の枠組みがあるように、写真に示された「表情」、「動作」にも、学習者はある種の典型を読み取っている。この典型的な動物のキャラクター性と、「スズキさん」の人間としての典型的な「動作・表情」（資料5）を4コマに当てはめることが、次の段階の学習者の作業となる。

資料4　児童が動物写真につけた言葉の例

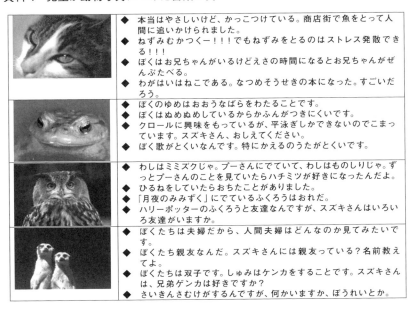

資料5 〈72パターンの表情（の一部）〉

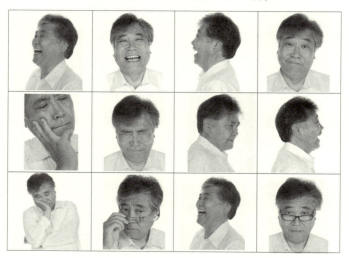

学習者の作品のひとつを資料6に示す。

資料6　B班（学習者のワークシートより抜粋）

	起	承	転	結
カット				
言葉	わたしは世界一かしこくてかっこいいんだ。すずきさんはかしこいですか？	君よりかはね	何を言っている鈴木さん？？　僕は世界一だぞ	はぁー
しかけ	ミミズクを上にしておじさんを下にみせているけど、後になるとおじさんが上でミミズクが下になるようにした。		字をかくわくにいろをつけた。	顔に合うようにした。

　B班の作品は、与えられた制限の中で、どのように会話のエンターテインメント性を演出するかを工夫している点が評価できる。ミミズクにもスズキさんにもナルシストとしてのキャラクター性を設定し、またもともと

の写真からはそれが読み取りにくいため、ソフトのお絵かき機能で、その要素を後半部分に強調している点が特に工夫した点といえよう。特に、ミミズクの第3カットにおける変化は「転」を担うに十分な視覚的・言語的効果をもたらしている。

4）まとめ

粟野実践は、動物や「スズキさん」の写真を読む視点を学習者に与え、写真の中のキャラクターが何を言いそうな表情・動作なのかを言語化させ、それをまた、ブレーンストーミングを行いながら、写真の読みを共有させていく点が優れているといえよう。読みを共有することで、次に表現活動を行う際には、その読みをずらすといった表現を行うこともできる。写真の読みにおける典型と逸脱を学習者は学び、4コマ制作に活かしていったと考えられる。

(2) 中学校における「写真と文章を組み合わせた情報を再構成する」実践[3]（松尾澄英教諭・大阪教育大学附属天王寺中学校）

1）実践の目的

本実践は、教科書教材「小さな労働者」（東京書籍中学2年）を用いて、人物の生涯を描いた説明文（人物ドキュメント）を、新聞の「ひと」欄に再構成することで、情報の再構成について学習することを目的としている。学習目標は以下の3点。

---
①説明文に記された人物について、基本的な情報の読み取りが出来ているか。
②説明文に提示されている「写真」について、情報を読み取ることができているか。
③新聞記事として効果的な再構成（写真選択、見出し語、書き出しの工夫など）ができているか。

2）学習展開（全6時間）

学習の展開は以下のとおり。

	小単元	学習活動
1	フリードマンの「小さな労働者」の文章における事実関係を理解する。	(1) 教材文「小さな労働者」を読んで、ルイス・ハインの生涯についての事実と、筆者の意見を区別する。
2	ルイス・ハインの「写真」を読む。	(1)「紡績工場の少」女における「ルイス・ハイン」の工夫、メッセージを読み取り、キャプションを考える。 (2)「Power house mechanic working on steam pump」を読み取り、キャプションを考える。
3	「小さな労働者」を「ひと欄」に再構成する。	(1) 既存の新聞記事(朝日新聞)から複数の「ひと」欄を読み、記者が、写真と文章を使い、どのように人物を紹介しているかを考える。(1時間) (2) (1)で読み取った新聞の人物紹介の型を用いて、教材文に描かれている人物「ルイス・ハイン」を紹介する「ひと」欄（約600字）を書く。(1時間) (3) 生徒同士で「ひと」欄を読み合い、新聞記事としての効果や、それぞれの記者の人物紹介の視点について批評する。(1時間)・説明文（人物ドキュメント）から「ひと」欄の再構成に当たっては、それぞれのメディア特性に気付かせるようにする。特に新聞には、写真や見出し、書き出しの工夫、少ない字数で情報をしぼり込む必要があることを確認する。

3) 情報の再構成

「小さな労働者」は、2002（平成14）年より採用された教材であり、2002年版、2006（平成18）年版では、情報活用単元におかれ、「情報の再構成」について学習する教材であったが、2012（平成24）年版では、読書単元におかれ、教材の位置づけが大きく変わっている。しかし、本教材は、資料5に松尾が示すように[4]、ルイス・ハインが労働している児童を撮影し、その写真を使ったフォト・ストーリーで展示会を行い、そうしたハインの活動をラッセル・フリードマンがノンフィクションとして書き起こし、（翻訳され日本で出版され、）それが教科書に採用され、学習者の目に届

くという、何重もの再構成が行われている、写真を出発点とした「情報の再構成」を学ぶためには最適な教材である。

松尾の実践は、その「再構成」に焦点化したものである。資料7の図を生徒に示し、「説明文」という情報を材料に、ルイス・ハインという人物を「ひと欄」に再構成するという、メディア社会の枠組みの中に、作り手として参加するのだということを強調している。

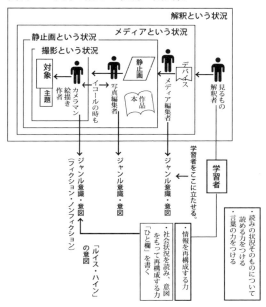

資料7 写真の読みの状況の図式化

4) 写真を読む

「ちいさな労働者」でも説明されるルイス・ハインの「フォト・ストーリー」は、写真に収められた児童労働の実態を、「悲惨である」という視点で受け手に受け止めてもらうために行った手法である。松尾は、ルイス・ハインの行為を後追いさせるべく、学習者に、資料8に示したように、写真の読解を行わせている。読解及び表現の観点は以下の4つ。

① 何が写っているか出来るだけそのまま丁寧に書きだそう
② 見る人にどんなこと・メッセージを伝えるだろうか
③ この写真には、なぜ「見た人がショックを受け、怒りを感じる」効果があるのだろう。
④ この写真にキャプションをつけてみよう

写真を「読む」ことを意識させるために、「見えること」を書き出させ、

「その意味」を考えさせていることがわかる。見えることとは、すなわち、奥までびっしりと続く紡績の機械、石の壁、窓、その間の細い通路、そこに立つ少女。少女は働くには早すぎる幼い年齢であると推測され、服装も豪華とは言えない。髪は三つ編みにしっかり編まれ、表情は固い。口元は真一文字。目は大きく開かれカメラを見つめている。右手は紡績の機械に、左手は窓の縁にかけられている。窓から入る光が少女の右側を照らしている、といったようなことである。

　写真だけを見せられた場合に、この写真から多くのメッセージを読み取ることは難しい。だからこそ、ルイス・ハインは、明確なメッセージを与えるため、写真に文章を付し、「フォト・ストーリー」として展覧会を行ったのである。それゆえ、学習者は、「③この写真には、なぜ『見た人がショックを受け、怒りを感じる』効果があるのだろう。」で立ち止まり、ルイス・ハインの行為の意味を再認識することとなる。また、学習者自身が、「小さな労働者」という文章によって、この写真のメッセージを読み

資料8　「写真を読む」ワークシート

取らされていることに気付かされていくことになる。「写真」の読解は、「写真」のみの読解にとどまらず、「写真」が置かれている文脈を読むことが重要になることを学習者は学び、また、資料7を見返しながら、自らの立ち位置を確認し、ルイス・ハインの「ひと欄」作成へと向かうのである。

5)「ひと」欄に再構成する

「小さな労働者」は、ルイス・ハインの活動をラッセル・フリードマンが記述した文章である。ラッセル・フリードマンもその著書のタイトルに「KIDS AT WORK」としているように、ルイス・ハインの行動を肯定する視点での記述がなされている。「ひと」欄への再構成は、ラッセル・フリードマンに変わって、自らがルイス・ハインの紹介者として新聞の読者に、何をどのように伝えたいのかを明確にしながら書く必要が生じる。ただの要約ではなく、「ひと」欄への再構成とすることで、目的意識、相手意識が焦点化される活動といえよう。どの写真を選び、どのような文章をつめ

資料9 「ひと」欄を書く ワークシート

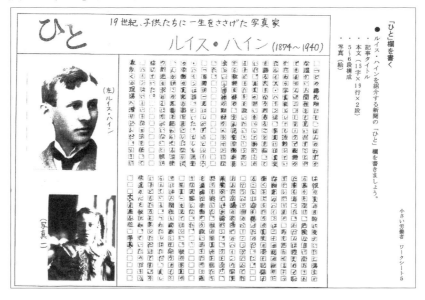

ることで効果的な記事になるのかが問われるのである。

6）まとめ
　写真にはどのようなメッセージを込めることができるのか。写真はどこまで何を伝えることができるのか。本実践は、写真をどのような立ち位置で扱うのか、どのような文脈で扱うのかといった、写真が扱われる環境そのものを学習者に見渡せるよう配慮した点が特徴である。1枚の写真は、そこに付される言葉ひとつで、また、どこに掲載されるかで、大きく意味が変わる。情報を常に第三者によって再構成されていることを学習者は意識できたであろう。

(3) 高等学校における静止画を活用した物語解釈の実践（松岡礼子教諭・立命館高等学校3年生）[5]
1）実践の目的
　本実践は、小説『こころ』をより深く読解するために、映画『夏目漱石のこころ』（市川崑監督、1955年）を活用した実践である。その際、映像の一部分を画像（写真）として抽出し読み解かせたり、DVD[6]のパッケージに使われている画像（写真）を使ってパンフレットの表紙を作成したりといった、動画全体を考察するうえでの静止画像の読みの重要性を学習者に認識させる学習活動が行われた。
　映像のすべてを比較対象とするのではなく、部分としての静止画像（写真）を取り立て学習する学習法は、イギリスのメディア教科書にもよく見られた学習法である。映像は情報量が多いが、一部分を静止画として取り立てるだけでも、映像表現としての特性は読み取ることができる。小説の文字表現と比較させることで、メディア特性による表現の違いを理解させ、それぞれの表現手法の意味を考察させようとのねらいである。

2）学習の展開（現代文）
　単元全体の授業展開は以下の通りである。

	小単元	学習活動
0	夏休み課題 小説『こころ』を読む。	(1)『こころ』(ちくま文庫)を全読する。(2) 時系列、人物関係、出来事に関する感想をワークシートに整理する。
展開1	こころ 映像表現から考える奥さんの人物造型・心理描写	奥さんと野渕(＝先生)の会話場面における奥さんの内言を画像(写真)から読み取る。 (1) ショットAの奥さんの内言を想像して書く。 (2) ショットBの奥さんの内言を書く。 (3) 奥さんの台詞「大丈夫です。本人が不承知のところへ、あたくしがあの子をやるはずがありませんから。」とショットCと関わらせて、分かることを書く。
展開2	小説と映画の比較試論(1) 冒頭の考察	(1) 小説「こころ」の冒頭部を要約する。 (2) 映像の冒頭部を見て、気づいたことをメモする。舞台設定(時空間)、人物、出来事。印象・感想を書く(映画視聴①)。 (3)「私」と「先生」の出会いの場面がどのように映像化されているか、気づいたことをメモする。印象・感想を書く(映画視聴②)。 (4) 映画『夏目漱石のこころ』の結末はどのような場面か想像して書く。
展開3	小説と映画の比較試論(2) 結末部の考察	(1) 小説「こころ」の結尾を読む。 (2) 映画「こころ」の結末を視聴して、予想した結末と比較する(映画視聴③)。 (3) 市川崑監督の結末の選択について、印象・感想を書く。

展開4	小説と映画の比較試論（3）結末部の先生の言葉比較	（1）結末部における先生の言葉について、A小説とB映画を比較し、共通点と差異点を書く。 （2）結末場面の画像を時系列順に並べ直す。
展開5	小説と映画の比較試論（4）再挑戦・映画「こころ」のちらし	（1）映画「夏目漱石のこころ」のパンフレットにふさわしいキャッチコピーを、小説「こころ」から抜き出して書く。 ※まずは、この静止画像をよく読むこと。 ※市川崑監督の作品世界を形容する（象徴する）のにふさわしいものを抜き出すこと。 （2）小説「こころ」の「先生」と「私」の出会いの場面の描き方の特徴を書く。 ※出会いの鎌倉の海、海岸は、どのように描かれているか？ ※なぜ「私」は「先生」の存在に気づいたのか？ ※市川崑監督の演出した〈先生と私の出会いの場面〉とは、どのように異なるか？
展開6	最終レポート	授業で学習してきたことを踏まえ、小説「こころ」と映画「夏目漱石のこころ」とを比較し、意見をまとめる。

3）静止画（写真）を読む

　小説『こころ』は、「私」による語りと、「私」が受け取った「先生の遺書」による語りとで物語が展開していく手法が取られている。対して、映画『夏目漱石のこころ』は、「私」と「先生」の「今」の時空間に、回想場面としての、「先生（野渕）」、「お嬢さん」、「奥さん」、「K（梶）」の、「過去」の時空間が数回に分けて挿入される作りになっている。小説の場合は、語り手となっている登場人物は、客観的な視点を用いることができないが、映像は、客観的な情報を観客に提示することが可能になる。

例えば、資料10の画像（写真）Aは、「お嬢さん」の背中をみつめる「先生（野渕）」を見る「奥さん」の表情のアップである。小説では語られない、「先生（野渕）」の見ることができない「奥さん」の表情となる。画像Aの読解を行うことで、語り手による描写に限定された小説と、客観的な描写を行う映画との表現手法の違いを学習者は強く意識させられることになる。また、「先生（野渕）」と「お嬢さん」の関係性を「奥さん」が強い期待を持って見ていることを、その表情・言動を通して、受け手は知ることになる。

資料10
（お嬢さんの背中を見送る野渕／その野渕を見つめる奥さん）
A

　また、資料11は、キャッチコピーの作成に用いられた画像である。画面の右上3分の2に、今の「先生」と「奥さん（お嬢さん）」、左下には、過去の「先生（野淵）」と「K（梶）」の姿が映しだされている。いずれも写真に該当する構図は本編には登場しない。右上は、天皇陛下の遥拝式に出かける前の衣装、右下は、海に出かけ、「K（梶）」が「先生（野渕）」に、「オレがそんなに嫌ならオレ東京へ帰る」と追いすがりながら語りかける場面の衣装である。

　正面を見つめる「奥さん（お嬢さん）」と、それを見つめる「先生（野渕）」の視線は、交錯しない。「先生」の手は「奥さん（お嬢さん）」の腕を

資料11　画像はDVDパッケージより引用

『夏目漱石のこころ』発売：日活／販売：ハピネット

掴んでいるが、それも一方的といえる。「先生（野渕）」の「奥さん（お嬢さん）」への執着は、実際の生活の中では伝わらず、「奥さん（お嬢さん）」は孤独を感じている。　つまり、右上に描かれる「今」の破綻した関係性を作ったのは、左下の過去の出来事における「先生（野渕）」と「K（梶）」との正常な関係性の破綻が原因となっていることがこの画像に象徴されている。

　そのような構図を読み取った結果、生徒の作成したキャッチコピーは、「おれは策略で勝っても人間として負けたのだ。」、「記憶してください。私はこんな風にして生きて来たのです―。」、「恋は罪悪ですよ」のように、「先生（野渕）」の苦悩を全面に出したものとなった。

4）考察してきたことを文章化する

　小説と映画を比較分析したことは、最終的なレポートにおける記述内容の具体性に活かされていく。資料12にとりあげたのは生徒のレポートの一部分である。本来は「書くこと」が苦手な生徒だとのことだが、考察してきたことに基づき、冒頭、出会いの場面、結末について、小説と映画の違いとその意味について記述し、映画『夏目漱石のこころ』が目指した演出の方向性について、意見をまとめている。

資料12　考察のまとめとしてのレポート

　現代文の授業で映画『夏目漱石のこころ』（市川崑監督作品、当年、日活）を観た。映画と小説『こころ』では大きく違うところがある。それは構成が違う部分は一度読んだことのあるものならすぐ分かる。構成が違う部分は一度読んだことのあるものならすぐ分かる。

　最初に冒頭部分、「こころ」ちくま文庫、［上 先生と私 一章］。小説では「私はその人を常に先生と呼んでいた。だからここでもただ先生と書くだけで本名は打ち明けない。」（夏目漱石）と書いてあるが、映画では、「私」が「先生！」と呼び、理由を書いて説明している。なぜ「その人」が「先生」なのかも小説で伝えられることよりも映画の方が私にとって自然だから気付いて振り向くことで、この人が「先生」だということを見ている人に暗に伝えている。こういった部分は小説では表現できないと思う。

　このように小説で伝えられないことがされている事が多い。次に先生と「私」の出会いの場面。出会いの鎌倉の海辺、小説中では、動きを見たり、音を聞いたりすることによって、分かる部分が多い。

　「ふり返った鎌倉の間を通り抜けて磯へ下りると、この辺にこれほどの都会に住んでいるのかと思うほど、避暑に来た男女で砂の上が動いていた。ある時は海の中が銭湯のように黒い頭でごちゃごちゃしていることもあった。」（「上」一章　8頁15～17行目）と言われるほどとても多くの人がいると書かれている。「私」は簡単に先生を見つけることができた。「先生」は一人な状況の中ではずだが、避暑に来ているほどの都会人種の西洋人を連れていた。（一章　10頁2行目）からである。それが小説『こころ』におけ

　る「私」と先生との出会いである。

5）まとめ

　写真を使った実践のひとつとして、小

説「こころ」と映画『夏目漱石のこころ』の比較を行う本実践をとりあげた。映像作品は、場面を象徴する一瞬間を画像として切り取ることで、最小の情報による映像解釈が可能となる。松岡は「市川崑という他者の解釈と照らし合わせて「こころ」を読んでほしいと考えた。モノクロ映画の陰影の使い方から俳優の表情・口調にいたるまで、すべて市川崑の作品（小説「こころ」）理解の表現だと幾度も説明し、「市川崑の『こころ』解釈」分析にあたらせた。」と述べる。小説を読む読者は一人ひとりが皆解釈者である。そこにプロの解釈者として市川崑を出会わせるという仕掛けであり、様々な解釈を論じたくなるのが小説「こころ」であり、その登場人物たちだといえる。

3. 授業づくりのヒントと、今後に向けた課題・展望

(1) 写真を読む観点を持つ

　写真を活用した授業に必要なのは、少なくとも授業者が「写真を読む観点」を持つべきだと考える。例えば、「構図」を話題に出したいのであれば、「構図」が特徴的な写真を選ぶ、「表情」を読ませたいのであれば、「表情」が特徴的な写真を選ぶというように、写真を読む観点を意識して授業を組み立てることが望ましい。以下に観点を並べてみた。主に参考にしたのが、イギリスのメディア教科書、*Mixed Media*[7]である。

資料13　写真（静止画）を読む観点	
Ⅰテクストの枠組み	(1) 発信者は誰か (2) 受信者は誰か (3) 目的はなにか (4) どのように作られているか（報道写真、雑誌の表紙、広告、写真コンテスト、ポートレート、証明写真等）

II撮影の枠組み	(1) 構図	①対象の配置：左右、上下、バランス	左が既知で右が未知、上が理想で下が現実。
		②対象によって引かれる線：バランス	1：1、1：2等のバランス良い比率。
		③フレーミング：どのように四角く切り取っているか。	フレームの外に何があるのか。
	(2) 視点	①ロング	状況を見せる。
		②アップ	感情を見せる。
		③Aの側から	Aの側によりそう（またはその逆）。
		④Bの側から	Bの側によりそう（またはその逆）。
		⑤中立の側から	客観的に見せる（ことは可能か）。
III対象	(1) 人物・キャラクター	①身体（形、動作）	立つ、座る、走る、歩く
		②顔（表情、視線）	笑顔、涙、視線が画面の外、画面内
		③手（形、動作）	頬杖、手を振る、ピースサイン
		④衣装・服装	季節、役割、仕事、好み、ジャンル
		⑤髪型	
		⑥メイク	
		⑦人種・年齢・性別・仕事・種類	
		⑧有名人	特別な誰かなのか、そうでないのか。
	(2) 形・プロポーション		描かれるもの。ディフォルメ。カリカチュアライズ。

		(3) 自然・造形物	
	(4) 背景	①舞台設定・状況設定・時空間	いつなのか、どこなのか、どういう出来事なのか。
		②大道具（舞台美術、建物）	家、テーブル、イス、階段、道路
		③小道具	車、カバン、皿、フォーク、本、雑誌
		④共演者	家族と、ヒロインと、悪役と、
		⑤エキストラ	道行く人々、用意されたエキストラ
	(5) 言語		
Ⅳ技術	(1) 色		紅葉の赤、真っ赤なテーブル
	(2) テクスチャー		水面の質感、ポスターのツルツル感
	(3) 照明		窓から差し込む太陽光、下から当てられた照明
	(4) 加工		

(2) 今後に向けた課題・展望

　写真を扱った授業実践の多くは、写真選びの段階で大変な困難が伴う。授業を構想する過程で、こういった写真が欲しい！と思ってもなかなかその通りの写真が見つからなかったり、では自分で撮ってみようとシャッターを押すことで、プロの写真がいかにうまく撮られているかを実感したりもする。例えば動物園で動物の表情を撮ろうとしても、まず、距離があり、都合よくこっちを向いてくれなかったり、天気がいまひとつだったり、様々に世に出ている写真がいくつもの専門的技術に支えられていることに気付かされる。それゆえに、教材用写真データベースの構築が今後に向け

た大きな課題である。また、教師自身として、写真を読み、評価するための専門性をどのように育んでいけばよいのか、メディアの読みに関わる研修制度のようなものも今後の課題である。

註
1)　本実践内容の詳細は、以下を参照のこと。粟野志保「国語科メディア学習における読解表現学習の試み－動画ソフトを活用した物語制作を中心に－」、松山雅子（研究代表）編『文化的アプローチによる国語科メディア学習プログラムの実証的開発研究 授業実践資料集「国語科メディア学習プログラム授業実践」』（平成18年度～平成20年度科学研究費補助金（基盤研究C）研究課題番号18530703、平成21年3月、pp.5-16 2009年
2)　松山雅子編著（2008）『自己認識としてのメディア・リテラシー〈PART Ⅱ〉』、教育出版、に収録されたソフト『Atom V2』。Windows上で動作する。背景、パーツ、吹き出し、文字、効果音、BGMを編集し、12コマ以内の作品を制作することができる。
3)　本実践は、「NIE実践報告」として以下で報告されている授業を元としている。（2015年4月30日最終閲覧）
http://nie.jp/selected/2009/pdf/pdf_j/native/j_osaka_fuzokutennouji_j_2009.pdf#search=%27松尾澄英%27
4)　板書内容を松尾が再現したもの。
5)　本実践は日本国語教育学会主催「第77回国語教育全国大会高等学校部会」において発表されたものである。
6)　『夏目漱石のこころ』DVD/3,800円（税別）、発売：日活／販売：ハピネット
7)　Barrie Day（2001）、Mixed Media、Oxford University Press
　　本教科書については、拙著『『国語科教育における動画リテラシー教授法の研究』、溪水社、(2008.3)にまとめている。

第3章
広告・CM を扱った授業実践
―広告制作者という立場からの広告学習―

瀧口　美絵

はじめに

1．国語科教育における広告の位置づけ

　国語科教育において「広告」は、その「広告」自体が持つリテラシー性から、非常に親しみ深い存在である。各研究領域からのアプローチをみても、言語学、人文社会科学、哲学、歴史学、文学、美学、芸術学、芸術社会学の領域からのアプローチ[1]、社会学、心理学、政治学、経済学の領域からのアプローチ[2]、技術、情報の領域からのアプローチ[3] と、幅広い観点から研究・実践が展開されている。その理由について佐藤洋一は、「「テレビコマーシャル」という「メディア分析」が「国語科における説明文・文学の情報リテラシー（学び方・言語技術教育）が基礎・基本になっている」とし、次のように説明している。

　　具体的には、人物・風景・象徴的イメージ・繰り返される言葉（メッセージ）・映像と言葉（キャッチコピー）の組み合わせの効果等、「映像」の持つ特質は描写・理論についての国語科の「学び方」と共通すること、これはどのような目的からどんな情報（イメージ・価値観・自然や人物等）を選択・判断し、どのように構成発信しているか……、という情報〈理解・発信〉リテラシーの基本でもある[4]。

佐藤は、「広告」の「学び方」が、「国語科の「学び方」と共通する」と述べ、このことが「リテラシーの基本でもある」ことを示している。このように、広告は、「科」を超えた「ことば」という領域を含む国語教育のとらえ方と「学び方」が「共通している」という点において、その学習が非常に親しみ深い存在であるといえる。特にメディア・リテラシーが盛んに重要視されるようになった昨今においては、広告自体を学習の対象とし、クリティカルに広告をとらえようとする研究・実践も多くみられる[5]。このように、国語科教育において「広告」は、ことばの特性を理解・表現させるために有用な様々な角度からの観点が多く詰まっていることがわかる。

　一方で、国語科における広告教育の研究・実践の新たな可能性が切り開かれる観点として、広告制作者という立場から、広告を分析するとらえ方がある。『〈広告制作者〉の歴史社会学』の著者である加島卓は、「〈広告制作者〉として働くことの意味づけ」として、「〈広告制作者〉」を次のように位置づけている。

　　〈広告制作者〉として働くことの意味づけは、自分のために何かを制作するという行為を一方に想定し、もう一方には他者のために何かを制作するという行為を想定しながら、いろいろなされていく。これは芸術家や企業人として固定することのできない流動的な主体の記述になり得るという意味において、とてもユニークだと考えられる[6]。

　加島は、「〈広告制作者〉」という立場について「自分」を表現するためだけの主体という役割でもなければ「他者」を表現するためだけの主体でもない、「固定することのできない流動的な主体」であると示している。このことは、広告を学習する姿勢として、受け手として「芸術」鑑賞をするという立場に立つわけでも、送り手として「企業」の意図を探る立場に立つわけでもない、枢要な立ち位置である。

　国語科教育において広告は、とかく、送り手・受け手を介すメディアテ

クストとしてとらえられ、言語教育における補助教材としての利用以外では、自己表現・他者理解を学習することに重点が置かれていた。ここへ、広告を学習する姿勢として、受け手として芸術鑑賞をするという立場に立つわけでも、送り手として企業の意図を探る立場に立つわけでもない、「〈広告制作者〉」という観点を併せることができれば、ことば自体の理解と表現という学習からさらに発展させた国語科教育における広告教育の研究・実践の新たな可能性が切り開かれるのではないか、と考えられる。

そこで、本項では新たな可能性の提示として、3つの実践を示したい。ひとつは、国語科教育における広告の実践として基盤となる実践、ふたつめは、広告制作者による「広告小学校」という実践、みっつめは、「NHK学校放送」が示す今後の展望をはかる広告の実践である。

1. 未来に生きる授業実践

(1) はじめに

国語科教育において広告の存在がクローズアップされたのは、1998（平成10）年度の学習指導要領の改訂によるものである。『中学校学習指導要領解説（1998）』には、「情報」「伝え合う力」に関連し、その方法として広告が取りあげられたのである。

当然、広告を活かした国語科教育はそれ以前も取りあげられてはいた。1965年、波多野完治は「作者の考えていることを正確に伝えるのが文学のやらねばならぬことであるが、広告もある意味ではそれをやらなくてはならぬ。」と述べ、広告のもつ「文学」性を活かした国語科教育を主張している[7]。大内善一は1997年に「「コピー」には、優れた説得的創造的な表現特性が備わっているのです。このようなコピー表現を作文学習に生かさないテはありません。」とし「コピー作文」が表現学習に有用であるとした[8]。

しかしながら、画期的であったのは、1998（平成10）年度改訂の学習指導要領においてメディア・リテラシーの台頭によって広告自体が学習対象

として確立する転機となったことである。学習指導要領作成委員であった金子守は、学習指導要領の改訂にあわせて次のように述べている。

> 学校、国語教育に何が求められているのかを自分なりに考察するとともに、広告の表現の学習指導をきちんと新しい学習指導のなかに位置づけようと思ったからである[9]。

　金子が述べているように、この学習指導要領の改訂を転機に、広告等の表現教育充実の展望が見据えられていたのである[10]。このことにより、学習指導要領の改訂以降、国語科教育における広告教育の研究・実践は、リテラシーの育成を中核に、その体系が明確化してきたのである。
　では、金子は具体的にどのような実践の展望を抱いていたのか。それをとらえるために、ここでは、1989（平成元）年に実際におこなっている「選択教科としての「国語」あるいは総合的な学習の時間」での実践」を検討する。

(2) 教材について

　金子の実践報告は、「選択教科としての「国語」あるいは総合的な学習の時間」での実践」、「通常の国語の授業での実践」の2点が提示されている。そのうち、前者の実践は、「国語」の学習を念頭に置きながら、「総合的な学習の時間」ならではである「科」を超えた領域横断的な広告学習が展開されている。ここでは、国語科教育における広告の実践において取り入れるべき学習内容が幅広くに示されており、広告学習の基礎的理解において理想的な実践といえる。
　実践報告で示されている教材は、実際に放映されたテレビCM、広告を批評した書籍、広告の基礎知識を身につけるための歴史書や資料など、充実している。
　しかしながら、授業展開の中心となる教材は、金子自身が作成した配布資料のようである。「学習指導の実際」に「表現面、社会現象・生活様式・

対象（とらえ方）の面からまとめる紙（B5）を渡した。」とあるように、金子の配布資料は、「コピーの収集」や「キャッチフレーズの分析」など、広告とその理解を一面で整理できるような構造になっている。

(3) 授業のねらい

　金子は、この授業のテーマ設定について次のように示している。

　　　日常の言語生活の中から、広告（CM）の表現を中心に取りあげ、様々な角度から考察を加えてみることにした。広告の表現に関心をもち、それを味わい、楽しみ、自ら広告を制作することによって、広告や言葉に対する認識を深めるとともに、考え・調べ・まとめ・発表する活動を通して、主体的に課題を解決していこうとする態度を育成し、言語生活に膨らみと潤いを持たせ、より豊かに生きることができるものと考えて、このテーマを設定した。

　本実践の特徴は、文学鑑賞、批評的教育、言語活動など、国語科として礎となる学習内容の観点が包括されている点である。このことを金子は授業のねらいとし、「言語生活に膨らみと潤いを持たせ」るということばで説明している。

(4) 授業の展開

　金子実践の授業構成は、「広告に関する基礎的な知識・研究」「グループ研究」「研究発表」の、大きく3つに分けられる。授業展開は以下の通りである。

回	テーマ	主な学習内容
1	オリエンテーション 広告に関する基礎的な知識・研究（1）	○学習のねらい・主な活動内容の説明 ○事前調査 ○責任者や係の決定 ○広告やキャッチフレーズについての資料読み —広告の歴史・キャッチフレーズの条件・分類の観点、キャッチフレーズの研究
2	広告に関する基礎的な知識・研究（2）	○収集したコピーの紹介 ○キャッチフレーズの分析（配布資料による） ○広告のできるまで—VTRを見たあと、解説
3	広告に関する基礎的な知識・研究（3）	○収集したコピーの紹介 ○朝日新聞「私のCMウォッチング」を読む。 ○サントリーの広告—VTRを見る。
4	広告に関する基礎的な知識・研究（4） 研究課題について	○収集したコピーの紹介 ○「物語 広告用語の世界」（『月刊言語』1986.8）ができるまでのあらましを知る。
5	広告に関する基礎的な知識・研究（5）	○収集したコピーの紹介 ○「資生堂」の広告—VTRを見る。 ○レポートの課題、ポスターやビデオの制作についての説明
6	研究グループ分け グループ研究（1）—研究の進め方	○研究テーマにより、6グループに分ける。 ○レポート制作およびビデオ制作に関する指示 ○各自の仕事・役割・かかわり方や研究の進め方について話し合う。
7	広告に関する基礎的な知識・研究（6） グループ研究（2）	○「CM大賞」（平成元年12月7日）のVTRを見る。 ○朝日新聞「CMウォッチング」を読む。 ○グループごとに教室や図書館で研究
8 9 10	グループ研究（3）〜（5）	○グループごとに教室や図書館で研究—レポート作成やビデオづくり ○ポスター制作についての指示
11 12	研究の中間報告 グループ研究（6）	○グループごとに研究の進行状況等を発表する。 ○中間報告を受けて、研究のまとめをする。
13	グループ研究（7）	○研究のまとめをする
14 15	研究発表	○教科（コース）内での発表 ○全体発表会について ○事後調査
	全体発表	○学年（コース）による全体発表会 ○本コース……口頭発表（資料作成）、自作のビデオ紹介、ポスター・研究物の展示

(5) 授業の評価

　このような授業展開を経て、学習者たちは、国語科において取り上げられたCMの学習をどのようにとらえたのであろうか。このことについて、金子の著書には、次のような学習者の感想が掲載されている。

この学習を始める前は、ただおもしろいものがいいという観点だけでCMを見ていましたが、勉強を続けていくうちに、会社側がどんなことに気を遣っているかとか、コピーのよさを冷静に見ることができました。今もそうですが、これからの21世紀は、メディアの発達に伴い、広告業界も大きく進歩していくと思います。そんな中で、ウソのCMや悪い広報に流されないよう、しっかりと物を見る目をつけていきたいと思います[11]。

　この学習者は、CMで学習したことについて「勉強を続けていくうちに」、「CMを見」る「観点」を「冷静に見ることがで」きたと振り返っている。そして今後の課題として、「しっかりと物を見る目をつけていきたい」と展望を示している。この感想からは、学習者が、"多様な観点から対象を読み解くという能力を習得する"ことができるようになったということがわかる。このような能力は、CMを学習することだけにとどまらず、国語科の学習においてももっとも基盤となる力である。
　この点について、金子は「今後の課題」としてさらに次のように示している。

　　　教材開発の面では所期（ママ）の目的がおおむね達成できたと思われるが、これをふだんの授業にどう生かすかを検討する必要がある[12]。

　金子は、CMが国語科の学習において有用であるという点についていち早く示しているが、それをふまえた上でさらに、「これをふだんの授業にどう生かすか検討する必要」性を課題としている。金子の実践は、指導者としてまず理解しておかなければならない知識や技術や授業構成方法の基礎的観点が包括されてるということがわかる。CMを国語科教育において学習する活動を想定する場合、まず手に取って検討するべき一冊である。

2. 広告小学校

(1) はじめに

　前述したように、国語科教育がことばの教育を任務としている以上、広告は、とかく、送り手・受け手を介すメディアテクストとしてとらえられ、言語教育における補助教材としての利用以外では、自己表現・他者理解を学習することに重点が置かれやすい。ここへ、「〈広告制作者〉」という観点を併せることができれば、ことば自体の理解と表現という学習からさらに発展させた国語科教育における広告教育の研究・実践の新たな可能性が切り開かれるのではないか、と考えられる。

　広告制作者の観点からことばをとらえることを天野祐吉は次のように述べている。

　　　「事実を伝えることば」よりも、むしろ、「感情を伝えることば」で人と人はつながっていると言っていいでしょう。「事実を伝えることば」が"理解の場"をつくり出すのに対して、「感情を伝えることば」は人と人の"共感の土壌"をつくり出す、と言えばいいでしょうか。
　　　そういう意味で、すぐれた広告はコミュニケーションのいいお手本になります。広告に強くなれば、それだけ人間関係にも強くなるし、また、だめな広告にだまされないようにもなる[13]。

　天野は、「広告」の「お手本」になる観点について、「広告」を「感情を伝えることば」によって「人と人の"共感の土壌"をつくり出す」「コミュニケーション」としてとらえることを示している。そしてこのことが、ひいては、「人間関係」の形成、「だめな広告にだまされない」批判的思考力の育成につがなると述べている。

　このような観点は、広告制作者の立場で広告教育を実践している電通の社会貢献活動からもみてとれる。電通と東京学芸大学とが協働で開発した

「広告小学校」という試みでは、「CMでは、「伝えたいこと」を「伝える」だけでなく、「相手の心を動かす」こと「コミュニケーション力（伝え合う力）」を育成する。」と実践のねらいが示されている 。天野と同じく、広告制作者の立場において、広告をとらえる観点として、「コミュニケーション力（伝え合う力）」が重要視されていることがわかる。

このように、受け手としての芸術鑑賞とするわけでも、送り手として企業の意図を探るわけでもない、「人と人の"共感の土壌"をつくり出す」「コミュニケーション」としてとらえようとする姿勢は、ことば自体の理解と表現という学習からさらに発展させた国語科教育における広告教育の研究・実践の新たな可能性が切り開かれると考えられる。

そこで、ここでは「伝え合い」を目標に東京学芸大学附属世田谷小学校で実践された「広告小学校」の報告を検討する。

(2) 教材について

「広告小学校」の実践において特徴的なのは、学習者が新聞広告やテレビCMを作成するのではなく、「オリジナルテレビフレーム」という組み立て式のダンボールでできた大きな枠に入り、CMオンエア中という設定でCM劇を演じるという点である。そのアシストとして「メインキャラクター「コマ犬」」などのキャラクターが示され、ワークシート類やDVD教材やオリジナルノートと連動してプログラムをナビゲートしてくれるのである。

このようなDVD教材や学習指導案などの教材は、「無償で提供」という形になっており、「広告小学校」の開発者が出前授業をするのではなく、各学校の教師が教材を活用して授業実践する方法になっている。オリジナル教材の充実が電通という広告会社が指揮していることからみられる特性であり、学ぶべき視点である。

(3) 授業のねらい

　前述したように、「広告小学校」の実践では「CMづくり」としながら、学習者が新聞広告やテレビCMを作成するのではなく、CMを演じるという劇形式の方法を採用している。この理由について、「広告小学校」の概要には次のように示してある。

　　　広告小学校とは、3つの段階から構成されており、コミュニケーション力の基礎となる「発想力」「判断力」「表現力」「グループによる課題解決能力」を培うことを目指しています[15]。
　　　コミュニケーション力とは、自分の伝えたいことをうまく伝えることに留まらず、自ら深く考え、違う価値観を持つ他者との対話を通じて情報を共有し、相互理解を深めながら合意形成や課題解決できることを指します。
　　　子どもたちに、自分自身を見つめ、考えを伝え合うことの楽しさを知ってもらうことを目指しています[16]。

　「広告小学校」の概要には、「広告小学校」の目指す目標がCM制作にゴールがあるわけでなく、「自ら深く考え、違う価値観を持つ他者との対話を通じて情報を共有し、相互理解を深めながら合意形成や課題解決できる」能力という意味での「コミュニケーション力」の育成にあるとしている。このような、広告とことばの教育との間に「対話」し「共有」するという観点は、CM制作者という立場にあるとらえ方ならではであり、国語科教育の新しい広告教育として重要なものであると考えられる。

(4) 授業の展開

　「広告小学校」の授業展開は、3つのユニットに分けて構成されている。どのユニットも共通点として、最初にビデオ教材を用いて基本を学習し、分析、分類、考察を繰り返し、まとめとしてCM劇を演じて感想を伝え合うという展開になっている。第1ユニットは、「入門CM」ということで、

		第1ユニット　入門CM　どうやったら伝わるんだろう。
1	CMの基礎を学ぼう	ビデオ教材でCMの基礎知識、基本的な作り方を学びます。普段見ているCMにも、歌やキャラクター、キャッチコピーなど、様々な工夫があることを再確認します。
2	グループでアイディアを出そう	すごーく甘い「ABCチョコレート」のCM作りを始めます。チョコレートが甘いのは当たり前。「すごーく甘い」ことをどう伝えるかが課題です。たくさんアイデアを出し合い、グループごとにテーマを1つに絞り込みます。
3	CMのストーリーをぐるぐる考えよう	グループで決定したテーマについて、ストーリーを考えます。友達の前で大きな声で発声できるように、リハーサルを繰り返します。
4	考えたCMを発表しよう	大きなテレビフレームの中で、グループごとにCMを発表します。発表していない時間は他のチームのCMを見て、感想を伝え合います。
		第2ユニット　自分探検CM　自分を知るって面白い。
1	CMの役割を学ぼう	CMの役割について考え、ビデオ教材で「CMは商品の自己紹介」であることを学びます。
2	自分のことを探検しよう	自分の自己紹介（「自分探検CMづくり」）開始です。自分の特徴をできるだけたくさん付せんに書き出していきます。
3	クラスメートに自分のよさを見つけてもらおう	クラスメートにも「良いところ」を書き出してもらい、付せんを交換し合います。自分のクラスメートの合計で100枚くらいを目標にします。
4	自分らしいことを、1つ選んで、さらに探検しよう	自分らしさが書かれたたくさんの付せんの中から、最も自分らしさを表現しているものを1つ選びます。その自分らしさに、「なぜそうなのか？」「これからどうしたいのか？」といった視点で、思考を深めてゆきます。その中から、友達とは違う、さらに自分らしいものを自分探検CMのテーマとして選び出します。
5	自分探検CMのストーリーを考えよう	選んだテーマを表現する、CMのストーリーを考えます。第一ユニットで学んだ工夫を活かすことで、より表現豊かなCMとなります。
6	自分探検CMを発表しよう	大きなテレビゲームの中で、一人一人、自分自身のCMを発表します。エキストラや演出小道具を友達に頼むこともできます。発表していない時間は友達のCMを見て、感想を伝え合います。
		第3ユニット　公共CM　クラスの一員から社会の一員へ。
1	公共CM役割を考え、身の回りの課題を見つけよう	ビデオ教材で実際の公共CMを見るなどして、「公共CM」とは何かを学んだ後、身の回りの課題を見つけ出します。たくさんの課題の中からグループで話し合い、「公共CM」のテーマを決めます。
2 3	課題の原因と解決方法考えよう	決定した「公共CM」のテーマについて、グループで「原因」を考え、書き出していきます。そして、その「原因」に対する、最も有効そうな「解決方法」についてさらに書き込んでいきます。
4	CMのストーリーをグループで考えよう	課題解決のための「○○に、□□してほしい」というメッセージを伝える公共CMのストーリーを考えます。チームで役割を決め、リハーサルを行います。
5	「公共CM」を発表しよう	グループごとに、大きなテレビフレームの中でCMを発表します。発表していない時間は友達のCMを見て、感想を伝え合います。

CMの基礎知識や授業のルールや流れを学習する項になっている。第2ユニットは、「広げ、掘って、比較して。とことん自分のことを考えてみる」として、自分自身を多角的に分析しながら「自分を知り、表現する」学習をおこなう「自分探検CM」という項になっている。第3ユニットは、「公共」という観点を意識させ、社会の一員としての「つながり」をCM劇制作によって学習させる項になっている。広告制作者という視点から広告を学習し、自分自身や社会を可視化する授業展開は、ことばの奥でことばを支えている「つながり」を体感する、重要な学びであるといえる。
　その授業展開の具体的な内容は、以下のようになっている。

(5) 授業の評価
　授業を参観した日本教育新聞社の吉岡淳也は、「広告小学校」の実践について次のように評価している。

　　真剣なまなざしと緊張した表情で発表の舞台へと向かう子どもたちの姿。「広告小学校」の取材に訪れるたびに目にする光景だ。(中略：引用者)
　　これから発表する内容とどれだけ向き合い、どれだけ伝えたい思いを抱き、聞いてほしいと思っているか。それこそが発表の成否を支えている。「広告小学校」の発表会には、それが溢れている。発表する内容、方法、言葉、そのときの表情まで、グループで高めあい、時には自分自身と深く付き合って吟味している。苦しみ、悩み、悶絶した中から絞り出した一つのアイディアが、グループを助け、自分自身の発見につながり、ひいては観るものを魅了する発表へとつながっている。
　　こうした社会の縮図をそのまま再構成したところに、CM劇の制作をプログラム化した最大の魅力がある。そしてこの仕事は電通という、伝えるプロ集団だからこそつくり得たプログラムなのだと、改めて思う[17]。

吉岡は、「広告小学校」の授業プログラムについて、「CM 劇の制作をプログラム化した最大の魅力」であるとし、その理由を「伝えるプロ集団だからこそつくり得たプログラムなのだ」と評価している。そして、そのプログラムの枢軸となる思想の部分が「社会の縮図をそのまま再構成」しようとしている点に言及している。このような構成にプログラミングした理由について、「広告小学校」の発案者であり広告デザイナーの牧口征弘は、雑誌のインタビューにおいて「自分が思っていること、考えていることを自分以外の人間に伝える難しさ、楽しさをその子が経験したときに、グッと伸びる。そのことに気づいてからは、授業の目的が、広告の面白さを伝えることではなく、コミュニケーション力を伸ばすことに変わっていきました。[18]」と説明しているように、広告制作者という立場から CM を可視化することにより、学習者が表層的ではない本質的な「コミュニケーション力」をとらえることができるようになるということである。この点に、「広告小学校」の構成の秀逸さがある。

3．学校放送における広告の実践

（1）はじめに

　もうひとつ、未来に生きる授業実践として提示しておきたい広告教育は、「NHK 学校放送」で示されている実践である。ここでは、広告・CM を取りあげた番組がふたつ確認できる。ひとつは、「わかる国語　読み書きのツボ 5・6 年 [国語]（第 19 回）」、もうひとつは、「メディアのめ [総合的な学習の時間]（第 13、17 回）」である。

　前者の番組は、「広告のウソを見ぬけ！〜批判的に読む〜」という回で、そのねらいは、「事実を誇張した表現が含まれた広告の文章・どこがウソなのか見ぬけるだろうか？書かれている内容が事実に基づいているかどうか検証し、批判的に読むことを学ぶ。[19]」となっている。この目標をみてもわかるように、この番組は、広告の批判的な理解と表現を学習する内容になっているため、国語科の中で広告をどのようにとらえていけばいい

か、という、先述した金子の実践と合わせて学習するとより効果的である。後者は、「気持ちを動かす！CMの力」、「どうしてタダ？インターネットのサービス」という回で、総合的な学習の時間を想定された番組である。そのねらいは、「CMは「印象に残る」ことを最優先に作られていることを理解し、印象の残るCMを企画することができる[20]」とあり、CM自体の制作過程や特徴、視聴時の留意点などの基本が学習できるものになっている。

　特徴的なのは、「どうしてタダ？インターネットのサービス」の回で、インターネット広告がCMの学習から独立して構成されている点である。広告には、新聞、雑誌、テレビ、ラジオ、看板、DMなど、様々な種類があるが、近年、ニューメディア広告として注目されている広告がインターネット広告である。インターネット広告の特徴は、番組で「自分にとって役に立つかもしれない広告を、ポータルサイトが選び出してきて表示する。そこが、インターネットの広告ならではのしくみなんですね。」と説明されているように、ウェブの検索サイトなどに、閲覧履歴や検索ワードから関連広告が表示される仕組みになっているということである。

　最後に、広告自体を学習対象としてとらえようとしている国語科において、このような新しいメディア広告を読む学習を未来に生きる実践としてぜひ検討したい。

(2) 教材について

　この授業実践において用いる教材は主にNHK教育テレビの動画教材である。インターネット環境が整っていれば、一昔前のように、授業を放送に合わせたり、あらかじめ録画したビデオを持ち込んだりしなくても、「NHK学校放送オンライン」のサイトから直接テレビやプロジェクタに接続し、視聴することができる。

　そこなかで、ここで検討する「どうしてタダ？インターネットのサービス」の回の内容は、①インターネット広告の仕組みを学習する、②利用者・ウェブサイト・広告主のつながり方を学習する、③無料のインターネット

サービスと広告の関係を学習する、という番組構成になっている。
　この動画教材を導入して授業を構成する場合、この番組のサイトに掲載されている指導案やワークシートや資料を参考にすることも可能である。

(3) 授業のねらい
　番組サイトには、授業の「ねらい」と「ポイント」を次のように示している。

ねらい
インターネット上の無料サービスや無料ゲームの仕組みを知り、賢くサービスを使うことを考える。
授業のポイント
１．インターネット使って無料でできることを考える。
２．番組を視聴する。
３．学習課題を提示する。
４．パソコンで検索をして無料の広告について体験する。
５．賢いサービスの使い方を考える。

　「ねらい」にあるように、この授業の一番のポイントは、「広告」と「無料でできること」の関係を考えさせるということである。

(4) 授業の展開
　ここでは、「メディアのめ」のサイト内に掲載されている東京都北区立豊川小学校佐藤和紀教諭が作成した指導案をもとに検討していくこととする。

(5) 授業の評価
　この授業のポイントは、インターネット広告の特徴として、利用者と広告主の間に立つ広告に無料サービスが付随しているということを、ポケットティッシュの広告と比較してわかりやすく説明している点である。
　ポケットティッシュの広告もインターネット広告も「タダ」でサービスが受けられるという点では共通している。しかしながら、一番の違いは、インターネット広告はポケットティッシュの広告のように無作為に広告を発信しているわけではなく、無料のサービスと引き換えに「自分の履歴」

時間	学習活動	・留意点
0分	1. インターネットを使って無料でできることを考える。 ■発問 　普段から家や学校などでインターネットを使っていますが、インターネットでお金を払わずにできることは、どんなことがありますか？ 〈予想される反応〉 ・ゲームを無料でダウンロードしてプレイできます。 ・無料で通話ができます。 ・動画が見られます。 ・ニュースを読んだり見たりすることができます。 ・スマートフォンでアプリが無料でダウンロードして使えます。 ■発問 　いろいろなことが無料でできるのがインターネットの魅力でもあるわけですが、なぜ無料でできると思いますか？ 〈予想される反応〉 ・誰かがたくさんお金を持っていて、その人が仕組みを作っていると思います。 ・無料でも提供できるから無料だと思います。 ・広告料と引き換えにサービスが無料だと思います。	・発言が出にくい場合はこちらからインターネット上のサービスにかかわる話題を話す。
3分	■発問 　ではなぜインターネットには無料のサービスがあるのかについて、番組を見て仕組みを考えましょう。 2. 番組を視聴する。	
〈番組視聴〉「どうしてタダ？インターネットのサービス」という番組を見ましょう。		
13分	番組視聴の振り返りをする。 ■発問 　どうしてインターネットには無料のサービスがあるのかわかりましたか？ 〈予想される反応〉 ・広告を載せているから無料になることがわかりました。 ・スマホの無料アプリには広告がありました。 ■発問 　では、駅前のティッシュ配りとインターネットの広告ではどんな違いがあると池上さんも言っていましたか？ 〈予想される反応〉 ・ティッシュの広告だと、興味のないものもあるから、宣伝効率が悪い。 ・インターネットだと、自分が検索した言葉と関連する広告が表示されるから、効率よく宣伝ができる仕組みになっています。 ■発問 　ゲームの場合はどうでしたか？ 〈予想される反応〉 ・ゲームを有利に進めたり、ほしいアイテムを手に入れたりするときには有料になります。 ・無料だと途中までしかできないものもあって、途中で終わってしまったこともありました。 3. 学習課題を提示する。	・広告とは、人々に関心を持たせ、商品を購入させるために、有料で商品を宣伝することであることを板書等で確認する。 CM。
16分	■発問 　今日は実際にインターネットの広告を確認し、体験してわかったことから、インターネットのサービスとの付き合い方について考えてみます。	
〈学習課題〉インターネット上の無料サービスの仕組みを知り、賢いサービスの使い方を考えよう。		

	4. パソコンで検索をする。 ■発問 　それでは、ポータルサイトにアクセスしましょう。アクセスをしたら、今までの学習に関わる言葉を思い出して検索してみましょう。検索したら、1番右側の画面に注目します。どんな広告が出てきましたか？ 〈予想される反応〉 ・私は5年生の社会で農業勉強したことを思い出したので、「米」を検索してみました。そうしたら、上には新潟や九州の米を販売するページが出てきました。 ■発問 　何か、気になる広告はありましたか？ 〈予想される反応〉 「おいしい」とか「今注目度急上昇」と書いてあるので、いつも食べているお米よりも美味しいのかなと思ってしまいました。 ■発問 　もしあなたがお母さんだとして、お米がなくなってしまっていて、買わなきゃ、と思っていたらあなたはどうしますか？ 〈予想される反応〉 もしかしたらクリックして、買ってしまうかもしれません。 ■発問 　今度は、自分が調べたいことを一つ考えて検索してみましょう。どんな広告が出てきましたか？ 〈予想される反応〉 私のサッカーのスパイクがそろそろ穴があきそうなのでほしいなと思っていたので、「サッカースパイク」と調べてみました。そうしたら、一番上には「サッカースパイク通販」と出てきて、その下には「ショッピング検索結果」というのが表示されていて、かっこいいスパイクが画像でたくさん並んでいるので、かっこいいスパイクをクリックしてしまいました。 ■発問 　お金があったらどうしていますか？ 〈予想される反応〉 買います！ ■発問 　サッカーのスパイクを見るだけだったはずなのに、つい買ってしまう、なんてこともありそうですね。先生にもそんな経験があって、見ていたらついクリックして買ってしまっていた、なんてこともありました。	・パソコンの台数によって、1人、部屋、グループなど人数調整する。 ・メディアのめ、検索シーンを静止画でみせておいてもよい。
30分	5. 賢いサービスの使い方を考える。 ■発問 　体験してもらったように、インターネットの広告が検索した言葉で表示され、ついクリックしてしまう、なんてこともあるように、とても巧妙な仕組みになっていることがわかりました。無料のサービスを使っている時にも自分が打ち込んだ言葉から様々なサービスにつながっていきます。このような仕組みと上手に付き合っていくためには、どんな心構えが必要でしょうか？ 〈予想される反応〉 ・インターネットをするときには、ついつい誘惑に負けてしまわないよう、心がけて使うようにする。 ・万が一、クリックして、お金もないのに買ってしまってはいけないので、行く意味を理解してクリックする必要があると思います。 ・池上さんも言っていたように、無料でできることには仕組みがあることを理解しておく必要があると思います。 ・携帯電話での購入は月々の料金に含まれてしまうので、ゲームなどでは気をつける必要があります。 見ているだけで、無料の範囲であればいいのかもしれませんが、お金がかかってきてしまうこともあります。インターネット使うときのルールをお家で親と話やっておくといいですね。	・グループで話し合いを行う ・出てきた意見をワークシートに書き込む。

第3章　広告・CMを扱った授業実践

という情報を提供し、コアターゲットを絞り込まれて広告を受けることになっているという点である。

インターネット広告に、利用者の履歴が反映されるということは、当然、利用者の趣味・趣向にあった広告が示されるわけであり、購買意欲がかきたてられる仕組みになっている。

前掲した授業展開のなかで、授業者が、自分が調べたいことを検索するとどんな広告が出てきたか問うものがあった。その「＜予想される反応＞」において、「かっこいいスパイクが画像でたくさん並んでいるので、かっこいいスパイクをクリックしてしまいました。」とあり、さらに授業者が「お金があったらどうしていますか？」と聞き返すと「買います！」と即答するという場面がある。広告との距離の接近から購買意欲をかきたてられ、商品に対する気持ちが強くなる。このような発言は、大いに予想されるものである。ナビゲーターである池上彰自身、「私もまんまとその広告に乗せられて"おすすめ"の本を買ってしまうことがあります。（中略：引用者）でも数多くの本の中から私の好みにあったものを紹介してくれると考えれば便利ですし、会社にしても本が売れるわけだから、おたがいによいしくみだと思っています。[22]」と評価している。このように、商品と消費者をつなぐ広告との距離が接近し、密接になればなるほど、その利便性は格段に向上するため、利点も多い。

しかしながら、そのサイトが広告であるか否かもわかりにくくなっているインターネット広告において、商品と消費者をつなぐ広告との距離が、明らかに接近している以上、インターネット広告の仕組みの学習からさらに発展させ、広告との距離感の再確認と心の葛藤をイメージする学習が重要になってくるのではないだろうか。

おわりに

本項では、金子実践、「広告小学校」、「NHK学校放送」の３つの実践を検討してきた。

金子の実践は、学習指導要領の改訂を転機に、広告等の表現教育充実の展望が見据えられたことから行われた実践であった。広告を学習・批評することにより、情報を読み解く観点と評価基準が明確となり、より高度な広告作成・批評・交流に発展させることができるということが示されていた。このように金子の実践は、今日の礎となる国語科指導におけるCMのあり方が包括的に示されていたといえる。

　また、「広告小学校」の実践は、学習者が新聞広告やテレビCMを作成するのではなく、「オリジナルテレビフレーム」という組み立て式のダンボールでできた大きな枠に入り、CMオンエア中という設定でCM劇を演じるというものであった。この実践では、広告を送り手・受け手を介すメディアテクストとして、自己表現・他者理解を学習することに加え、広告制作者という観点を併せてことば自体の理解と表現の学習に発展させようとすることが特徴的であった。ここから、広告制作者という立場からCMを可視化することにより、学習者が表層的ではない本質的な「コミュニケーション力」をとらえることができるようになっていた点が注目された。

　さらに、「学校放送」の実践は、NHK教育テレビの動画教材である「メディアのめ」で示されているインターネット広告の問題を取り上げた授業プランであった。インターネット広告の問題は、そのサイトが広告であるか否かもわかりにくくなっていることにより、商品と消費者をつなぐ広告との距離が接近している点であった。そのため、学習者がインターネット広告の仕組みを理解し、利用者・ウェブサイト・広告主のつながり方・無料のインターネットサービスと広告の関係を学習していないと、インターネットに表示されている商品を吟味する間もなくの衝動的にクリックしてしまう危険性があった。そこで今後は、広告との距離感の再確認と心の葛藤をイメージする学習が重要になってくるのではないかと示した。

　では、そのような商品と消費者をつなぐ広告との距離の問題をどのように理解し、これらの広告・CMを扱った授業実践から、国語科教育における未来に生きる授業実践のためにどのような展望が開けるのか。

先述した加島は、「〈広告制作者〉」という立場について「芸術家や企業人として固定することのできない流動的な主体」とし、広告をとらえるヒントとなる提言として次のように示している。

　　非人称的に言葉の過剰さが生み出される一方で、そうした言葉への距離感を語り続ける人称性も維持する。知識か人脈かではなく、両者の馴れ合いをほどほどに見守りながら、お互いが排除されないように全体を底上げしていく。社会が成熟していく中でより新しい知識を生み出そうとして、異文化交流（コラボレーション）に辿り着く。こうした積み重ねとして、信頼の根拠に人称性だけが残り、そのなかで安心を再生産するための共同体（コミュニティ）を最適させていく[23]。

　加島は、広告制作者という立場を、「固定することのできない流動的な主体」として、「非人称的に言葉の過剰さが生み出される」広告に対し、「言葉への距離感を語り続ける」広告制作者との関係が柔軟に「異文化交流（コラボレーション）」し、「安心を再生産するための共同体（コミュニティ）を最適させていく」役割であることを示している。それは、送り手・受け手を介すメディアテクストとして固定化した立ち位置で広告をとらえるのではなく、スポンサーの意向を受け止めながら自分自身の知識や技術を駆使し、受容者や消費者の反応を予想しながらよりよい広告制作を模索していく、柔軟なバランス感覚をもつためのコミュニケーション能力の鍛錬であるともいえる。広告の授業実践において、広告制作者として広告をとらえる活動の最も重要な意義は、学習者がこの状況に身を置くことにより、「広告小学校」の実践においてみられたように、この柔軟性を持つ「流動的な主体」を自覚し、協調的な立場からコミュニケーションをはかることができるということである。
　このような観点からインターネット広告とその距離感の問題をとらえてみると、学習者がインターネット広告の制作者の立場としてスポンサーや広告制作者、受容者や消費者の関係性や構造を理解しておくことが必要に

なることがわかる。広告制作者としてスポンサーや受容者・消費者の立場をとらえることができれば、柔軟なバランス感覚をもつためのコミュニケーション能力を持て、同時にアプローチの選択に自信を持つことが期待できる。広告と消費者との距離は、今後ますます接近していくことが予想される。そのような状況であるからこそ、広告と消費者の距離感だけを問題にするのではなく、多くのメディアとの関係性の中から広告の学習を設計していくことが望まれる。

これらの広告・CMを扱った授業実践から、国語科教育において、広告の学習をすることによって、ことば自体の理解と表現という学習からさらに発展した伝え合う広告教育の研究・実践の新たな可能性が切り開かれるのではないか、と考えられる。

註
1) この分野における「広告」の研究・実践には、左近妙子「「広告」のメディア戦略と情報リテラシー入門 - 「写真と言葉、どんな関係?-「雑誌広告」の写真や言葉を読み取ろう！（中1）」、鈴木悟志「「テレビコマーシャル」の基礎的情報リテラシーテレビコマーシャルの戦略とは?-CM分析の言語技術と「生きる力」の育成 - （中2）」、由井はるみ「学校を宣伝するCMをつくろう！」などがある。
2) この分野における「広告」の研究・実践には、村松訓「「お客さんが喜んでくれるスーパーマーケットの宣伝をしよう！」お客さんの立場を考えたチラシ・CM作り（小3）」、野口祐之「見て、つくって、演じてコマーシャルについて考えた - 劇化、ポスター作りの試み（小5）-」、石川等「身の回りにある「説明のされ方」を考えさせる -CMづくりを通して（小4）-」、水野美鈴「広告を題材にして意見を書く－チラシ広告の工夫、落とし穴に目を向けて（中2）-」、栗原裕一「学校の「お隣さん」いらっしゃいポスターを作って自己評価能力を高める（中1）」、井上秀次「私のイチオシ情報を、あなたに！メディアからの情報を活用し、自分の表現として発信する（中3）」、草野十四朗「「CM天気図」で批評楽しむ」などがある。
3) 品川孝子「ヒット商品つくります - 新聞やチラシの手法や商品名を商品キャッチコピーに生かす（小4）」、望月貴司「町自慢キャッチコピーでふるさと再発見キャッチコピー・ポスター作りを通しての表現活動（中2）」、黒尾敏「どんな家を買おうかな？不動産広告（新聞の折り込みチラシ）から時代を読

み解く（中3）」、などである。
4) 佐藤洋一（2002）『実践・国語科から展開するメディア・リテラシー』明治図書、pp.74-75
5) 畠山兆子・松山雅子（2006）『物語の放送形態論』世界思想社、松山雅子（2005）『自己認識としてのメディア・リテラシー——文化的アプローチによる国語科メディア学習プログラムの開発』教育出版、羽田潤（2008）『国語科教育における動画リテラシー教授法の研究』溪水社
6) 加島卓（2014）『〈広告制作者〉の歴史社会学』せりか書房、p.9
7) 波多野完治（1965）『最近の文章心理学』大日本図書、pp.247
8) 大内善一（1997）『新しい作文授業コピー作文がおもしろい』学事出版、p.3
9) 金子守（1999）『総合的学習に生きる広告の読み方・生かし方』東洋館出版社、p.ⅱ
10)「情報」ということばの導入経緯に関しては、瀧口美絵（2008）「現代におけるメディア教育の展開と課題 ― 『中学校学習指導要領（1998）』改訂に至る動向を中心に ―」広島大学大学院教育学研究科紀要 第二部 第57号、pp.143-149、「学習指導要領」の改訂における経緯に関しては、河野庸介・金子守（1999）『対談・中学校新教育課程国語科の授業をどう作るか』明治図書が参考になる。
11) 前掲著、p.90
12) 前掲著、p.91
13) 天野祐吉監修（2006）『あたらしい教科書　広告』北斗社、p.4
14) 電通（2011）『広告小学校』株式会社宣伝会議、p.12
15) 前掲著、p.13
16)「広告小学校の目指すもの」http://www.dentsu.co.jp/komainu/（2014年5月31日最終閲覧）
17) 前掲著、p.102
18) 牧口征弘（2011）「特集　教育CSRと企業のプランニング　子どもたちをひきつける「広告小学校」の授業づくり」『読売新聞広告ガイド』http://adv.yomiuri.co.jp/ojo/tokusyu/20110405/201104toku3.html（2014年5月31日最終閲覧）
19) NHK for School（2012）「第19回広告のウソを見ぬけ」『わかる国語　読み書きのツボ』http://www.nhk.or.jp/kokugo/tsubo/（2014年5月31日最終閲覧）
20) NHK for School（2013）「第13回気持ちを動かす！CMの力」『メディアのめ』http://www.nhk.or.jp/sougou/media/（2014年5月31日最終閲覧）
21) NHK制作班（2013）『池上彰と学ぶメディアのめ』NHK出版、p.167
22) 前掲書、p.171
23) 前掲書、pp.421-422

第4章
新聞（紙媒体／Web媒体）を活用した授業実践
――新聞に使用されている多様な文種の表現特性を踏まえて――

大内　善一

1．新聞メディアを活用した国語科授業の展開とその特質

　各種メディアを活用した国語科授業の中でも、新聞メディアを活用した授業実践の歴史はかなり長くその活用形態も多岐にわたると見なすことができよう。しかし、我が国のメディア・リテラシー教育ではニューメディアばかりが強調されて新聞などの文字メディアについて言及されることが少なかったようである。メディア・リテラシー教育を国語科授業に援用していくに際しては、文字メディアへの目配りが不可欠である。

　ただ、新聞界が強力に後押ししている NIE（教育に新聞を）運動の中では「新聞の利用・活用が中心で、批判についてはあまり強調されていない（「批判」にまで踏み込むと、諸刃の剣のように新聞それ自体が批判されてしまうからかもしれない）」[1]といった指摘があることも念頭においておく必要もあるだろう。

　ところで、本章では、新聞メディアを活用した授業実践の歴史を辿ることを目的とはしていない。主要な授業実践の事例を取り上げて、その実践上の特質・意義を明らかにし、今後の実践への手がかりや課題を取り出していくことを目的としている。

　そこで以下には、新聞を活用した近年の国語科授業の実態を概観してその特質に関して考察を加えていくことにしたい。

考察の観点は、〔現行の教科書教材での扱われ方〕、〔新聞を活用した主要な文献にみる実践上の特質〕、この二点である。

(1) 現行国語教科書にみる新聞を活用した教材の事例

　現行の学習指導要領の〔B　書くこと〕の「言語活動例」には、小学校の「第3学年及び第4学年」に「イ　疑問に思ったことを調べて、報告する文章を書いたり、<u>学級新聞</u>などに表したりすること」とある。

　なお、新聞だけとは限らないが、「第5学年及び第6学年」に「イ　自分の課題について調べ、意見を記述した文章や活動を報告した文章などを書いたり編集したりすること」とある。中学校にも「第3学年」に「イ　目的に応じて様々な文章などを集め、<u>工夫して編集すること</u>」とある。

　また、〔C　読むこと〕では、「第5学年及び第6学年」に「ウ　<u>編集の仕方や記事の書き方に注意して新聞を読むこと</u>」とある。中学校の「第2学年」の「言語活動例」には、「ウ　<u>新聞やインターネット</u>、学校図書館等の施設などを活用して得た<u>情報を比較すること</u>」（以上、下線は大内。）とある。

　以上の「言語活動例」には、①新聞を作成する活動、②新聞をその編集の仕方や記事の書き方に注意して読む活動、③編集する活動、が取り上げられている。

　「③編集する活動」が新聞紙面の見出しやリード文の書き方、レイアウトの技法などとの密接な関わりを前提にして取り上げられていることは言うまでもないだろう。

　現行の国語教科書には、学習指導要領のこうした趣旨を踏まえて新聞を活用した教材が多数取り上げられている。

　東京書籍の『新しい国語　四下』には「みんなで新聞を作ろう」という教材が見られる。「学級新聞」作りである。「記事にする題材を決めて、新聞のわり付けを考え」る活動が取り入れられている。『五上』では、「新聞記事を読み比べよう」が取り上げられている。「二つの新聞記事を読み比べて、書き手の意図を読み取」る活動が仕組まれている。『六上』では、「新

聞の投書を読み比べよう」という教材が取り上げられている。「読み手を説得するためのくふうを読み取」る活動が仕組まれている。

　他社の教科書もほぼ同系列の活動が仕組まれている。

　中学校の教科書では、教育出版の『伝え合う言葉 中学国語3』に「情報を編集するしかけ―メディアにひそむ意図」という教材が入っていて、「同一の新聞記事・テレビニュースを比べて読もう」という活動が仕組まれている。小学校の各社の教科書に取り上げられている活動と見なせる。

(2) 新聞を活用した主要な授業実践事例にみる特質

　以下に取り上げる実践は、主要には 1990 年以降の文献である。新聞メディアをメディア・リテラシー教育としての国語科授業に活用することが盛んになってきた時期の文献ということになろう。

　ただし、例外的に昭和 20 年代半ばから 30 年代にかけての大村はま国語教室における「新聞」単元学習も取り上げるに値する実践と見なせる。

①大村はま「わたしたちの新聞」（西尾実編『国語一下』1956（昭和 31）年版、筑摩書房）（橋本暢夫著『大村はま「国語教室」に学ぶ―新しい創造のために―』2001（平成 13）年 7 月、に収録されている）。
②広野昭甫『新聞を主資料とする「言葉の採集」による国語授業の活性化』1990（平成 2）年 3 月、明治図書。
③田島章「単元『新聞に親しむ』を中心として―情報処理を育成するための国語の学習―」（日本国語教育学会編『ことばの学び手を育てる国語単元学習の新展開Ⅴ中学校編』1992（平成 4）年 8 月、東洋館出版社）。
④遠藤瑛子「単元『あれから一年 強く生きる』―情報力を育てることを意識して（第一学年）―」、「単元『二十一世紀にむけて考える―豊かさとは』―速読する力を育て、一人ひとりの意見を確かなものに（第三学年）―」（浜本純逸編・遠藤瑛子著『生きる力と情報力を育てる』1997（平成 9）年 8 月、明治図書）。
⑤貝田桃子「新聞投書欄でメキメキ表現力がつく」（同著『10 分でできる創

作し伝え合う国語科授業』2000（平成12）年4月、学事出版）。
⑥遠藤直美「新聞記者に変身だ！―メディアの比較を通して書く力を育てる（小四）―」（井上尚美・岩永正史編『国語科メディア教育への挑戦』第1巻小学校編①［低学年～中学年］2003（平成15）年6月、明治図書）。
⑦清水正史「オリンピックにおける清水宏保選手の活躍を伝えよう―新聞の見出しと写真から考える（小六）―」（井上尚美・中村敦雄編『国語科メディア教育への挑戦』第2巻小学校編②［中学年～高学年］）。
⑧宮崎潤一「この感動を記事に！話し合い（コラボレーション）を通して仲間と取り組む新聞作り―メディアの特性に新たに気づいて表現する（中一）―」（井上尚美・芳野菊子編『国語科メディア教育への挑戦』　第4巻［中学・高校編］）。
⑨笠原正大・黒尾敏「聞いてわかるホームページ―バリアフリーの観点に基づく、ホームページの批判的読解と書き換え（中三）―」（同前書）。
⑩篠田務「ホームページの資料って信じて大丈夫？―牛乳パックのリサイクル・その是非を討論する（高一）―」（同前書）。
⑪青山由紀「メディアと言葉が行き来する単元の構想―『アップとルーズで伝える』（光村四下）を土台として―」（日本国語教育学会編『月刊国語教育研究』2008（平成20）年9月号）。
⑫宮前嘉則「15歳の自分の「今」を記録しよう―様々な種類の文章を「新聞」で編集する―」（村田伸宏・「群馬・国語教育を語る会」著、2009（平成21）年7月、三省堂）。
⑬平塚志信「「十八歳成人」を主題とし、新聞記事を活用した単元の実践―「読むことから書くことへ」という展開をもつ単元・授業の一例として―」（『月刊国語教育研究』2010（平成22）年7月号）。
⑭峰本義明「Web掲示板を活用した読書レポートの実践―本から情報を引き出し、活用する指導―」（『月刊国語教育研究』2010（平成22）年9月号）。
⑮開田晃央「比べよう二つの記事と自分の考え―記事を分析・比較し、意見をまとめる―」（井上尚美他編『論理的思考を鍛える国語科授業方略　中学校編』2012（平成24）年3月、溪水社）。

⑯滝口敬史「比較の過程から自分の考えを作る学習活動の工夫─「なでしこジャパン」を報道する新聞を学習材にして─」(『月刊国語教育研究』2012(平成24)年5月号)。
⑰岡部淳子「社会に氾濫する情報を、主体的に受け止める力を育てる試み─新聞記事を活用した実践から─」(『月刊国語教育研究』2012(平成24)年9月号)。
⑱細江隆一「NIE(新聞を使用した教育)の有効性─国語科教育の現場から─」(『月刊国語教育研究』2013(平成25)年12月号)。

なお、以上の事例の中には敢えて入れなかったが「NIE(教育に新聞を)教育」の立場からの文献に、小田迪夫・枝元一三編著『国語教育とNIE─教育に新聞を』(1998年6月、大修館書店)がある。新聞メディアを活用した国語科メディア・リテラシー教育から参考になる実践も取り上げられていることを紹介しておこう。

以上18編の事例の特質を概観し、次節においては、①、②、⑤の三実践を「未来に生きる授業実践」として詳しく考察を加えていくことにする。

以上に取り上げた18編の事例をその実践上の特質から分類すると、以下のようになろう。

1 新聞メディアの表現上の特質を生かして書く力を育成する。
　(=⑤、⑥、⑦)
2 新聞(Web)記事を読み比べて、批判的読解力を育成する。
　(=⑨、⑩、⑪、⑮、⑯)
3 新聞メディアを活用して語彙力を育成する。(=②)
4 新聞(Web)記事を活用して情報力を育成する。
　(=③、④、⑬、⑭、⑰、⑱)
5 新聞の中の様々な文章ジャンルの特性に応じた書く力と編集力を育成する。(=①、⑧、⑫)

1に分類した事例のうち、⑤の事例については次節で詳しく考察を加えていくことにする。

⑥の事例（小学校）は「テレビなど他の異なるメディアとの比較を通して、新聞のもつ特徴や長短得失を明らかにする体験的活動」[2]が取り入れられている点に工夫が見られる。他のメディアとはテレビやラジオなどであり、これらのメディアによる報道の違いを比較させつつ全員が「トップ記事」を書かせるという実践である。

⑦の事例（小学校）は、「NHKのドキュメンタリー番組（ビデオ収録）を見て、その内容を子どもたちが現地で取材したという設定」で「その情報を新聞の見出し（キャッチコピー）とそれにふさわしい写真を組み合わせて報道してみる」[3]という活動を仕組んでいる。「新聞の見出し」に焦点を絞り、これに映像メディアの表現とを組み合わせている点に工夫が見られる。

2に分類した事例のうち、⑨（中学校）と⑩（高校）は共にインターネットのホームページ上に掲示されている情報を批判的に読解させることに主眼をおいた実践が取り上げられている。

⑪の事例（小学校）は新聞に使用されている複数の写真を比較することによってその効果の違いを比較させたり、同じ出来事を扱った複数の新聞記事の比較を通して新聞記事の読解に主眼をおいた実践が行われている。

⑮と⑯の事例（共に中学校）は共に二つの新聞記事の分析・比較を通して新聞情報を批判的に読解させることに主眼をおいた実践である。

3における②の事例（中学校）は次節で詳しく考察を加えることにする。

4に分類した事例には、いずれも新聞情報を収集し活用する活動を通して情報力を育成することを狙った学習活動が取り入れられている。

なお、③の事例（中学校）では新聞記事を比べたり新聞紙面の違いを検討させたりする活動を組み込みながら発展的に情報の収集・交換・分類・整理・再生産といった活動を取り入れて情報力の育成が目指されている。

④の事例（中学校）では新聞・VTR・マンガ・詩・日記・体験記などの多様な資料の中からより質の高い情報を収集して、これを学習材として取り上げていこうとする試みが実践されている。新聞単独のメディアが取り上げられているわけではないところに特徴が見られる。

⑬と⑭の事例（共に高校）、⑰と⑱の事例（共に中学校）ではいずれも情報の取り出し・活用の指導が主眼として行われている。

⑭では「Web掲示板」が活用されているところに特徴が見られる。

⑤に分類した事例はいずれも中学校での実践である。

①については、次節で詳しく考察を加える。⑧と⑫の事例では共に新聞作りが目指されているので、新聞の題材選びから紙面のレイアウトや構成要素の分析の指導が行われている。新聞の紙面作りに関してタイトルやキャプションの書き方も指導されている。文字メディアのみならず、写真や挿し絵などの映像メディアの選定や取り入れ方の指導も行われている。

特に、⑫の事例では記事文だけでなく記録文や意見文・手紙文・インタビューなどの様々な文種の特徴を生かした指導の手も加えられている。

以上の事例を見ても分かるように、校種では圧倒的に中学校・高校が多い。小学校が少ないのは、新聞メディアの活用が教科書教材に取り入れられているので、改めて独自に教材化を試みる必要に迫られないからかもしれない。

2. 新聞メディアを活用した未来に生きる国語科授業の実践

(1) 大村はま「わたしたちの新聞」の実践

大村はまによる新聞を活用した国語単元学習の実践事例は、前節で取り上げたように西尾実編『国語 一下』（1956（昭和31）年版、筑摩書房）に教材化して収録されている。

この事例は先にも記したが、橋本暢夫著『大村はま「国語教室」に学ぶ―新しい創造のために―』（2001（平成13）年7月、溪水社）の中に収録されて詳細な考察が加えられている。なお、橋本氏はこの大村による「新聞」単元学習に関して、上記の実践の生成に関わる1953年度の大村実践に関してもその著作『大村はま「国語教室」の創造性』（2009（平成21）年4月、溪水社）の中で詳しく考察を加えている。

そこで、この大村による「新聞」単元学習に関しては、橋本氏による上

記2冊の書物を参考にしつつ、今後に生かすべき意義を取り出していくことにする。

　大村による「わたしたちの新聞」という教材は橋本氏の著書によれば、全19ページにわたる膨大なものである。『いずみ新聞』（全四面から制作）No.8がモデルとして取り上げられている。勿論、大村による自作である。

　ここで行う考察は、大村はまが教科書に掲載するために執筆した教材である。だから、厳密な意味では授業実践の記録ではない。しかし、この教科書教材は全て大村が実際に昭和20年代から30年代にかけて実践した際の教材そのものである。

　したがって、大村が作成した教材に対する考察は、大村の実践そのものに対する考察と見なしてよいだろう。

　さて、全体の構成を見ると、【1】第一面～四面までの各種記事の目次、【2】「いずみ新聞」No.8の実物（※第一面の紙面構成〔努力のたまもの　輝いた実力／悪い風習をなくそう／金子先生、日展に入選／昼休みの意義（論説）／私の主張（投書欄）／二つの学級新聞誕生（お知らせ）／行事・放送（お知らせ）／バネ（短評）〕、【3】「『いずみ新聞』第八号を読んで」という新聞批評会（2名の編集部員を含む1～3年生の6名が行っている座談会の形式）、【4】〔記事1～記事5〕までの実物、【5】「学習の手引き」からなる。

　収録されている『いずみ新聞』No.8の実物を見ると、【2】の記事の種類と【4】の記事内容とからも理解されるように、その内容の充実ぶりと紙面のレイアウトの素晴らしさが見事である。

　新聞批評会の内容からは、大村が「中学校における学校新聞の意義や任務を考えさせ、記事の選び方や文章の書き方、見だしの適正さ、また、その読み方を体得」[4]させようとしていたことがうかがえる。

　〔記事4〕として紹介されている「ホームルームだより」は第二面に掲載されたものであるが、1年から3年までの各クラスの様子が見渡せるような内容となっている。「学校新聞」という新聞の性格上からの配慮もあったであろうが、取り上げるべき記事内容に関する目の付け所への手がかりを与えるものとなっている。

この他にも、大村が第二面から第四面までの記事として取り上げたものには、「中学生の読物について（座談会）」「職員室訪問」「立野中学の自治」「声（投書欄）」「新聞交換（お知らせ）」「漫画」「木場の人々（作文）」「あひるの子（童話）」「文学クイズ」「不思議な万年筆（リレー小説）」「編集室風景」等と多彩な内容となっている。
　以上が、大村の「新聞」単元学習のための教材の特質と意義である。
　なお、この教材を指導するための資料として大村は、「わたしたちの新聞」の「学習指導の研究」を書き下ろしている。教科書のための『指導書』に収められている指導資料である。「A案」と「B案」を示すほどの念の入れようである。
　また、「学習材料の研究［解釈］」として、上記の「学習の手引き」における問いかけに対する解答も記されている。教材の中に提示されていた『いずみ新聞』No.8の第一面の続きである第二面から第四面までの実物サンプルが大村による制作として全て掲載されている。
　大村はまによる「新聞」単元学習の実践がいかに周到で徹底したものであったかは、以上の教材の構成と内容から如実に理解されるところである。
　大村の自作による『いずみ新聞』の実物をサンプルとして掲載したのも、新聞というメディアの巨大にして複雑な表現媒体の実体を可能な限りリアルに提示しようとしたからに他ならない。
　『いずみ新聞』の紙面レイアウトをそのまま示すこと、また、第一面の記事内容をわざわざ取り出して示すことで、紙面のビジュアルな構成と記事内容との一体性の大切さが強調されているのである。
　ここには、新聞メディアという巨大にして複雑な表現媒体を取り上げて教材化していこうとした時の大村の覚悟のほどがうかがえよう。
　大村は新聞メディアという表現媒体の多様にして複雑な構造と、それ故に国語科教材とするための宝庫としての意義を見抜いていたのであろう。

(2) 広野昭甫『新聞を主資料とする「言葉の採集」による国語授業の活性化』の実践

　広野昭甫教諭は新聞を主資料としてそこから「言葉の採集」を行わせることによって、国語科授業の活性化を図ろうとした。
　この実践を行った当時の広野昭甫氏は東京都新宿区立四谷第一中学校教諭であった。したがってこの実践は中学校の生徒を対象としたものである。

1)「言葉の採集」学習を導入した動機・目的

　広野氏が新聞メディアを国語科の教材として取り上げることにしたのは、新聞が「国語の教材の宝庫」であると考えたからである。
　新聞には「あらゆるジャンルの文種がそろって」おり、「さまざまな言葉が多様に用いられて」いて、「言語生活の向上に役立つもの、読書生活の充実に資するものなど、さながら国語資料室の観」があり、「何でもそろうデパートにもたとえられよう」[5]との認識があったからである。
　広野氏は新聞の記事や文章から国語の教材を得るための観点として、以下のような六つを挙げている。

---
(1) 報道・解説を中心とする説明的な文章
(2) 生活を豊かにする実用的な文章
(3) 小説・詩歌等の文芸作品
(4) こぼれ話、笑い話、戯評、漫画、ことば遊びなどの娯楽的な作品
(5) 読者の投稿した意見や作品
(6) もろもろの広告、および、写真・イラストなど

　広野氏はこのような観点から朝日や毎日、読売の三紙の新聞を調査している。この調査の中から、「言葉に関する素材」の洗い出しを行っている。
　洗い出しの観点としては、国語教育研究所編『国語教育研究大辞典』（1991年、明治図書）の「言語の部」を参考にしている。
　広野氏は、「言葉に関する素材」の洗い出しという基礎調査を行うことから、中学生にも出来る「言葉の採集」作業を生徒に実施させている。

以下に掲げるものは、生徒に行わせた作業の観点を三学年ごとに分類したものである。いずれも中学生でも採集できそうな言葉とされている。

第一学年	第二学年	第三学年
○初めて出会った二字熟語 ○初めて出会った語句 ○三字熟語 ○慣用句 ○助数詞 ○たとえの表現 ○擬音語・擬態語 ○複合語	○四字熟語 ○外来語 ○故事・ことわざ ○類似の言葉 ○二義的な言葉 ○助詞を省略している見出し ○特定の語 ○しゃれ	○かたかな表記の言葉 ○文語的な表現 ○名数 ○パロディー ○教養を背景とする言葉 ○決まり文句 ○重複表現 ○混種語

2）指導の経過

　上記のような学年段階を踏まえた言葉の系統に基づいて、広野氏は各学年ごとの「言葉の採集」学習を実践している。

　1年生を対象とした実践は、昭和62年度に行われている。

　まず、「三字熟語の採集」を夏休みの宿題として課している。

　次に、生徒が採集してきた三字熟語136語をプリントにする。

　授業で指導された観点は、中学1年生の学力を考慮して、「①三字熟語の語構成の違いに気づかせ、それを分類させる」、「②『猛運動・猛練習・猛反対』『重大視・有望視・疑問視』のような三字熟語を調べさせる」の二点に絞られている。

　この学習活動は、たった一枚のプリントを教材としただけのものであったが、生徒達の関心はとても高かったようである。その理由を広野氏は「自分たちの苦労して採集したものが教材になったこと、自分たちの力で語構成のしくみが解明できたこと」[6]の二点から説明している。

　なお、1年生には、「助数詞の採集」と検討という学習も紹介されている。指導の実際は省略するが、この学習の後で、生徒たちからは「助数詞をいい加減に使っていたことの反省」がしきりに出ていたとのことである。

2年生を対象とした実践では、まず「故事・ことわざの採集」という学習が行われている。採集は、やはり夏休みの40日間を使っての作業であったようである。
　新聞紙面の中から生徒が「故事・ことわざ」を見過ごしてしまうことを心配していたが、実際には驚くほどの採集量であったとのことである。
　その中から233語を取り出して教材化を図っている。
　授業での指導の観点として、「①233の故事・ことわざについて、意味のわかるもの、見たことはあるがいみのはっきりしないもの、今回初めて知ったものの三つに分類する」、「②分担して、『故事・ことわざ用例辞典』を編集する」の二点に限定されている。
　指導を終えた後の考察として、広野氏は「故事・ことわざに弱い中学生であるが、この採集を境にぐっと関心が高まって」きたことを挙げている。
　2年生を対象とした実践では、もう一つ「しゃれ・語呂合わせの採集」とその検討が紹介されている。この学習は、言葉の意味が面白いだけに、採集の時から生徒の興味をそそり、授業中も笑顔が絶えなかったとのことである。この学習をした後の生徒の学習記録の中に、「この勉強をしてから、なぜか新聞を読むと、すぐにしゃれや語呂合わせを探しているのです」ということが述べられていたという。
　広野氏は生徒からのこのような指摘に基づいて、「教室での学習が生活の一部になっている」ことにより、「語彙が豊かになるだけでなく、語感や言葉のセンスを高めていることであろう」[7]という考察を加えている。
　3年生を対象とした実践では、まず「パロディーの採集」という学習が行われている。やはり夏休みの採集活動が課されている。
　パロディーの面白さは、「もじり」にあるので、「元になっているものが思い浮かばなかったら、その表現効果は半減するし、その前に見逃してしまうこと」になる。
　そこで、この採集活動には、「大人の協力を全面的に仰いでよいこととした」とのことである。集まってきたパロディーを33に集約して一枚のプリントに収めている。

指導計画として、「①パロディの手法を用いた川柳で、パロディーを楽しむこつを会得させる」、「②文献や資料を使って、パロディーの元になっている言葉や作品を調べさせる」、「③一つ一つのパロディーについて、表現効果を吟味させる」の三点が挙げられている。

　指導を終えた後の考察として、「はじめは戸惑いの表情すら見えたパロディーの学習であったが、背景が見えてくるにつれて急におもしろくなったようである」とし、２年生の時の「しゃれ」の採集学習と比べて、「パロディーはもう一段高い知的センスを要求されるために、学習をすすめるなかで知識欲が満たされていったということである」[8]と分析を加えている。

　３年生では、もう一つ「名数を理解させ、採集へ促す学習」が行われている。生徒は、「歌謡界のご三家」とか「六大学の三羽がらす」といった「名数を用いた表現」への関心が薄いし、知識も理解も乏しい。

　学習を行ってみると、「生徒たちにとっては、珍しいこと、楽しいことの連続であったようだ」とのことである。「名数なるものが自分たちの周辺にあったこと、そして、その表現の効果が大きいこと、手軽に作れて楽しいこと、など」[9]と、この学習への興味・関心は予想以上に盛り上がったようである。

　以上に見てきた広野昭甫氏による新聞の記事や文章から「言葉の採集」を行わせる実践は、その実践の成果から、新聞メディアというものが改めて国語科授業にとっての教材の宝庫であると納得させられる。

　新聞メディアの活用の仕方として、広野氏の実践はあまり例を見ない卓越した事例であり、学ぶべきところの多いものと見なす事が出来よう。

(3) 貝田桃子「新聞投書欄でメキメキ表現力がつく」授業の実践

　貝田桃子教諭による「新聞投書欄でメキメキ表現力がつく」（同著『10分でできる創作し伝え合う国語科授業』2000（平成12）年４月、学事出版）という実践は、新聞の「投書欄」に着目して創り出された実践である。

　この実践を行った当時の貝田桃子氏は能代西高校の教諭であった。この

高校は、以前、能代農業高校と呼ばれた実業高校であった。

　新聞メディアの場合には、大村はまの自作による『いずみ新聞』のサンプル教材からも理解されるように、新聞を構成する表現媒材として上位のものと下位のものとが入り交じって出現している。

　いわゆるニュースのような記事文を中心に、社説のような論説文、コラムのような随想文、文芸時評のような評論・批評文、文芸欄に見られる小説・詩・短歌・俳句などの文章、広告紙面に見られる宣伝・広告文などとその文章ジャンルは多種多様である。

　貝田氏の実践は、このような様々な下位メディアが入り交じった新聞紙面の中の「投書欄」に着目したものである。

　新聞メディアを活用した国語科授業には、新聞紙面を丸ごと作成させる実践が多いが、貝田実践のように新聞の中の下位メディアである「投書欄」に着目しての実践は意外に少ない。

　下位メディアの「投書欄」とはいえ、投書の文章は論説・意見文である。投書の文章を書かせることで高校生の表現力を高めようとする試みとしたわけである。

1）「投書欄」に着目した動機・目的

　ここで注目しておかなければならないのは、貝田氏がなぜ「投書欄」に着目したのか、その理由である。

　貝田氏の言に耳を傾けてみよう。

　貝田氏は、作文学習に臨む生徒の疑問を取り上げる。

　貝田氏は生徒から、いざ作文を書き始める時に「この作文は誰が読むの？」と必ず聞かれたという。

　生徒のこの言葉に対して、貝田氏は「生徒が作文を書く際の『相手意識』の必要性を強く感じながら、『何のために書き、だれが読むのか』という肝心なところをあやふやなままにしてきてしまった」という反省の弁を述べている。

　この反省に基づいて貝田氏は、生徒の「書く目的意識と相手意識を高め

るために、『新聞の投稿欄』を活用した作文の授業を試みることにした」のである。

また、貝田氏は新聞の「投書欄」に生徒自身の主張・意見を投稿させること、「生徒の作品を社会に出すことは、表現意欲の掘り起こしにもなると考えた」というのである。

貝田氏は「普段の作文の授業から一歩進み、新聞の投稿欄を通じて生徒の意見を社会に問い、『書くこと』を通して人間としての成長をめざしたいという願いをこめた」とも述べている。

新聞に投稿する作品は、「教師が読んだあと生徒に投稿をすすめたり、自主的な希望があったものに限って」[10]いたと言う。

投稿のための舞台は『秋田さきがけ新報』や『北羽新報』などの地方紙であった。これらの新聞「投書欄」に貝田教諭が声をかけていない生徒の文章が学校名・本名つきで掲載されだしたのである。生徒の自主的な投稿の結果である。

こうした状況に対して、地域社会から大きな反応が起こった。保護者会では「生徒の文章、いつも投稿欄に載っていますね」と声をかけられることが多くなったという。我が子の文章が新聞に載って「泣いた」という親、別の生徒は「父に褒められた。もっと書きたい。題をくれ」と言ってきたこともあったという。

また、新聞に掲載された生徒の表現意欲を別の分野で引き出すということもあったという。日頃から詩を書きためていた生徒が、「コンクールに出したい」と言ってきたりする。そして、この生徒はその後、詩人山田かまちの「『十七歳のポケット』を読んで」という感想文で市の図書館主催の読書感想文コンクールで第二席を獲得している。

投書欄への投稿をしている人は十代が圧倒的に少なく、高校生の投書は新聞読者の目にとまり、関心が持たれたようである。それが生徒達の励みにもなっていったようである。

2) 指導の経過

　この実践は、貝田氏の実践が公刊される 6 年前から行われていた。

　当初は、新聞の投書欄に掲載された投書を読んで、これに自分の意見を書くという実践が行われていた。

　ここから、「読み手を意識して、自分の意見、主張を書く」という試みに移行していったのである。

　創作時間は、20 分としている。

　「書かせたい文章ジャンルは意見文」として、教科書の「評論」や「文章表現」の単元が終わった後に書かせている。

　用意したものは、「新聞投稿欄に掲載された投書と原稿用紙（500 字程度）をセットにしたワークシート」である。

　実践に際しては、生徒の興味をひく新聞記事を選択することに苦心があったようである。一時間内で書かせることを前提としていたので、調べ学習までは課さないようにしたとのこと。しかし、社会的な題材の場合は、生徒自前の知識だけでは「うわすべりな感想のみで終わってしまう」ので、調べ学習も行わせている。

　ところで、貝田氏は新聞「投書欄」に投稿作文を書くというこの学習に対する生徒の意識を高めるために、定期テストに投稿作文に準じた形の作文を課している。配点は 100 点満点中の 10 点としている。

　貝田氏はこの投稿作文によって生徒がどのように変わっていったかにも関心を抱いている。そこで、生徒に対してアンケート調査を行った。

　貝田氏が生徒に投げかけたのは、「新聞にあなたの文章が載ってから、『文章を書く』ということについて、あなたの考え方がこれまでと変わった部分があったら書いてください」、「自分の文章が新聞に載り、活字になったことは、あなたにとってどんな意味がありましたか」、「あなたの投稿文を読んで、周囲の人の反応はどうでしたか」、「あなたの文章が新聞に載ってから、『新聞を読む意識』がそれまでの意識と比べて変化したところがありますか」という四項目であった。

　これらのアンケートに対して、生徒からは代表的な意見として、以下の

ようなものが出てきている。
　「自分の考えや思っていることを素直に文字にして文章に書き表せるようになった。照れとか、みんなと違う（？）っていう引っ込み思案がなくなった」（高校2年女子）、「今までこういうことはなかったので、ずっと忘れないで覚えていると思う」（高校3年男子）、「能代西高の人がよく載るようになっていたので、読者欄によく目を通すようになった。それによって、西高以外の年配の方の文章も読むようになったため、いろいろな考えが広がった」（高校3年女子）、「地域の人たちに『すごいね』と言われてうれしかった」（高校3年女子）[11]などである。
　生徒の書くことに対する苦手意識を軽減する効果や、「書くことは生きること」という意識を生徒に抱かせる契機となっていたこと、地域社会と関わっていく意識などが、上記の生徒の回答に表れていると理解される。
　新聞の「投書欄」を活用した投稿作文が予想外の広がりをもって、大きな成果をもたらしたことが生徒達の回答からうかがえるところである。
　なお、貝田氏はこの実践の次のステップとして、投稿欄に掲載された作文をもとに、グループでの相互交流学習を経て、自分たちがまとめた意見の発表会を開いている。
　投稿作文を書くことの学習から口頭での発表を行わせるという学習に発展させていたわけである。

3. 授業づくりのヒントと今後に向けた課題・展望

　これまでの考察を踏まえて、以下に、新聞メディアを活用した国語科授業づくりへのヒントと今後に向けた課題及び展望とを行っておこう。
　まず、何はさておいても強調しておかなければならないことは、広野昭甫氏がいみじくも指摘しているように、新聞メディアが「国語の教材の宝庫」であるということである。そして、新聞には「あらゆる文種がそろって」いること、「さまざまな言葉が多様に用いられて」いるということである。新聞には「言語生活の向上に役立つもの、読書生活に資するものな

ど、さながら国語資料室の観」があり、「何でもそろうデパートにもたとえられ」るという性格が備わっていることである。
　新聞メディアのこうした特質についてはいくら強調しても強調しすぎることはないであろう。
　その上で、課題となるのは、このような国語科の教材としての豊かな宝庫である新聞メディアをどのように活用するかということである。
　新聞メディアという上位メディアには、広野氏の指摘通りに下位メディアとしての「あらゆる文種」が揃っている。そして、それぞれの文種は文章としての性格・特性がことごとく異なる。
　こうしたそれぞれの文章としての性格・特性を十分に弁え、これを生かして初めてそれは教材としての意義を有するのである。したがって、新聞メディアの活用はやはり心して行っていく必要があろう。
　この事実を最も雄弁に語っているのが、大村はまの実践である。
　大村の実践は、『いずみ新聞』という学校新聞を全四面にわたって制作するという本格的な教材の提示に基づいている。
　学校新聞という大がかりな紙面構成とはいえ、全四面にわたった実物サンプルでの教材提示は生半可な覚悟で出来ることではない。
　しかも、大村が提示した教材は、各紙面を構成する各種記事をそれぞれの文種の性格・特性を踏まえて全文を提示してみせるという徹底ぶりである。これは大村が新聞というメディアの特性を熟知していたがための指導行為である。
　大村のこうした徹底した新聞づくりの指導への覚悟は、教科書において「学級新聞」や「地域新聞」づくりのための教材を提示する際の良い教訓となろう。
　同時にまた、大村の実践を冷静に受け止めるならば、新聞メディアを丸ごと活用することの困難さにも思いを致すべきであろう。
　そして、ここから、新聞メディアが包含している下位メディアとしての「あらゆる文種」を適宜取り出して、それぞれの文種の表現特性を踏まえた実践の創出を心がけていくべきであるという課題が見えてくる。

すなわち、「①　新聞メディアの表現上の特質を生かして書く力を育成する」という実践の開発に向けた課題である。

　その典型として、貝田桃子教諭による「新聞投書欄」に着目した実践が参考になる。

　「投書欄」の文章というのは、新聞を読む不特定の読者に向けて自分の意見・主張を述べる形なので書く目的・相手意識を抱きやすい。

　しかも、貝田氏の実践の場合、地方紙を舞台としたので読者が限定され、それだけ相手を胸中に意識しやすいものとなっている。

　そして、生徒が書いた意見・主張は実際に地方新聞に投稿されて、直接に読者や父母など、周囲の人間からの反応が得られている。

　これによって生徒の表現意欲が引き出されるという効果ももたらされている。表現意欲ばかりでなく、生徒の生活意欲の向上や地域社会と関わっていこうとする意識の高まりにも一役買っていたのである。

　新聞メディアを構成する様々な文種の表現媒材としての特性・性格を的確に見据えた実践が求められていると言えよう。

　この点では、「③　新聞メディアを活用して語彙力を育成する」という実践に分類されるただ一つのユニークな授業づくりを行った広野昭甫氏が掲げた「新聞の記事や文章から国語の教材を得るため」の観点は役に立つ。

　広野氏は全部で六つの観点を取り出している。参考にすべき観点である。

　ただし、広野氏が創り出した実践は、これらの様々な文種の表現特性を生かした表現力育成を目指したものではなかった。

　広野氏が行ったのは、三紙の新聞各紙の調査に基づいた「言葉に関する素材」の洗い出しである。そこから、中学生にも出来る「言葉の採集」という作業を行わせたことである。

　ここに中学校三学年にわたって実践された「言葉の採集」学習のユニークさが見られる。

　広野氏の実践が極めてユニークであるのは、新聞メディアを構成する下位メディアに目を向けたのでなく、文字メディアの基底をなしている《語

句・語彙》という部分に着眼したところにある。

　しかも、広野氏はこの学習を生徒の自主的な採集・調査活動を踏まえて生徒の語句・語彙に対する興味・関心を引き出して豊かな国語科学習を営ませている。

　新聞メディアが国語科授業にとって、正しく教材の宝庫であることを実感させてくれる実践である。

　新聞メディアの活用の形態として、広野氏の実践は豊かな示唆を与えてくれていると見なすことが出来る。

註
1) 　井上尚美・中村敦雄編（2001）『メディア・リテラシーを育てる国語の授業』、明治図書、p.24
2) 　遠藤直美「新聞記者に変身だ！―メディアの比較を通して書く力を育てる（小四）―」（井上尚美・岩永正史編『国語科メディア教育への挑戦』第1巻小学校編①［低学年～中学年］2003（平成15）年6月、明治図書、p.98）。
3) 　清水正史（2003）「オリンピックにおける清水宏保選手の活躍を伝えよう―新聞の見出しと写真から考える（小六）―」（井上尚美・中村敦雄編『国語科メディア教育への挑戦』第2巻小学校編②［中学年～高学年］、明治図書、p.171）。
4) 　橋本暢夫著（2001）『大村はま「国語教室」に学ぶ―新しい創造のために―』、溪水社、p.127
5) 　広野昭甫『新聞を主資料とする「言葉の採集」による国語授業の活性化』1990（平成2）年3月、明治図書、p.9
6) 　同上書、pp.54-61
7) 　同上書、pp.77-94
8) 　同上書、pp.94-110
9) 　同上書、p.121
10) 　貝田桃子著『10分でできる創作し伝え合う国語科授業』2000（平成12）年4月、学事出版、pp.10-13
11) 　同上書、p.20

第5章
テレビを使った授業実践
―多メディア時代での役割をふまえて―

草野十四朗

1. 主体的に判断する力を育てる

(1) 多メディア時代のテレビとメディア・リテラシー

　テレビ放送が始まって、60年が経過したが、特に近年、様々なニューメディアが出現し、テレビ視聴の形態にも変化が生じている。たとえば、NHK放送文化研究所は、以下のような調査報告をしている[1]。
　　○　視聴時間は平均約4時間。高年層で増加の一方、若年層で減少。
　　○　録画機やインターネットの普及で、リアルタイムではなく自分の都合に合わせて番組を見る傾向が、特に若年層で増えている。
　　○　個人視聴が増え家族視聴が減る、という傾向が止まった。
　　○　SNSで番組に関する情報や感想を書き込むのは若年層で4割。
　ここから分かるように、テレビは依然として中核的メディアでありつづけている。視聴量の減少している若年層でも、他のメディアとの関係を強めながら視聴形態を多様化させており、その「質の変化」は注目すべきである。さらに報告は、テレビを「友人や家族とのコミュニケーションを楽しむツール」としているが、これも実はもっと社会的な広がりをもってきている。番組によっては膨大なツイートがなされ、見ず知らずの視聴者の間に、共感や議論の場が生まれているのである。一方向メディアであったテレビは、視聴者どうしも含めた双方向的な社会的コミュニケーションの回路を築きつつあるかに見えるし、あるいは自ら仕掛けたメディアイベン

ト（物語）に視聴者を組み込んでいるだけにも見える。
　一方で、視聴者については、議論の未熟さによる「炎上」や、不確かな情報による流言飛語などのトラブルも絶えない。
　このような状況のもとで国語科が担うべきメディア・リテラシー教育について考えたい。

(2) 鳥の目と虫の目－テレビを「クリティカルに読む」ということ
　膨大な情報に囲まれている我々は、その選別と供給をマス・メディアに頼っている。メディアに黙殺されたイシューは、どんなに重要でも存在しないに等しい。議題設定の機能はメディアの権力そのものと言ってよいのである。その影響は接触率・訴求力の高いテレビにおいて特に著しい。
　また、テレビを通して示される様々な価値観も、無意識のうちに刷り込まれていく。たとえば、再生細胞に関する研究者の報道では、「ピンクの壁」「ブランドの指輪」「割烹着」などジェンダーに関わるコードが画面に露出した。こうしてつくられた「物語」は、ヤラセなどの疑いをはらみながらも、視聴者に好んで消費されていったのである。その背景には、視聴率という、テレビにおいて典型的に表れる「商業的意味」があった。
　テレビのリテラシーとは、このような事実に対する自らの気づきが、よりクリティカルに方法化された、知性とスキルだといえる。
　これには、まず、メディアテクストの背後にある生産現場の事情や社会的文脈（production）、個々のテクストの関係（intertext）、あるいはそれらによる物語形成、などを俯瞰しうる「鳥の目」（マクロ）が求められる。
　同時に、メディアテクスト（text）のディテールに埋め込まれたコードやナラティブを丁寧に読み解いていく「虫の目」（ミクロ）も必要になる。
　さらに、受け手（audiense）が何者であるかも把握する必要がある。これが自分自身である場合、受け手・発信者としての自己を客観視することで、情報のやりとりや議論の作法についても主体的・自覚的になれるだろう。
　このように見てくると、これまでのメディア・リテラシーが積み上げてきた基本概念・分析モデルが理にかなったものであることを再認識する。

一方で、これらと従来の国語科教育とはどう接続しうるのかという問題もある。このことを踏まえながら、これまでの成果を次節で見ていく。

2. 未来に生きる授業実践

(1)「テレビニュース」の戦略と情報リテラシー
（実践者：刈谷市立朝日中学校　伊藤　清英）
　佐藤洋一編著『実践・国語科から展開するメディア・リテラシー教育（21世紀型授業づくり）』2003年（平成15年）、明治図書　より

1）実践の概要
　この実践は、「TVニュースの戦略を読み解く」というメディア・リテラシーの育成を国語科の言語技術を基盤におこなうものである。伊藤は指導目標と国語科「言語能力」を以下のように段階的に整理している。
　①テレビ」というメディアに注目し、その「情報伝達」の特色・問題点を理解する。（導入・基礎技術）
　②「テレビニュース」の分析の観点を知り、分析のモデルから分析方法を理解する。（基本学習）
　③自分で選んだ「テレビニュース」を分析して、表現の個性やメッセージを読みとる。（応用・個性化学習）　→メディアの戦略の理解
　④「テレビニュース」の分析結果をクラス全体に向けてわかりやすく、楽しく報告する。（発信・交流学習）
　⑤自分と他の発表の内容や発表の仕方に対して意見・感想を持ち、評価する。（発信・交流学習）
　⑥学習全体を通してわかったことや考えたことをまとめ、自分の生活に広げる。（評価・学習の一般化）

2）授業の実際（全8時）
　①　導入・基礎技術（第1時）

ⅰ)「テレビ」の表現の特色と問題点（学習シート1「テレビの特徴」）
　→「プロ野球の試合」「アフガニスタン戦争」をテレビで見る場合と直接見る場合の比較した。
ⅱ)制作者の存在＝「テレビ」の問題点や欠点を補うための番組制作者の意図に目を向けた。
②　基本学習（第2・3時）
ⅰ)「テレビニュース」の分析の観点の学習
　学習シート2「TVニュースの分析はこうしよう」を見せながら、分析の手順と観点を学んだ。
　・誰が、誰に向けて流したニュースなのかを考える。
　・どんな話題を取り上げたかを考える。
　・そのニュースの立場や個性を考える。
　・表現の工夫・個性を見つける。
　　（BGM、効果音、テロップ、ナレーション、カメラワーク）
　・制作者の意図や加えられたさまざまなメッセージを読みとる。
　　（人気ドラマやCMの社会的メッセージ・商業的メッセージ）
ⅱ)教師による分析モデルの提示
　「スーパーニュース」から「アフガニスタン情勢」を取り上げて分析。
　生徒は、教師の分析結果を学習シート3「TVニュース分析シート①」に記入しながら視聴。被害説明のインタビューの構成順から、番組がアメリカ側であることに気づく。
③応用・個性化学習（第4・5時）
「テレビニュース」の分析：2～4人のグループになって一つのニュースを選び、学習シート4「TVニュース分析シート②」を使って分析。
　題材は、愛子様の誕生／狂牛病関連／ニューヨーク同時多発テロ／アフガニスタン情勢／脱税事件／芸能界関連／発泡酒の増税案等であった。
④発信・交流学習（第6・7・8時）
ⅰ)分析結果の再構成
　・「クラスに楽しく報告する」という相手・目的意識と「3～5分以内で」

という条件をつけた。
・分析結果から興味深かった点を「なか」と「まとめ」の部分に記述。
・「はじめ」「むすび」は、学習シート5「分析レポート発表シート」を工夫して書き進めた。
ⅱ）分析結果の報告会
・「評価の観点」を確かめてから、報告会を始めた。

報告する生徒は、学習シート5をもとに報告した。VTRの操作を工夫しながら報告が進められた。「クラスに楽しく報告する」という相手・目的意識がよく表れた報告が多かった。聞き手の生徒は、学習シート6「レポート発表評価カード」に記入をしながら報告を視聴した。生徒は、評価カードへの自分の記入をもとに、報告者の話し方、報告の内容の良かった点、質問や意見を進んで述べることができた。
⑤評価一般化学習（第8時）
学習シート7「学習のまとめ」で学習の評価と学習内容の一般化を行った。生徒の感想には「学習を通して、わかったことや考えたこと」「これからの生活のなかで、テレビニュース以外の場合にも役立ちそうなこと」「授業についての感想やこれから考えていきたいこと」等があった。

3) 実践の考察
＊分析と評価の観点を学習の各段階で示し続けたことと、その効果。
①情報発信能力の向上
「分析レポート発表シート」で評価の観点を示し続けた。
②コミュニケーション能力の向上
　評価の観点を意識して発信できた。また、聞き手が質問、感想を持てるようになり、発表者との交流も活発になった。
③メディア分析能力の向上
　5段階のステップ学習と、短いニュースを使ってのモデル学習により、生徒は少しずつ学習の方法が身についていくことを感じた
④「生きる力」への広がり

ニュースの視聴、テレビ・新聞を自分で考えながら見る習慣がついた。

〈解説〉伊藤実践：国語科教育の基礎基本とメディア・リテラシーの接続

伊藤の実践の理論的基盤は、佐藤洋一の以下のような考え方にある。

> メディア・リテラシー教育が各教科の「基礎・基本」や「総合的な学習」とどう結びつくのか。現在進められている各教科の構造的な授業改革とどうリンクするのか。特に、学校全体の「基礎学力」を構成し、思考・表現・発想・論理の基本学習（情報理解から選択・判断・構成・発信・評価）を支える国語科の学習の位置づけ＝情報リテラシー／コミュニケーション論の発想が重要である。
> （前掲『実践・国語科から展開するメディア・リテラシー教育（21世紀型授業づくり）』）

この問題提起に対し、佐藤自身も具体的な授業構想モデル（次頁）を示している。そこでは、「導入・基礎技術」「基本学習」「応用・個性化学習」「発信・交流学習」という段階的な学習が構想されている（前掲同書）。

これにこたえる形で取り組まれたのが、伊藤の実践である。同書では、伊藤の作成した学習シートに生徒が書き込んだ学習成果を見ることができるが、伊藤は佐藤の提案をそれぞれの学習シートに反映させ、構造的で緻密な学習・評価活動を実現している。これらのよさは、学習内容だけなく、学習の方法についても、学習課題にあわせて丁寧にカスタマイズしてあり、学習者の活動をうまく導いていることである。また、話し方・聞き方に関する指導や、分析結果を「はじめ・なか・おわり」という構成の枠組みの中でまとめたりなどの、従来の国語教育の成果が、随所にうまく取り入れられているのも特徴である。

さらに欲をいえば、批判的思考の指導カリキュラムやパラグラフ・ライティングなどの欧米の言語技術の成果を、このような実践に付加できると心強い[2]。

資料　国語科の「学び方」を基礎・基本とする〈メディア・リテラシー教育〉の授業構想
——「基礎・基本の言語技術教育」から「発展教育」へのステップ——　　作成・佐藤（洋）

	1	2	3	4	5	6
「学び方」の学習ステップ（学習過程の「基本モデル」）	基礎学習・導入 (1)「学び方」の学習モデル (2)シンプルで楽しい導入	基本学習 (1)「学び方＝リテラシー」の学習モデル〈理解・発信〉 (2)モデルとしての授業観	応用・個性化学習 (1)基礎基本から発信へのステップ学習（応用） (2)情報の発見・選択構成等の再構成（個性化）	発信・交流学習 (1)発信・情報の発信と学びあい (2)コミュニケーション能力（プレゼン）と個性化	評価・「学び」の一般化 (1)学習内容と「学び方」の自己評価能力の整理 (2)「学び方」と一般化、新たな課題発見と追究意欲	発展学習 (1)学習者の主体性を重視 (2)1〜5と「個性」の関連
メディア・リテラシー教育（基礎基本から発展）	(1)メディアと現実感覚・生き方・価値観等への関心喚起 (2)「メディア分析モデル」「基本概念」の一部利用等	(1)「メディア分析モデル」「メディア・リテラシー」の基本「概念」の（定義系）「モデル」の練習と応用 (2)基礎基本から個性化へテクストや視聴者・制作者／映像と言語等の仕組み (3)メディア批評と個性化、視点、選択、収集、選択判断	(1)「基本学習」の学習モデル、メディアの立場からのメディア批評・批評 (2)プレゼンテーション能力とメタ評価能力、学び合い	(1)「情報・発信の立場の整理と個性化」 (2)「学び」のステップ1〜4 (3)自己（相互）評価と批評「学び方」の整理と一般化 (4)新たな課題発見と一般化、メディア批評と生き方	(1)メディアの選択・分析の観点・評価観の個性と妥当性 (2)メディア批評と判断・表現

国語科の「基礎・基本学習（言語技術教育）」から「発展学習」への段階

	1	2	3	4	5	6
基礎学力の保障（話す聞く・読む書く）	(1)「情報」の正確な「受信」と「発信」の必要性 (2)発信学習の楽しさ (3)聞く（論理的）・メモキーワード (4)音読（読む）	(1)「伝え合う」「分かり合うことの難しさと方法」学習の必要性、言葉と非言語の関係 (2)コミュニケーションの基本学習、メカニズムの基本学習と方法 (3)「情報」を正確に、豊かに読む基本学習、基本文章学、論理的・文学的文章等の指導 (4)「書く（まとめる）」技術、資料操作	文学的文章の「学び方」の指導（ストーリーと語り手の役割等）と「書く」能力伝達の基本から応用へ	(1)「メディア分析モデル」等と国語基本学習（記述・論理の方法、エッセイ等） (2)論理的文章の「学び方」 (3)「情報」の選択と論理的・伝達、情報リテラシー能力（情報の選択構成）とコミュニケーション能力基本 (4)文章の五要素（音声・映像・文字・写真） (5)メディアの種類（マスメディアとパーソナル） (6)メディアの分析基本から応用へ	(1)「学び方」の学習ステップ1〜4毎に、評価基準を焦点化・「発展学習」への一般化と整理 (2)メディアコミュニケーションの基礎基本から発展的探究・情報リテラシー能力の基礎基本	(1)「基礎学力」「情報リテラシー能力」「コミュニケーション能力」「指導支援」本の習得度と、個性的な関心・意欲、追究方法の評価、指導支援 (2)〈生きる現実〉とリンクする〈総合的な学習〉他教科との立体的な関連
情報リテラシー能力（受信・発信・評価）						
コミュニケーション能力（プレゼンテーション）		(1)「伝え合う」「分かり合うことの難しさと方法」学習の必要性、言葉と非言語の関係	コミュニケーションの基本学習と方法、メカニズムの基本学習と方法、立場や条件・情報構成の特徴（目的・相手の特質や立場・時間・場面等の条件）、プレゼンの個性化と自己評価「評価基準」、メディア分析モデル、作者の応用・メディア視聴者・制作者、資料操作能力・言語・写真、グラフ等	プレゼンの基本と方法（テキスト視聴者・制作者）、メディア分析モデル（評価基準）、自己評価・個性化、プレゼンの評価能力・言語・非言語の特質や条件、操作能力・言語・写真、グラフ等		

←——基礎・基本学習——→　←——発展的学習——→

(2) テレビ・アニメーションの分析から自己認識へ
(実践者：大阪教育大学　松山雅子[5])

『自己認識としてのメディア・リテラシー――文化的アプローチによる国語科メディア学習プログラムの開発』(教育出版、2005（平成17年）)

1) 実践の概要

この実践は、テレビ・アニメーション『鉄腕アトム』を用いて、動画の「語り」を分析する実践である。松山はテレビ番組のなかで、子どもの視聴率の最も高いのがアニメーション番組であることに注目し、動画テクストの分析法と教授法について独自のアプローチをしている。単元は下のような三段構えで構成されている。

〈ステップ1と2〉　動画という連続体の楽しみを知る。
〈ステップ3から7〉　個々の静止画に着目し、その組み合わせによって多種多様に紡がれるシークエンスの構成を理解する。
〈ステップ8から10〉　動画の語りの理解と創作を体験する。

2) 授業の実際

本実践は、ステップ9にあたり、テレビ・アニメーションを読み解いて、物語全体を組み上げるモンタージュ法の基本に気づかせることを目的としている。つづくステップ10（「クラスメートを救え！」）の予告編作成の表現活動につながる基礎読解である。

　手順1　あなたにとってのベストカット　（ワークシート1）
　・「クラスメートを救え！」のスライドショーをみる。
　・いちばん心に残った画像を、ことばやイラストで説明する。
　・ペアになって、鉛筆トークをし、友だちと比べてみる。

　手順2　記憶のチェックをしてみよう　（ワークシート2）
　・冒頭カットを思い出し、ことばやイラストで説明する。

- 友だちと比べる。
- 結末カットを見る。同様に、覚えているカットを説明する。
- 実際の映像を確認し、絵コンテに描く。
- ペアになって、これまで視聴してきた一話完結型のテレビ・アニメーションの、始まり方と終わり方を思い出し、共通する特徴があるかどうか、話し合い、気づきをメモにとる。
- 繰り返し出てきたカットで、心に残っているものがあれば、それもメモに書き込む。

手順3 物語のあらすじをとらえる （ワークシート3～5）
- スライドショーを再度見る。
- ワークシート3～5の画像を参考に、ペアになって、交互に、物語を語りなおしてみる。不確かなところがあれば、見直す。

手順4 見る物語の展開をとらえる （ワークシート3～5）
- ワークシート3～5に、主要な場面の始まりのカットと最後のカットがあるので、スライドショーを見て、空白箇所に絵コンテを描き込む。
- 語りの遠近法、対比カットによる場面転換、類似反復など、見る物語の場面転換の特徴を概観する学習である。絵コンテ構成表が完成したら、いちばん下の欄に言語要素について書き込んでいく。
- 台詞がだれのことばかを明記しながら、書き入れる。
- コマーシャルが物語展開上のどこに挿入されるか。

手順5 語りの仕掛けについて考える
　この物語は、学校が舞台である。アトムにとって未知の世界、学校をどのように描き出すかという観点から、アニメーションを見る。

手順6 クライマックスはいかにつくられるか
　アニメ制作者たちが、三十分という限られた時間の枠組みのなかで、視

聴者をいかにひきつけ、無理なく物語展開のクライマックスへと導くために凝らしたさまざまな工夫を知る。『鉄腕アトム』の場合、アトムが果敢に難題や障害にアタックし、見事に解決する場面が、クライマックス。

　再び、スライドショーを見る。今度は、テレビ・アニメーションを研究的に見てみよう。
　アトムが変わった、変化したと思うところはないか。ペアになって、話し合ってみる。もし、その変化の場面がなかったら、この物語の語りはどのように違っていたか、考えてみる。クラス全体でも、話し合いをもったあと、次の三つのなかから一つ選んで、書いてみる。
　①視聴者番組モニターとして、「クラスメートを救え―」のクライマックスのつくり方について、感想や考えをレポートする。
　②よりよいアニメ番組の制作促進を図る番組審議会のメンバーとして、「クラスメートを救え！」のクライマックスのつくり方の批評文を書く。
　③アニメ制作者の立場から、「クラスメートを救え！」のクライマックスのつくり方について工夫した点を中心に制作ノートを作成し、番組審議会に報告する。

3）ねらいと評価
　①テレビ・アニメーションを見る物語として明確にとらえ、物語の表現形態に興味や関心を抱く。
　②動画の物語展開法の基本を知り、それに気づく。
　③主人公の大活躍するクライマックスへと導く導線に気づき、クライマックスの造型に関心をもつ。
　④クライマックスの造型について読み取ったこと、考えたことを文章で書き表す。
　⑤分析的な動画視聴をとおして、自分の視聴体験を振り返るきっかけをもつ。

〈解説〉松山実践：アニメーションをめぐる「しかけ」を読み解く
1）メディア分析の基礎読解作業
　松山の実践の真骨頂はアニメーション番組のテキスト分析にある。方法的には、動画をいったん静止画に戻すということなのだが、これがシークエンスの展開を可視化する。たとえば、同じ映像を使っても、順序を違わせると、違った語り・物語が生まれるが、学習者はこれによって映像言語の基礎を体感するのである。
　静止画での分析は、動画の語りの枠組みにパターンがあることにも気づかせる。松山によれば、民放のアニメ番組は、三十分番組の場合、オープニング、エンディング、放送日の物語本編、予告編からなる物語に関わる部分とコマーシャル部分に分かれるのが一般的である。また、毎回の語りとともに、連続番組つまり「大きな物語」としての語りも見えてくる。
　このように、本書はテレビアニメの分析を、誰もが追試可能なように方法化している。これは国語教育がメディア・リテラシーの手法を取り入れるうえでのよい具体例として有効だろう。
　なお、本書には、分析に用いるための『鉄腕アトム』のDVDとワークシートも添付されており、そのまま使えるのがありがたい。（ただし、DVDの生徒利用については、別途ロイヤリティーが発生する。）

2）メディアミックスと社会・自己の認識
　『鉄腕アトム』はいうまでもなく日本製アニメーション番組の先駆けだが、松山は放送形態においてもこの番組が原型でもあるとする。その核心は「メディアミックス」にある。これをテキストについて見た場合、いくつかのレベルに分けられる。それは、まずアニメ番組単体における音楽や映像などの総合性、つぎに、同じ『鉄腕アトム』でも、マンガ・アニメ・文字等、テクストの違いによる間テクスト的な関係性、さらには後年のポケモンブームにもつながる関連商品販売戦略なども含めた社会的関係性であった。松山は「多メディア」からさらに経済的・産業的構造まで見据えて「メディアミックス」としているのである。

第5章　テレビを使った授業実践　165

松山は子どもたちの日常的リテラシーについても、「我知らず身につけている日常的（リテラシー）は、記号の読解表現力、運用力にとどまらず、かれらが参与し、創造していく社会文化そのもの」であるとする。これもまた、メディアミックスなのである。そして、このリテラシーは、動画の分析技術の問題にとどまるのではなく、動画の語りの仕掛けに心動かされる自己や社会への認識へと展開していく。

　松山の試みた、社会的コミュニケーションの中に自らを位置づけ、自己認識していくこと、また、他のオーディエンスと交渉しながら創造的読みを深めていくことには、SNSの台頭する昨今にあって、重要な意義がある。松山は、このような、みずからのメディア・リテラシー教授のありかたを「社会的文化的アプローチ」と呼び、国語教育の今日的課題に対する答えの一つになりうることを示唆している。私もこれを支持したい。

　では、この分析法に支えられた社会文化的アプローチの階梯は、どのように構成されていたのか。本章ではアニメ番組のシークエンス分析であるステップ9しか紹介できなかった。全体の概要を以下に示しておく。これらは文学テクスト（物語、伝承文学、詩歌、テレビ・アニメーション）と非文学テクスト（新聞記事、広告、CM）とに系統だてられている。

S1　身の回りの〈物語〉発見
S2　動物番組のディレクター体験（写真の編集）
S3　静止画からスタート（写真とことばの組み合わせを楽しむ）
S4　新聞広告のリテラシー
S5　物語キャンペーン（昔話の新聞広告・宣伝ポスター制作）
S6　静止画から動画へ（形ある商品と形なき商品のCM）
S7　鉄腕アトムの送るメッセージ―公共広告をつくろう
S8　文章から動画へ（昔話「三びきのこぶた」の映像化）
S9　テレビアニメーションのリテラシー
S10　テレビアニメーションの予告編をつくろう

(3) テレビコマーシャルが売るもの
(実践者：立命館大学大学院生　登丸あすか)

「メディア教育の現場から（3）高校生を対象としたメディア・リテラシー教育の実践（後編）」『視聴覚教育』、日本視聴覚教育協会、2003年（平成15年）12月号

1）実践の概要

　この授業は、2003年4月から、立命館宇治高等学校の「総合的な学習の時間」を用いて、連続講座「子ども・若い人たちとメディア環境」として、実施したものである。

　講座は3期に分けられ、それぞれ、1回3時間の授業が8回行われた。授業は、高校生一人ひとりがメディア・テクストを分析し、その分析をもとにグループ討議を行うというワークショップ形式で行われた。

　指導については、登丸ら、立命館大学産業社会学部鈴木みどり研究室の大学院生が、講座の企画・運営を行うと同時に、ファシリテーターとティーチングアシスタントを務めた。また、全体のコーディネートは同高校の国語科教員が行った。第1期講座の流れは以下のとおりである。

　1　私たちのメディア史　／2　ニュースは構成されている　／3　アニメ番組の中のメディア暴力／4　アニメ番組のテレビコマーシャル／5　テレビコマーシャルが売るもの　／6　メディア制作者の話を聞く　／7　雑誌のなかの女性　／8　PSA（公共広告）とは何か

　本稿ではこのうちの「5　テレビコマーシャルが売るもの」を紹介する。なお、教材は、『スキャニング・テレビジョン日本版』[3]である。

2）授業の実際

　題材はスーパーモデルを起用したクルマのCM「スーパーモデルがやきもちをやくと…」である。このCMは、女性像を否定的に描いている、と抗議を受けて話題になったものであり、そのことに関して立場を異にする3者、広告制作会社、イギリスの独立テレビ規律機関、性差別的な表現に

反対する女性市民グループへのインタビューが収められている。
　授業の展開は以下のとおりである。
・3者の関係を説明しながら、随時ビデオを止めて、インタビューされている人の立場や発言の内容がどう関係しているかを確認した。
・カメラワークなどの映像言語に注意しながら、テレビCMを見て、グループに分かれて話し合った。その際、ティーチング・ガイドから選択した問いは、次のようなものである。

　Q．CMの女性の描き方に抗議している2人の女性がインタビューされている。人はなぜこれらのCMに抗議するのだろうか。以下の問いに沿って、グループで話し合おう。
　（1）ここには、いくつかの異なるCMが収められている。自動的に動くカメラの前でポーズをとっているモデルのCM、2人の男性を抽まえているモデルのCM、シャンデリアを床にたたき落とすモデルのCM、ビルの屋根の上からインクを流すモデルのCM、車に舞台から振り落とされるモデルが登場するCM。
　抗議している人たちにとってもっとも不快だと思われるCMはどれか。どれがもっとも不快ではないだろうか。なぜそう思うのか。
　（2）これらのCMでは、モデルを車と同等に扱っていると解釈することもできる。この意見に賛成か。もしそうなら、モデルは自分たちが「モノ化」されていることを受け入れていると思うか。そのような「モノ化」の何が不快なのだろうか。

　ティーチング・ガイドには、この他にも、「見る前に」、「見ながら考える」、「見た後で」の3段階に分かれた問いが用意されている。
　それらは、映像や音楽などの映像言語に関わるもの、ターゲットオーディエンスに関わるもの、文化的文脈に関わるものなど、様々である。
　この話し合いの結果は、グループごとに発表される。それらには以下のように、ジェンダーという、メディアの制作者側が示す価値観とは異なる視点でメディアを勝み解き、これを問い直すような姿勢が表れている。
・「最初にCMを見たときには何も不快に思わなかったが、一つ一つ

のシーンを見てみると、女性がこのCMでどんな役割を果たしているのか気になった。

・人を『モノ化』しているつもりはなくても、視聴者にはそう見えてしまった」

・「CMで女性は男性に評価されるものみたいな考え方が表れていたことがわかった。女性の美しさは男性が決めるものじゃないし、そもそも評価するのもどうかと思う」

CMの社会的背景とジェンダー・スタディについては、このあとの授業でも継続的に学んでいる。

6回目の講座では、前半に『スキャニング・テレビジョン日本版』の制作者を講師に招き、広告の役割や日本の広告界、CM制作の仕組みとプロセスなどについて実際の映像を見ながら講義を受けた。後半は、同教材の「12. ポップ！商品コネクション」を使ったワークショップを行い、ミュージシャンがスポンサー企業の商品を宣伝する「プロダクト・プレイスメント」の問題について考えた。

7回目の講座では、さまざまな年齢層を対象とした女性雑誌・男性雑誌を分析した。各雑誌のターゲット・オーディエンスによる広告や記事内容の違いについての気づきが報告された。

8回目の講座では、前半にこれまでのふり返りをした後、放送法などのメディアの制度について学んだ。後半には、『スキャニング・テレビジョン日本版』の「3. 得意なものは何？」、「4. 私たちは女の子」を使ってワークショップを行った。いずれも男女についてのステレオタイプな価値観について考えさせるPSA（公共広告）である。

〈解説〉登丸実践：開かれた学びの姿と学習資源の活用
1）開かれた学び

鈴木みどりは、メディア・リテラシーの学びには、「グループで学ぶ」、「能動的な参加」、「対話による学習」、「ファシリテーターの役割」という

4つの要素が必要だとしている[4]。これらを踏まえている点において、登丸の実践は、典型的なメディア・リテラシーの授業である。これらの要素をもう少しくわしくみてみよう。

　登丸のメディア分析授業の一般的な流れは、以下のとおりである。
　ⅰ）ファシリテーターが、テーマや中心となる基本概念を説明する。
　ⅱ）高校生が各自で分析シートを使ってメディア分析を行う。
　ⅲ）4、5人のグループに分かれて、そのシートを持ちより、ファシリテーターが設定した問いに沿って話し合う。
　　＊話し合いの進行役と話し合い内容の記録係2人を決めておく。
　ⅳ）グループで20分から30分程度話し合った後、グループごとにその内容を記録係が発表する。

　講座終了時には学んだことをメディア・ログという短いレポートにまとめる。学習者の自己評価であると同時に、ファシリテーターにとって、学習のアウトカム（到達度）の確認となるものである。
　登丸によれば、生徒たちは「自分とは異なる意見や、ものの見方を知ることで、自分はなぜそのように考えていたのか、と問いかけるようになり、また、多様な考えを共有することで新しい読みを発見し、視野を広げることができる」ようになったという。つまり、対話的学びが成立したというのである。
　このように、登丸の授業は、グループワークを基本とした、対話型・ワークショップ型の授業であり、教師はファシリテーターとして、随時、問いかけたり、意見を引き出したりして、話し合いを支援する。そのために、事前に、メディア・テクストや分析シート、問いの設定などの準備をしておくのである。

2）学習パッケージ『スキャニング・テレビジョン日本版』

　この実践は、『スキャニング・テレビジョン日本版』なしにはありえな

かった。オリジナルはカナダで制作され、数多くの賞に輝いている。

　すでに見たように、ビデオには、ティーチング・ガイドがついており、テクストを多角的に分析・考察・討論するための問いが用意されている。それらは、「見る前に」・「見ながら考える」・「見た後で」の3段階に分かれ、ファシリテーターはそれらの問いを、講座の展開にあわせて選択することができる。

　このビデオの18篇のトピックの基本コンセプトは明確である。それぞれ完結した形で用いることも可能だが、今回のように、ジェンダースタディーなどをテーマにした複数のメディアを横断する単元の中で、教材の一つとして用いることも可能である。

　VHSビデオで供用されているこのビデオは、制作されてすでに十数年が経過している。改訂版か、同種のソフトの開発を期待したい。

3) リソースパーソンの活用

　メディア・リテラシーの学習資源はメディアテクストだけではない。外部講師など、人的資源（リソースパーソン）もこれに入る。本実践でもビデオの制作者を招き、メディアについて、プロダクションの視点から考察することができた。それぞれの地域のメディア関係者など、地域との連携の可能性も視野に入れておきたい。

3. 授業づくりのヒントと今後に向けた課題

(1) それぞれの実践から得るヒント

　本章で取り上げたメディア・リテラシー実践には、以下のような特徴が備わっていた。伊藤実践は、国語科教育の言語技術指導とメディア・リテラシーを接続する試みである。松山実践はメディア・リテラシーにおける解釈行為とその手順を、より具体的に示している。登丸実践では、パッケージ教材や外部の人材など、広い意味での学習資源を活用しながら、対話的・協同的な学びを成立させている。

これらに共通するのは、実践の内容を示すだけでなく、資料やパッケージを添付あるいは紹介することで追試を容易にし、成果を共有できるようにしていることである。それぞれに学び、活用したい。

(2)「学び」の変革　批判的思考と協同的学び

元来、メディア・リテラシーは、欧州型学力を前提にしたものであった。その中核ともいえる批判的思考については、井上尚美・中村敦雄らが問題提起を続けてきたが、十分に受け入れられてはこなかった[5]。それは、これが単なるスキルではなく、思考法や議論をめぐる「文化」（「学校文化」も含めて）そのものでもあったからである。そのため、先覚者たちは、まず「批判」の本来の意味を解説することから始めねばならなかった。

だが、批判的思考は、まさにこの点において、日本の教育に新たな可能性を与えてもいる。短絡的思考を誘発するなど、テレビへの批判には事欠かないが、オーディエンスとしての市民がこれらの問題に抗していくためには、この批判的思考が有力な素養となるからである。

それは、たとえば、松山が示したテクストのディテールを読み解きながらテレビ番組を取り巻く消費社会の構造を見通す力であり、冒頭で述べた、SNSで番組の提起したトピックに関する批評や議論をするための方法である。批判的思考はさらに、自分とは違うものの見方を受け入れる柔軟な思考法として「協同的学び」にも活かされていく。

このようにして教室で身につけた能力や態度が、テレビがもたらす公共空間での作法やリテラシーとして、生涯にわたって必要とされるのは間違いないし、さらには日本のコミュニケーション文化を変えうるかもしれない。その意味で、メディア・リテラシーは、シティズンシップの教育としても重要な意味を持つ。

なお、この学びのプロセスや評価については、奥泉香らによって西オーストラリア州のアウトカムベーストエデュケーション（明示的な学習成果を到達度として設定する学習方法）が紹介されている。参考にしたい[6]。

（3）学習資源の開発と活用

　メディア・リテラシーを敷居の低いものにするためには、指導の取り組みやすさや学習材の入手のしやすさなども課題になってくる。しかし、映像教材の教師による自主作成は、著作権の問題（録画番組の利用は可能だが、これをライブラリー化して所有することは許されていない）や番組情報の事前入手など、困難な条件を抱えている。

　そこで役にたつのが、すでに紹介した、『スキャニング・テレビジョン』、『鉄腕アトム』などのパッケージ教材である。いずれもティーチングガイドやワークシートが付属して使いやすいが、制作されてから時日が経過している。幸い松山のものには続編が出ているが、さらなる同種教材の登場が待ち望まれる。現在、入手やアクセスの容易な学習材には以下のようなものがある。

○ FCTメディアリテラシー研究所メディア・リテラシー教育用教材開発研究会　開発教材　http://www.mlpj.org/cy/bun.shtml#2
○ 総務省「放送分野におけるメディアリテラシー授業実践パッケージ」
　http://www.soumu.go.jp/main_sosiki/joho_tsusin/top/hoso/kyoiku_zadankai.html
○ アジア太平洋メディア情報リテラシー教育センター「小学生〜高校生向けネット時代のメディア・リテラシー教材報告書」
　http://www.mlpj.org/cy/bun.shtml#2
○ EDUPEDIA「ニュースの見方を考えよう〜メディアリテラシー教育〜」
　http://edupedia.jp/entries/show/892
○ NHK「メディアのめ」http://www.nhk.or.jp/sougou/media/origin/about.html

註
1）「ひろがる"カスタマイズ視聴"と"つながり視聴"〜「テレビ60年調査」から（1）〜」『放送研究と調査』（2013.6月号）NHK放送文化研究所　平田明

裕　執行文子
2)　高橋俊三「話し方・聞き方の授業づくり　基盤となる批判的思考の指導（一）－アメリカ合衆国小学校の場合－」（『教育科学　国語教育578』）明治図書1999.8）「話し方・聞き方の授業づくり　基盤となる批判的思考の指導（二）－アメリカ合衆国中学校の場合－」（『教育科学　国語教育579』明治図書、1999.9）
3)　鈴木みどり監修（2003）『スキャニング・テレビジョン日本版』イメージサイエンス制作
4)　鈴木みどり（2004）『Study guide メディア・リテラシー（入門編）新版』リベルタ出版
5)　井上尚美・中村敦雄編（2001）『メディア・リテラシーを育てる国語の授業』
6)　奥泉香（2006）「「Viewing」の理論　意味形成における読み手の役割を分析・検討させる」『新時代のことばの学び　西オーストラリア州メディア教育視察報告』川崎市国語科メディア研究会

第6章
インターネットを扱った授業実践
―ネット・コミュニティ、コミュニケーションへの参加に向けて―

上田　祐二

はじめに

　インターネットが私たちの生活に普及し始めておよそ20年が経過した。ユビキタス社会と言われるほどに浸透した今日では、インターネットはもはや膨大な情報がストックされた場所といった単純なとらえ方では扱い得ないものになっている。そこでまず、その広がりを素描しながら、国語科における授業づくりを行う上での課題へと焦点化したい。

1．情報の海を生きる

　メディア・リテラシー教育では、メディアにアクセスできる力、そこで入手した情報をクリティカルに読み解く力、そして自らもそこに参加してコミュニケーションを生み出す力の獲得が目指される。
　このうち、インターネットというメディアにアクセスできる力については、パソコン端末から、携帯電話、スマートフォンといったモバイル端末などの情報家電へとそのデバイスが発展してきた。そのため、ことアクセスできるかどうかに限れば、子どもにとってさほどの障壁はなくなってきたと言える。しかしながら、気軽にアクセスできる利便性をもたらした反面、悪質な情報に騙されたり、逆に社会規範に外れた行為や情報発信を行ったりすることもしばしば起こっている。もちろんこれらはフィルタリ

ング機能の利用や、情報モラルの学習などによって回避・抑止することも考えられる。しかしながらフィルタリングが完璧な安全を保証するというわけでもなく、そもそも何をフィルタリングするかということはクリティカルにとらえるべき問題でもある。また、子どもの側にモラルがないというよりも、その認識があったとしてもインターネットにおいてはモラルに欠けた振る舞いをしてしまう、あるいはインターネットがそれを助長しやすいメディアであるといった側面もある。したがって国語科からすれば、これらの問題は、インターネットというメディアをクリティカルにとらえながら、そこにおける情報をよく吟味できる能力、また、インターネットという場に対する認識を踏まえながら、そこで公共的・協同的なコミュニケーションを図ることのできる能力を育てることによって取り組んでいきたい課題である。

　情報をクリティカルに読み解くという点については、広告から商業的意図を読みとったり、新聞を比較して事実の切り取り方や編集の仕方が異なることなどに気づかせる実践はすでに行われている。しかしながらインターネットにおいては、そうした広告はときに、顧客の膨大なデータから導かれた消費傾向にもとづいて自動的に編集された商品の一覧であったり、一般の消費者による口コミ評価として偽装されたステルスマーケティングであったりもする。このようなやり方で私たちの嗜好や欲求、あるいは信頼感に訴求することを踏まえれば、広告の情報には商業的意図があるといった一般的な認識では終わらない。むしろ、その意図に結びつく私たちの欲求や信頼感そのものを読み解きながら、メディアとの関わりをとらえさせる必要性が生まれていると思われる。もちろんこのことは広告だけの問題ではない。たとえば、新聞などのマスメディアは現実を構成する。そしてBlogやTwitterなどの新しい情報発信ツールは、それに対するカウンター・メディアになり得る。しかしそこには誤報やデマも少なからず含まれている。こうした状況で、どのような情報を信頼するか、また、どのようにして情報の信頼性を吟味するかは、メディア情報が、発信者の立場やイデオロギーによって構成された現実であることを了解した先の課題と

してある。

　最後に、コミュニケーションへの参加についてであるが、インターネットにおけるコミュニケーションの形態は今日に至るまで多様化の一途をたどってきた。BBSのように誰もが発言できる討論の場から、SNSのような社交的なつながり、BlogやTwitter、YouTubeなどの個人レベルの発信、あるいはオンラインRPGのような仮想世界における関わり合いなど、そこで構成されるコミュニティもさまざまである。またそこでは社会的な問題や協同的なプロジェクトから、私的な日記や生活上のつぶやきに至るまで、多種多様な情報が発信・交流されている。しかしながら、これらコミュニティの形態とコミュニケーションの話題とは対応関係にあるというわけではない。したがって公私の区別をわきまえながらコミュニケーションをとるといったことも簡単ではない。また、あるコミュニティにおける発言は、別のコミュニティにリンクされ、そこでの文脈に埋め込まれる。あるいは、Twitterやニコニコ動画のように、個人のつぶやきをタイムライン上につないでいくといった設計になっている場もある。したがって、膨大に生成し錯綜する発言とコミュニティを前にするならば、それらに選択的に関わるほかはないのであるが、それが等質的なつながりを生み、ともすれば他者に対する攻撃的な発言の雪崩現象へと発展するといったことも生じている。このようにインターネットは、メディア・リテラシー教育によって参画を促したい場であることは間違いはないだろうが、そこでどのような他者意識、場面意識を持たせながら、公共的・協同的な場の構築に貢献できるどのようなコミュニケーション能力を育むかという難しい課題を抱えている。

　以上、メディア・リテラシー教育の視点から、インターネットを扱う上での現在の問題状況と実践的な課題を述べてきたが、急速に発展するインターネットのスピードに、教育が追いついているとは必ずしも言い難い。特に最後に述べたインターネットのコミュニティとそこでのコミュニケーションにどう参加するかについては、ことばによる人との関わり合いを学ぶ国語科が取り組まねばならない緊近の課題であると思われるが、海外の

事例・研究は紹介されるようになってきてはいるものの[1]、国内の国語実践においては、管見の限りではあるが、まだ十分な蓄積があるとは言えない状況にあると思われる。そこで本章では、この課題に向かう手がかりとなり得る実践を取り上げ、その発展性を考察することとする。

2. 未来に生きる授業実践

(1) メディアのことばを活用して自己のことばを生み出す

先に述べたように、インターネットは、明示的にも暗示的にも多様な意図が錯綜した情報空間である。しかしながら、誰もが参加でき、しかも匿名で参加することが可能であるがゆえに、その意図を情報・テクストの生産過程や、その過程が埋め込まれた産業構造や社会的制度などといった、発信者の考察から同定できるとは限らない。とは言えそのような意図は、メディア・テクストの表現・意味を規定してもいる。したがって、テクストのことばからそれに迫るという道筋も考えられる。次にあげる小学校5年生を対象とした森本敦子の実践[2]から、そうした視点からのアプローチを考えてみたい。

1）実践のねらい

本実践では、他者を意識した書くことの学習として、「読み手の心を引き寄せる推薦文の書き方」の学習が構想されている。この実践において、インターネットは2つの学習目標に関わっている。1つは、推薦のための語彙がどのように使われているのかということについて児童はほとんど知らないという実態を踏まえて、旅行会社のホームページやパンフレットにおける推薦語彙の効果的な用いられ方に気づかせることである。もう1つは、そこで出会った推薦語彙を分類・蓄積して、それを児童自身が書く推薦文に生かすことである。

2）授業過程の概要

単元は全10時間である。単元を貫く活動は、4年生に紹介するためのパンフレットを作成することである。以下、全体の授業過程を示す。

第一次（1～3時）
① 今までの遠足で、最も印象に残った場所を振り返り、自分のおすすめの場所を交流する。
② 自分のおすすめの場所について推薦の理由を書く。
③ 既成のパンフレットをモデルに、自分の文章と比較し、推薦語彙について交流する。
④ パンフレットについて話し合い、学習課題「おすすめの場所を紹介しよう」を設定し、学習計画を立てる。

第二次（4～8時）
⑤ モデルの推薦文に使われている語彙をマーキングし、文章の構成を分析する。
⑥ 旅行会社のホームページで検索をかけ、推薦語彙に着目し、語彙チャートに分類する。
⑦ メモを基に、推薦する場所を決めて、推薦文を書く。
⑧ フォーマットを使って⑦で書いた推薦文の構成を推敲し、推薦語彙の組み合わせを考える。

第三次（9～10時）
⑨ 推薦文と地域紹介を組み合わせ、レイアウトを考えて「おすすめパンフレット」を作成する。
⑩ 作成したパンフレットをクラスで読み比べ、相互評価する。
⑪ 4年生にパンフレットを送り感想を交流する。

第一次では、児童が書いた推薦理由と既成のパンフレットとの比較から、推薦語彙の効果に気づかせ、それを自己の文章においても活用したいという学習の動機を持たせている。

第二次では、インターネット上の旅行会社のサイトから、推薦語彙を探し出して分類させている。あらかじめ9種類のカテゴリーからなる語彙チャート表が児童のPC端末に配布される。児童は、それぞれのカテゴリーをクリックすると現れるチャート表に、探し出した語彙を記入する。たとえば、「気持ち①〜のんびり〜」というカテゴリーには、「のんびり、ゆったり、いやし、くつろぐ、ほっと、なごむ、しっとり」などの語彙が集められていく。さらに第一次のメモを基に推薦文を書き、PCに配布された推薦する場所と2つの推薦理由からなる文章構成のフォーマットに入力させる。ここで文章の推敲を促す手だてが2つとられている。1つは、文章中の推薦語彙にマーキングすることである。これは、後の推敲活動において、どこが変化したのかを明確に認識させるためである。もう1つの手だては、はじめに書いた文章を、推薦理由をさらに説明と気持ちとに細分化した文章構成にコピーさせていることである。これは、はじめの文章の記述不足の箇所を把握させるためである。そうした把握にもとづいて推敲を行わせるが、ここではチャートに収集した語彙から、表現したい内容に見合うことばが選ばれていく。この活動を教師は、「この作業の繰り返しにより、最初の文章から語彙を増やし、内容をより自分らしく、明確に伝えるための表現に書き換えることができた」と観察している。

　推敲した文章は、第三次の活動において写真と組み合わせ、パンフレットとして完成させ、交流・相互評価させている。

3）実践の特色とその発展性

　本実践は、メディア・リテラシー教育を念頭に置いた授業ではない。むしろ、国語学習を効果的に展開するためにICTをいかに活用するかという問題意識から構想されている。たとえば、児童の語彙を拡充するための資料として、インターネットの豊富な用例を与えるとともに、発見した語彙をそのままPC上で分類・整理できる手段を与えている。また、推敲活動を活性化させるために、推敲箇所の発見と実際の推敲とをコピーや修正の容易なPC上で行わせている。このようにこの実践の工夫は、インター

ネット、コンピュータの活用場面が、児童の認識・表現活動の充実を支える必然性に裏づけられている点にある。

したがって、メディア・リテラシーの視点から見るならば、この実践では旅行会社の商業的な意図にもとづく宣伝の表現をそのまま自己の文章に組み入れている。それはたんなるメディアの模倣であって、そこにクリティカルな視線が向けられていないではないかといった批判も可能であろう。しかしながら、そこに国語科においてメディア・リテラシーに取り組む難しさがある。というのも、たしかに旅行会社のパンフレットは、観光地を商品価値の視点から切り取り、それを魅惑的なことばで構成しているであろうし、それは観光地の一面を表したものでしかないのかもしれない。しかし、だからといってそれらのことばを短絡的に切り捨てることもできない。特に、ことばの獲得の途上にある子どもにとっては、メディアに流通することばも拡充の射程に入る。また、パンフレットの表現そのものは、魅力を伝える表現を学ぶ上で、標準的なモデルでもある。

このように、国語科におけるメディア・リテラシー教育の難しさは、メディアの方法に対する受容と表現との非対称性にある。すなわち、受容の局面では、メディアの方法を理解することとそれを用いてメディア・テクストを読むこととは、メディアをクリティカルにとらえるという目的で一貫する。しかしながら、表現の局面では、クリティカルにとらえたはずのメディアの方法が、自己の表現を構成するために獲得すべき方法でもあり、しかしその方法を活用する以上、その方法にもとづく自己の表現はクリティカルにとらえられるべき対象でもあるのである。インターネットをメディア・リテラシーの学習として扱おうとするなら、メディアの当事者としてそれに参加するということを無視できない。したがって、メディアの方法を理解しそれを活用することを指導するとき、それがどのような力を獲得させることになるのか、だからこそそれをどのようなコミュニケーションを開く力として活用させるのかを見据えておくことが求められるだろう。そうした視点から改めてとらえなおすならば、本実践は別の意義づけが可能であるように思われる。

まず、推薦語彙の収集・分類の活動を取り上げてみよう。ここで児童は、パンフレットに表れた推薦語彙を元の文脈から切り離して、9つのカテゴリーに分類していく。先に説明したように、本実践におけるこの活動のねらいは語彙の拡充である。したがって、パンフレットの推薦の文脈から広告表現の方法を分析しているというわけではない。しかしながらこの作業において発見したことばを語彙としてまとめることによって、観光地の推薦がどのような観点からとらえられているか、また、その結果どのようなステレオタイプが形づくられているかということに、語彙の偏りから気づくことができるかもしれない。その意味でこの活動は、ことばからメディアがどのように現実を構成するかを探る1つの実践的なアイデアとして受けとめることができる。

　では、推敲活動についてはどうか。パンフレットづくりのようなメディア制作の活動では、生活においてこれまで目にしたパンフレットの記憶が、制作のモデルとして多かれ少なかれ影響する。それゆえ、こうした活動はメディアの模倣になりやすい。しかし本実践の場合、たしかにパンフレットづくりが活動のゴールには置かれているが、あくまでも児童の遠足の体験を基盤に置き、そこから見出した場所の魅力を伝えるという表現活動の軸で貫かれている。それは、推薦文を説明（事実）と気持ち（意見）といった論理性で支えることに表れている。すなわち、読み手の期待・欲求に適う表現によって説得力を持たせるのではなく、書き手自身の認識をそれに最もよく符合することばで表現・説明する責任を説得力の源泉とするよう促しているということである。このように、語彙力・表現力の発達段階の制約下で、メディアの神話性に安易に流されない表現意識を育むことが、この実践では大切にされていると思われる。

(2) 見えざる読み手を意識する

　森本の実践では、表現する側の5年生と読み手側の4年生との間には、遠足を楽しむという目的が共有されていると想定することができる。しかしながら、公共的なコミュニケーション空間であるインターネットでは、

自己の表現に対する直接の読み手として想定されていない他者が、それを読むということも予想しておくことが求められる。もちろんそうした見えざる読み手をすべて予想することは不可能であるし、仮に予想できたとしても、すべての読み手の欲求に応え得るように表現することもたやすいものではない。にもかかわらず、インターネットでそうした見えざる読み手を想定しなければならないのはなぜか。次にあげる中学校3年生を対象とした笠原正大・黒尾敏の授業は、そうした問いに踏み込むための手がかりとなり得る実践である[3]。

1) 実践のねらい

受け手の置かれた環境を意識した上で、ホームページの情報をその受け手の立場からクリティカルにとらえるとともに、そうした受け手にも確かに伝わる表現を工夫させる学習である。具体的には、音声読み上げソフトを活用して、視覚障碍者がホームページの情報を受けとることの難しさを認識させた上で、バリアフリーの観点から画像主体のホームページの表現を、聞ける表現へと書き換えさせることをねらいとしている。

2) 授業過程の概要

本実践の指導計画は、各時間で到達させたい行動目標の形式で示されている。まずそれを示した後、具体的な授業過程について補足する。

① 自分とは違う視点からインターネット上の情報に触れている他者の存在に気付き、そこには文字や文章の存在も大きく関わってくることを知る。(0.5時間)
② 「見る」ために作られた情報を「聞く」際に生じる問題を体感し、この問題には視覚への依存や書き言葉と話し言葉の違いが影響していることを知る。(0.5時間)
③ 視覚にのみ頼る構成のホームページを批判的に分析し、問題点を指摘することができる。(0.5時間)

④ 「聞く」ことを重視した情報の発信について考え、実際に聞きやすいページを書き上げることができる。(0.5時間)
⑤ 他者の書いたページを比較して分析し、さまざまなページを批判的に読解する力を養う。(0.5時間)
⑥ 情報を発信する立場に立ってバリアフリーを意識した発信に努める姿勢を身につける。(0.5時間)

　第1時では、まずインターネット上の新聞社のホームページを読み上げソフトに読ませ、それに対する印象を持たせるとともに、それが視覚障碍者のために開発されたソフトであることを知らせる。次に、画像のみで作成されたページをソフトに読み上げさせ、画像では情報が読み上げられないために、ホームページの内容が理解できないことに気づかせている。この導入の後、教師が作成した学校紹介のホームページをソフトに読み上げさせる。このホームページは、学校を紹介した3枚の写真に、20～30字程度の簡単な説明が付されている。そして、それが理解しにくい理由をその表現・説明のされ方から考えさせ、聞いてわかる文章づくりのポイントをまとめている。

　第2時では、前時の気づきを踏まえて、ホームページの文章を考えさせている。学校紹介のホームページを作成することを目的に、3枚の写真の内容が聞いただけでわかるように文章を加えるという活動である。ここでは前時のホームページよりも説明が難しいと思われる写真が学習材となっている。文章化が終わった段階で相互交流を行う。個々に作成した文章をグループで朗読しあい、最もわかりやすいものを選ばせている。そして選んだ文章は、グループでさらに訂正を加えて完成させている。

　第3時は、グループの代表作の交流である。グループでの書き換えにおいてどのような視点や留意点をもって活動したかを解説した上で、ソフトに作品を読み上げさせる。また、それぞれの作品については、ワークシートに評価・感想を書き込ませている。その後、読み上げソフト用の新聞社のページや鉄道会社の時刻表などをソフトに読ませ、インターネットの現

状を示した後、次のように授業を締めくくっている。

　　これからみなさんがインターネットで情報を収集しようとするときに、いったい誰が「聞く」ことに気を配って情報を発信しているのか、考えてみてください。あちらは気を遣っている、こちらは全く気にとめていない。では、それはなぜなのか。情報を発信するときに、どのような意識から「見る」ことだけを考えたページを作っているのか。これは、インターネットで交わされる情報を判断して読み解くための、一つの大事な観点です。

3）実践の特色とその発展性

　平成20年版の学習指導要領では、図表を活用する言語活動例が示され、言語・非言語情報とを関連づける力を育てることが位置づけられている。本実践の意図は、読み上げソフトの活用が話しことばと書きことばとの相違に気づくためのしかけであったが、むしろ「聞く」ということを媒介にして、文章表現と図表を活用した表現との相違を考えさせる実践だととらえることも可能であろう。

　たとえば、写真と短い説明からなるホームページを文章で書き表す第2時では、次のような教室の声が記録されている。

　　「この形は説明しようがない」「大体、これは何を表している形なんだ」
　　「これは、書けない」「不思議な形…でいいや」
　　「アグレッシブだよ。アグレッシブな形」
　　「先生、この像の名前は何でしたか？」
　　「これ（材質は）何でできてるんですか？」
　　「形の説明だけでなく、学校の活動の説明も入れていいんですか？」

　こうした活動時の生徒の思考は、文章で説明すべき何を写真で伝えているか、あるいは説明できないからこそ写真を活用しているのではないか、

形では説明できないとすれば何によって説明できるだろうかというように、文章に書き換えることが、逆にホームページが図表をどう活用しているのかを考える契機となっている。このような吟味を促すメディア学習材の発掘とそれを生かした授業の着想が、まず指摘できる特色である。

　ところで本実践については、編者である芳野菊子が次のように評している[4]。

　　　この単元の特色は、単なるインターネットの活用という域から一歩
　　進んで、相手の立場を思いやって表現するという、言語教育を通して
　　の人間教育の核心に迫る高度な内容を擁している点にある。
　　　画像も含めての伝達機能をもつホームページを、視覚障害者への伝
　　達を想定して、音声言語に置き換える活動を柱としている。
　　　視覚障害者でない生徒にとって、画像のないホームページは想像し
　　にくい。そこで、最初から視覚障害者の立場で情報に接する場面を体
　　験させる工夫は、ねらいの核心に生徒を導き入れる効果がある。

「相手の立場を思いや」るということは、たんに情報の発信者が想定する読み手を意識するというだけのことではない。というのも1でも概観したように、インターネットは誰もがコミュニケーションに参加することを可能にする技術である。たとえば、本実践において写真と文章とを組み合わせたテクストを発信できることも、インターネットの通信技術の発展が支えている。しかしその利便性を享受し、技術が可能にする表現形式に合わせて情報を構成することは、本実践が問題にしているように、その技術的設計の外側にいる者をコミュニケーションから結果的に排除してしまうといったことにつながりかねない。逆に、技術によって囲い込まれたコミュニティにおける発言のつもりが、当の技術によって予想外の者に接続されていることに気づかないといったこともある。このようにメディアの技術をたんなる機器操作の方法としてではなく、それがどのようなコミュニケーションを可能にし構成するのかという点から理解させることは、インターネッ

トのメディア・リテラシーを扱う上で、特に重要になってくる視点であろう。
　しかし、ここで注意しなければならないのは、そうした技術に自己の行為を適合させていくという志向性によって、メディアのテクノロジーが社会や人間の行動を変容・規定するという技術決定論に陥ってしまうことである。本実践では、最後の教師のまとめからもわかるように、バリアフリーのコミュニケーションをどう生み出すかという目的意識が活動の基盤にある。その志向性こそが、この実践がメディア・リテラシー教育だと言える所以である。インターネットの技術は、生活を利便的なものにした。しかしながら、だからそのリテラシーを習得してその利便性を最大限に活用できるようになるということがメディア・リテラシー教育の目的ではない。むしろその利便性の意味を問う姿勢とその問いを追究できるリテラシー能力を育てることにその目的がある。そして、その利便性がコミュニケーションに関わることであってみれば、国語科においてのその問いは、インターネットにおいてどのようなコミュニケーションを図るかという問いにほかならないであろう。

(3) 他者と関わり、コミュニケーションを開く

　笠原らの実践は、ホームページのコンテンツが学習の対象となっている。したがって、見えざる多様な読み手を意識するとは言っても、その意識を踏まえた情報を構成し発信することまでが活動のゴールである。しかしながらインターネットでは、進行中の双方向的なやりとりに参加し、そこで多様な他者とのつながりを構築しながら対話や議論することも求められる。では、そのつながりとはどのようなものであり、それを踏まえてどのようにコミュニケーションを展開していけばよいのか。次に取り上げる中学校1年生を対象とした上田祐二・成田麻友子の授業は、その課題に取り組もうとした実践である[5]。

1) 実践のねらい

　本実践は、BBSに投稿する活動を通して、インターネットにおける発

言の文脈をとらえながら、そこでのコミュニケーションが展開するような発言の仕方を学習することがねらいとされている。具体的に3つの目標が立てられている。1つめは、BBSは不特定多数の発言が集まる場であり、したがって相手の立場を意識して発言することが重要になるといったインターネットにおけるコミュニケーションの特色を理解することである。2つめは、他者が発言を理解し判断するに足る適切な情報を示したり、先行するログに関連づけて発言するといった、BBSでの議論の深め方を理解することである。そして3つめは、そうした理解を踏まえて、実際にBBSにおいて議論を深めることができることである。

2) 授業過程の概要

全2時間の授業である。以下、学習指導案の展開を示す。

第1時

① インターネットが情報収集の手段であることに関心を持つ。
② BBSでの発言の様子をおおまかに把握し、学習課題（BBSでの情報のやりとりがどういうものなのかを学ぼう）を持つ。
③ BBSでの発言を体験する。
　質問1：「最近、勉強でも部活でも失敗ばかりで落ち込んでいます。明るい気持ちになれることって何かないですか？」
　質問2：「夏休みに広島に住んでいるいとこが、旭川に遊びに来ることになりました。北海道は初めてなので、どこかに連れて行ってあげたいと思います。どこに連れて行くといいですか。」
　質問3：「今度、友達が遠くに引っ越すことになりました。何か記念になるものを贈りたいのですが、何がいいか迷っています。みなさんならどんなものをもらったらうれしいですか。」
④ BBSでの発言を振り返り、適切に情報を示すことの重要性を理解する。

第 2 時
① 前時の振り返りと本時の課題（読み手にとって必要な情報が加わると、情報がうまく集まるか、試してみよう）を把握する。
② 前時の質問 2 について、続きのやりとりをする。
③ よい発言の仕方を考える。
④ 前時の質問 3 に対するベストアンサーを書く。
⑤ 相手の立場に立って発言することの重要性を理解する。

　第 1 時ではまず、楽しい雰囲気で展開する BBS のスレッドと、冷淡な発言が連なるスレッドの 2 つを示した上で、なぜ発言がうまく展開しないことがあるのかという疑問を持たせ、BBS で発言する活動に対する学習動機を持たせている。次に、発言のしやすさに差がある 3 つの質問に対して、それぞれ回答を書かせている。なお、本実践では実際のインターネット上にある BBS は利用していない。生徒は紙に書いた発言を大学生のアシスタントに手渡し、大学生が BBS 風にレイアウトされたワープロのページに発言を書き込み、その画面を生徒の端末に表示するといった方法がとられている。その活動の後、BBS の発言を振り返り、質問 2、3 のように相手の立場を踏まえる必要のある質問については発言がしにくいことに気づかせている。

　第 2 時ではまず、前時の気づきを踏まえて、質問者の立場が推察できる情報があれば BBS に情報がうまく集まるのかという疑問を持たせている。その後、質問者が年齢や交通手段などの情報を追加する発言をしたという設定で、②の活動に入っている。第 1 時では、発言時間の指示のみで生徒には自由に発言させているが、ここでは 5 名の発言が表示された時点で活動を止め、そのつどログを振り返って次にどう発言するかを考えさせている。その意図は、質問者が情報を十分に提供すればよいというものではなく、質問に対する生徒の回答の仕方によって生産的なスレッドへと展開するかどうかが変わるということに気づかせるためである。活動の後、BBS を振り返って、質問者にとって最も有益な回答はどれかを選ばせ、その発

言の良い点を考えさせている。なお、⑤の展開は、時間の関係から当日の授業では扱われなかった。

3）実践の特色とその発展性

　本実践においてインターネットは、特殊なコミュニケーション空間だとはとらえられていない。むしろ、合意形成に向けて協同的に議論するという志向性において「話すこと・聞くこと」における指導内容を共有すると考えられている。たしかに、この学習で生徒が認識した「適切な情報を示して質問する」「根拠を示して簡潔に回答する」「相手の立場に立って発言する」という3つの発言の仕方は、インターネットに限ったものではない。本実践の特色は、そうした認識を、「BBSに発言する→ログの展開を読む→次の展開の仕方を生徒間で相談する→相談を踏まえてBBSに発言する」といった活動のサイクルによって、コミュニケーションが展開するように発言の仕方を工夫させるなかで発見させようとしている点にある。こうした、いわゆるストップモーション方式で生徒に思考を促しながら学習を展開することができたのは、発言がログとして記録・表示されるBBSの学習材としての利点であろう。

　とは言え、インターネットにおける議論が、対面による話し合いと同じものだとも言えない。というのも、生徒にとってBBSは、質問者と回答者である個々の生徒との対話としてまず現れる。しかしながらその発言は、BBSに表示された瞬間、スレッドとして展開し始める。第1時の活動では、思いついた発言をそのまま投稿しており、先行する発言に関連づけたものはあまり見られなかったと報告されている。このことは、生徒の意識においては、おそらく質問に対する自己のアイディアを回答として投稿するところで終わる活動として受けとめられていたからであろう。それに対して第2時の発言活動では、教師が他の発言者に対する同意、補足、質問などの発言も有効であると助言したところ、生徒も他の発言に対する同意や質問を発言するようになっている。前時の活動がそのように受けとめられていたがゆえに教師の促しが必要だったのであろう。しかしながら

少なくともその促しによって、生徒はBBSを、単発的な発言が集積される場所から、発言が連なり展開する場として意識し始め、そこでのコミュニケーションを展開させるように発言を工夫し始めたと解釈することも可能であると思われる[6]。

　このように、コミュニケーションに向かう個人の意識と、実際に構成されるコミュニケーションとにずれが生じるといったことは、インターネット上ではしばしば起こり得る。そしてそれは、BBSのようなメディアがそれを生み出しているのである。本実践の場合、BBSは生徒の発言を投稿順に表示するという仕組みであった。その技術は必ずしも円滑なコミュニケーションを構成するものではない。したがって、それに参加し、その発言の連鎖を有益なコミュニケーションへと展開させるように発言することは発言者の責任であり、それゆえインターネットのメディア・リテラシーとして身につけさせたい能力であると考えられる。本実践は、そうした課題にアプローチしたところにその特色がある。

　しかしながら、そうした展開力はたんに理性的で合理的な発言をするといったことではない。本実践において、相手の立場に立って発言するということは、質問者の希望に適う情報を提供するために、その状況を推察したり、実際に質問者に対して尋ねてみるという発言として表れている。しかしながら、そもそも質問者のために有益な情報を提供したい、そういった相互に助け合う関係を他者と結びたい、そしてそうした楽しみをインターネットのコミュニケーションに参加することに見出そうとする意識に支えられなければ、そのような発言は生み出されてこないのではないか。本実践第2時の⑤に準備されていた展開は、そうしたコミュニケーション意識に踏み込もうとしている。そこでは、第1時の導入で示されたBBSの事例が再び取り上げられる。そのスレッドでは当初、質問に対する冷淡な発言が見られていたが、その後の展開で質問者の事情が明らかになると、親切な助言が連なり始め、スレッドが温かな雰囲気に変化していることが表れている。こうした事例を用いて、発言内容の適切さや論理的な説得力だけでなく、他者と協同的な関係を構築し、ともに問題解決を図ろう

とする意識が、よいコミュニケーションを支えるのだということを理解することが構想されている。

3. 授業づくりのヒントと、今後に向けた課題・展望

　これからのインターネットを扱うメディア・リテラシーの授業においては、インターネットを通したコミュニケーションという視点から、インターネットにおけるコミュニケーションという視点へと転換し、そこでの情報・ことばを見つめさせていくことが求められる。たとえばOECDは、2009（平成21）年のPISA調査以降、デジタル読解力の調査をオプションとして追加した。その公開問題の1つに「手助けしたい」（IWANTTOHELP）という設問がある[7]。そこにはボランティアを始めたいという決意を書いたマイカのブログに向けてコメントを書くという問いが立てられている。この出題では、ブログ内に設けられている「このサイトについて」というページや、ボランティアに関する情報提供をしている外部サイトの情報を関連づけて、マイカに適した募集を選び、理由を添えてアドバイスすることが求められている。

　このようにPISAでは、インターネットにおけるテクストを、独立して存在してはいるが関連づけの可能性をもった複合型テクスト（multiple texts）ととらえ、そこにあるさまざまな形式のテクスト群を横断的に読むことを求めている[8]。しかしながら、これはたんに情報リテラシーを身につければよいという問題でもなければ、外部からインターネットの情報をどう読み解くかという問題でもない。

　この問いでは、「このサイトについて」に記されたウェブデザインの仕事につきたいというマイカの将来への希望を関連づけて、グラフィック・アーティストの募集を薦めるといった解答例が示されている。たしかにこの解答は、いくつかのテクストを複合的にとらえてマイカに最適な情報を構成している。しかしそれと同時に、デザイナーを目指すマイカとボランティアに参加したいマイカとを重ね合わせて、マイカという人物像を構成

してもいるのである。ではマイカ自身はどうか。「昨年、私が短期のボランティアを何回かしたの覚えているかもしれないね」という文面から推測すると、おそらくブログ開設時に書いたであろう「このサイトについて」と、1月1日のボランティアの決意を語る文章とには時間差があったはずである。したがってマイカは、必ずしもボランティアの決意を語った時点で、それをデザインの仕事と結びつけて考えているかどうかはわからない。

　このように複合型テクストは、裏返して言えば、断片化されたテクストがインターネットを漂流しているということでもある。すなわち情報の受け手がそれらを関連づけることによって多様な複合型テクストが構成されるのである。そのことは逆に、情報の送り手にとっては、自己の情報が読み手による複合化しだいで多様に受け取られる可能性を持つということでもある。したがってインターネットのメディア・リテラシーの授業においては、受け手の側に立たせる場合、インターネットの情報そのものだけでなく、それを複合化する自己の読み解きの文脈についてもクリティカルにとらえていくことが必要になる。また送り手の側に立たせる場合には、そのように多元的に受け取られる可能性を踏まえながら、自己の発信することばをクリティカルにとらえるとともに、その上でどのようなことばを発信するのかを決断していくことが求められるだろう。そしてさらにその決断は、情報を発信し交流する他者とどのような関係を構築したいのかという目的にも関わる。たとえば、ここでマイカに対してグラフィック・アーティストのボランティアを薦めることを選べるのは、有益な情報を提供し合い、そのことによって良好なつながりを構築したいという協同性への志向が、このブログの参加者の間で共有されていると期待するからである。このようにインターネットをどのようなコミュニケーション空間ないしとして構築すればよいのかという問いを持たせながら、そこで構成されようとしているコミュニケーションをクリティカルに問いなおすとともに、そこでの情報を読み解き、発信していく態度・技能を育てていくことも必要であろう。

おわりに

　インターネットがどのようなコミュニケーションを開く技術となり得るかということは、まだ過渡的な状況にあると言ってよい。しかし少なくとも、インターネットを基盤とした社会に参画する主体を育てる上で、そこに生きるコミュニケーション能力を育むことは国語科の重要な役割であろう。したがって、変容するインターネットというメディアにたえず注意を払い、そこにどのようなコミュニケーションを構成する可能性があるのかをクリティカルに問い続けていく私たち自身のメディア・リテラシーの力が求められている。おそらくそこから国語科におけるインターネットの新たな実践は生み出されるものと思われる。

註
1) 砂川誠司（2010.12）「「参加型文化」論からみたメディア・リテラシー教育の提唱－Henry Jenkins（2009）Confronting the Challenges of Particitatory Cultureを中心に－」『広島大学大学院教育学研究科紀要　第2部』59、石田喜美（2013.3）「メディア・リテラシー教育における倫理的側面－The GoodPlay Project & Project New Media Literacies（2011）Our Space を手がかりとして－」全国大学国語教育学会『国語科教育』73
2) 森本敦子（2008）「推薦語彙を活用してパンフレットを作ろう－推薦語彙を編集し、文章を推敲する－」井上一郎『コンピュータを活用した国語力の育成』明治図書、pp.63-68
3) 笠原正大・黒尾敏（2003）「聞いてわかるホームページ－バリアフリーの観点に基づく、ホームページの批判的読解と書き換え（中3）－」芳野菊子『国語科メディア教育への挑戦　第4巻　中学・高校編』明治図書、pp.163-182
4) 前掲書、p.238
5) 上田祐二・成田麻友子（2012）「国語科におけるネットワーク・コミュニケーションの指導－BBSでの発言の仕方を考える学習の一事例－」北海道教育大学旭川校国語国文学会『旭川国文』25
6) この点については、以下で考察されている。上田祐二（2014）「国語科におけるネットワーク・コミュニケーションの指導－BBSにおける学習者の参加意識の検討－」北海道教育大学旭川校国語国文学会『旭川国文』27

7) PISA : examples of computer-based items（http://erasq.acer.edu.au/　2015 年 4 月 13 日現在閲覧可）
8) OECD（2009）*PISA 2009 Assessment Framework - Key competencies in reading, mathematics and science*（http://www.oecd.org/pisa/pisaproducts/　2015 年 4 月 13 日現在閲覧可）

第7章
携帯電話／タブレット端末を扱った授業実践
―参加型文化に生きるための言葉を育む―

石田　喜美

はじめに

(1) パーソナル・メディアの現在―親密圏から公共圏へ

　現代を生きる生徒たちにとって、携帯電話やタブレット端末などのモバイル・メディアは日常生活やそこで営まれる人間関係と切り離すことのできない、切実なパーソナル・メディアである。それらは思考や感情、アイデンティティの一部を形成しており、そのことは、「ケータイ依存」「スマホ依存」の若者たちの存在によって象徴的に示されている。一方、ソーシャル・メディア（2.参照）の使用に端的に示されるように、それらは見知らぬ他者との間にコミュニティをつくりだし、公共圏（publics）[1] へと生徒たちを誘う存在でもある。浅野（2011）は、趣味縁[2] と公共性との関係性について考察している。趣味とは一般的に、親密な関係の人々たちの間だけで行われる閉鎖的なもの、個人的なものであると捉えられがちであるが、本書では趣味を通じて構築された集団を通して、個人が公共的空間（public space あるいは public sphere）[1] へと開かれ、社会へと参加していく可能性が示されている。携帯電話やタブレット端末によって、生徒たちは、より広大な世界におけるコミュニティに参加することができる。趣味や興味・関心などを仲立ちにしてグローバルに形成されるこれらのコミュニティは、生徒たちの社会参加を促すきっかけとなりうる。

　このように携帯電話・タブレット端末は主に親密圏において使用される

メディアでありながら、そこには公共圏とのつながりが不可分なかたちで存在している。そのため、私的で個人的なものと捉えられていたはずの情報が、ある日突然、公共のまなざしに晒されることもあるし、その逆もありうる。つまり問題となるのは、そのような親密圏と公共圏とが不可分な状況の中で、どのような言葉を用いることができるのかという問題である。

以下、携帯電話・タブレット端末を扱った3つの授業実践を紹介する。これらの実践はいずれもアプローチは異なるが、親密圏と公共圏とが複雑に入り組んだ状況の中でどのような言葉の力を育むかという問いに取り組んでいる。

2. 未来に生きる授業実践

(1) 公共圏に参加するためのリテラシーを学習する―「ケータイ小説の書き方ワークショップ」―

携帯電話を扱った国語科の授業実践を考えるうえで欠かせないもののひとつに、「ケータイ小説」がある。「ケータイ小説」とは、携帯電話で執筆・閲覧される小説を意味する。毎日新聞社と全国学校図書館協議会（JSLA）が共同でまとめた「第54回学校読書調査」によれば、ケータイ小説を読んだ経験のある生徒の割合は、中学女子で75％、高校女子になると86％に上る[3]。このように、ケータイ小説は、特に女子中高生にとってもっとも身近なメディアのひとつである。そのため、国語科においても、ケータイ小説のこのような特徴に着目し、これを教材化しようとする試みが行われてきた。ここでは、特に、メディア・リテラシーの視点から意義のある学習の場づくりを行った実践として、岡崎市立中央図書館の「ケータイ小説の書き方ワークショップ」[4]を紹介する。

本実践の概要は下記のとおりである。なお、参加者はインターネットに接続可能な携帯電話と筆記用具の持参を求められていた。

①実践名：ケータイ小説の書き方ワークショップ
②日　　時：平成19年（2007）11月4日　14：00〜16：00（2時間）
③会　　場：岡崎市立中央図書館・会議室
④講　　師：鎌田真樹子、森川美樹、中田美華（株式会社魔法のｉらんど）
⑤参加者：12名（うち10代の参加者3名）

　本実践の大きな特徴のひとつとして、株式会社魔法のｉらんどのスタッフが講師を勤めているという点を挙げることができよう。「魔法のｉらんど」とは、平成11（1999）年12月に始動した、誰もが無料でホームページを作成できるインターネット・サービスである。平成11（1999）年2月に、株式会社NTTドコモがインターネット接続サービス「ｉモード」を開始したのちすぐにサービスを展開し、パソコンだけでなく携帯電話からも自由にホームページを作成できることから反響を呼んだ。「魔法のｉランド」では、「ホームページでの豊かな自己表現に加え、ブログ、掲示板、プロフィールなど30種類以上の機能を提供」しており、ケータイ小説もこれらの作品のひとつとして生み出されたものである[5]。特に、「魔法のｉランド」は、携帯電話によるサービスを主眼に置いていたこと、ケータイ小説におけるヒット作品のひとつ『恋空』を生み出す母胎となったことから、ケータイ小説の草分け的存在として紹介されることも多い。つまり本実践では、中高生たちにケータイ小説という表現の場を与えてきた「仕掛け人」が講師となり、これまでケータイ小説の「書き手」となった経験のない参加者が、ケータイ小説の「書き手」となるために必要な言葉を育む場を提供している。
　では、ケータイ小説の「仕掛け人」たちは、ケータイ小説の「書き手」となるために必要な言葉をどのように捉え、どのような学習の場を参加者に提供したのだろうか。以下、表1に、本実践の流れを示す。

表 1 本実践の流れ[6]

1	魔法のiらんどの概要	①魔法の図書館→100万タイトル以上
		②ケータイ小説の可能性 ケータイ小説は甲子園？ 150万部のベストセラー
		③魔法のiらんどとは？ アイポリスとは？
2	ケータイ小説を書く前に必要な知識	④インターネット上に公開されているということ（公衆送信 メディアとしての自覚）
		⑤文章力と書きたい気持ち＋HPの運用センスが必要
		⑥HP管理者10ケ条
		⑦クリエーターとしての知識（権利侵害行為を犯さない、自分の著作権を守る）
3	ケータイ小説のサイトを作ってみよう 魔法のiらんどのページ作成（実習）	⑧ランキングをみて、最近の上位の作品を閲覧
		⑨ID取得、ケータイでホームページを創ってみる
		⑩ホームページ作成、そしてbook機能を設定
		⑪タイトル　本棚　レビュー
		⑫表紙、趣旨の書き方
		⑬ケータイ小説の書き方 ケータイ小説ならではの特徴・注意点

4	ケータイ小説サイト運営の注意	⑭レビュー 掲示板管理
		⑮ランキングにあがってきたら
		⑯ランキングサイトへの登録
		⑰宣伝行為のマナー
		⑱批評と悪口の区別
		⑲共感、感動！
5	まとめ	まとめ

　表1に見られるように、本実践では、はじめに、ケータイ小説を書きはじめる際に必要な知識（2: ケータイ小説を書く前に必要な知識）が参加者に提示されたのちに、実際に参加者が自らの携帯電話を用いてケータイ小説を執筆できる状態にするまでの設定を行っている（3: ケータイ小説のサイトを作ってみよう　魔法のｉらんどのページ作成（実習））。具体的にここで行われているのは、ID・パスワードの取得、タイトルの決定、小説のジャンルの決定、章立ておよび小説の書き始めである。その後、今度は、ケータイ小説を継続的に運営するために必要な知識として「4: ケータイ小説サイト運営の注意」が提示され、最後に「5: まとめ」として、ケータイ小説の利点およびケータイ小説家たちからのメッセージが提示される。

　本実践において特に重要なのは、ケータイ小説の「書き手」としての児童・生徒の存在に着目するとともに、「書き手」に必要な知識として「文章力と書きたい気持ち＋HPの運用センスが必要」（表1, ⑤）であることを示した点にある。原田によると、本実践の講師は「今までにも、情報モラルやインターネット・リテラシーに関するワークショップを学校などから依頼を受けた経験があった」ものの、ケータイ小説の書き方をテーマとしたワークショップを依頼されるのは初めてであったという。「文章力と書きたい気持ち＋HPの運用センスが必要」はこのような状況の中で生み出された言葉であると推測される。単なるインターネット・リテラシーではなく、携帯電話を通じて作品を発表する「書き手」として必要なリテラ

シーに焦点化し、それを学習する場を提供したところに、本実践の意義がある。

では「文章力と書きたい気持ち＋HPの運用センスが必要」と言ったときの、「HPの運用センス」とはどのようなものだろうか。「4: ケータイ小説サイト運営の注意」には、その具体的な内容が示されているが、ここでは「宣伝行為のマナー」（表1, ⑰）を事例としてとりあげる。「宣伝行為のマナー」として示されたスライドには、注意すべき事項のひとつとして、以下の内容が記載されている。

・宣伝は宣伝用掲示板で！
　他の作家さんのHPを訪れたら、そのHPのルールに従う
　感想を丁寧に書いてあげたほうが、自分の小説も読んでもらえます

「宣伝行為のマナー」ではこのような「マナー」が3点紹介されたあとに、「自分の作品を大事にする＝他の作品を大事にする」という文言が示されている。

これらの「マナー」に共通するのは、相互的な関係性のなかでの役割や、その役割にもとづく責任を強調している点である。自分のHPを訪れた人々に自分の決めたHPのルールを守る責任があるように、他者のHPを訪れた自分にも他者の決めたルールに従う責任がある。自分の小説を読んでほしいのであれば、自分自身も他者の小説を読み丁寧な感想を書く必要がある。これらはすべて、携帯電話を通じてつながるインターネット上の社会において、そこにあるコミュニティや人々と関係性をつくりだすためのリテラシーであるといえる。

インターネット上で形成される相互的な関係性や、そのなかでの役割や責任を学習することは、現代社会におけるメディア・リテラシー学習を考えるうえで重要である。例えば、米国で制作・発行されたメディア・リテラシー学習用のツールキット『私たちのスペース（Our Space）』[7]は、5つのユニット――①参加、②アイデンティティ、③プライバシー、④信用性、

⑤著者であること所有者であること——から構成されている。このうち、①参加のユニットで鍵となる3つの問いのうちのひとつが、「あなたが参加するオンラインのコミュニティにおいてあなたの役割と責任は何か？」というものである。この問いは、児童・生徒自身がインターネット上の人々やコミュニティに肯定的／否定的な影響を与えうるパワーを持つことを前提とし、そのようなパワーを持つ者として、彼らに自身の発言・行動のありかたについて考えさせることを意図している[8]。

　本実践においては、ケータイ小説の「書き手」になる以前の参加者を対象としているため、参加者同士が自らの発言・行動のありかたについて振り返る場は提供されていない。しかし、それにも関わらず、インターネット上で参加者が他の人々やコミュニティと関係を構築していくためのリテラシーを学ぶ場が提供されている。本実践は、まだインターネット上で発言・行動を行ったことのない児童・生徒に対するメディア・リテラシー学習の場の可能性を考えるうえで示唆深い。

（2）自分たちの言葉で公共圏をつくる—「BBSを利用して各自の情報を共有しよう」—

　携帯電話やタブレットなどのモバイル機器が実際にどのように利用されているかを考える際、若者におけるソーシャル・メディアの利用を視野に置くことが必要である。ソーシャル・メディアとは、「インターネットを利用して個人間のコミュニケーションを促進するサービスの総称」[9]で、FacebookやTwitterなどのSNS（ソーシャル・ネットワーク・サービス）、ブログ、BBS（インターネット上の掲示板）などがこれに含まれる。平成23（2011）年版『情報通信白書』によれば、ソーシャル・メディアの利用者は若年層ほど高く、複数利用の割合も若年層ほど多い。10代の若者のうち71.7％がソーシャル・メディアを利用しており、49.7％の若者が現在複数のソーシャル・メディアを利用していると回答している。また、ソーシャル・メディアを主に用いる機器として、10代の半数近くが携帯電話やスマートフォン、タブレットなどのモバイル機器を選択している[10]。も

ちろん、携帯電話やタブレットには様々な機能があり、その使い方は児童・生徒によって異なる。しかしながら、ソーシャル・メディアはそのなかでも重要なひとつと考えられる。

ここではソーシャル・メディアを扱った授業実践として、中学校の「総合的な学習の時間」に行われた、修学旅行の事前調査および事後の情報共有を目的とした実践[11]をとりあげる。

本実践は、中学校の第3学年の生徒たちを対象にした2回分の授業である。1回目は、平成19(2007)年5月に修学旅行の事前調査を目的として行われ、2回目は修学旅行後の7月に、見学地の情報共有を目的として行われている。どちらも会場はコンピュータ室である。

第1回目の授業では、授業の導入部で、本田敏明教授、田崎諭教諭ら10名が情報モラルについてのスレッド（Thread）を設立し、BBSを活用するうえでのルール作成を行った。生徒たちはこれらスレッドへの書き込みを行うかたちで、情報モラルについての話し合いを行った。生徒たちは設立されたスレッドに話し合いたいトピックを記入するとともに（表2「Thread：」）、トピックに対するコメントを記入したり（表2「Res：」）、書かれたコメントに対するコメントを記入する（表2「res：」）ことで話し合いを進めている（表2）。

表2　情報モラルをテーマにしたスレッド[12]

発言	時間	発言者
Thread：相手への気持ちを考えた発言	14：05	生徒B
Res：悪口を書かない	14：07	生徒F
Res：名前をきちんと書く。	14：08	生徒D
res：名前は書いた方がいいの	14：:10	生徒G
res：書きたくないんですけど	14：:11	生徒H
res：HNじゃダメかなぁ	14：13	生徒C

res：とりあえずHNは、だれだか分からないので、名前か出席番号でも入れておく？		14：15	生徒D
res：賛成		14：16	生徒F

　修学旅行後に行われた第2回では、修学旅行においてそれぞれの生徒が見学した観光地についてBBS上での話し合いが行われた。今回の授業において、見学地名（例：龍安寺）ごとのスレッドが設立され、スレッド（見学地名）ごとに「管理人」となる生徒が選出された。「管理人」となった生徒は、司会的な役割を担い、スレッドに参加する生徒たちの発言の促進や対立意見の調整などを行うこととした。表3は、「龍安寺」のスレッドに書き込まれたBBS上の発言を示したものである。
　「ケータイ小説の書き方ワークショップ」においては、講師がインター

表3　龍安寺の情報共有をテーマにしたスレッド[13]

発言者	時間	発言
Aさん	14：53：55	龍安寺について語ろう
Aさん	14：56：09	お寺の庭の15個の石見た人？
Bさん	14：57：10	何で、岩の数が15個なの？
Cさん	14：58：06	は〜い！見たよ！！
Aさん	14：59：02	分かんないケド、15個いっきに見えないんだよ〜
Dさん	15：00：57	何のための岩ですか
Aさん	15：02：31	石を見ながら、考えるみたい。いろいろ。修行？
Eさん	15：03：21	岩ってどんな形ですか・・・？
Aさん	15：05：52	えっ？ふつーの岩みたいな
先生	15：05：53	15個の石は、庭をどちらから眺めても、必ず1個は他の石に隠れて見えない
Fさん	15：08：49	なんで石を15個にしたんだろ？
Cさん	15：11：32	奇数が、よかったみたいよ！

Aさん	15：11：52	私達のグループは、15個いっきに見ました！ちょっとカンド～
Gさん	15：13：43	龍安寺ってどこにあるの？
Hさん	15：15：07	15個見れたんだ！何処から見たの！？
Aさん	15：16：07	金閣寺の近く
Aさん	15：18：57	15個見えるベストポジションは、タクシーの運転手さんに教えてもらったよ

　ネット上で関係を構築する上で必要なリテラシーを提示し、それを学習するための場がつくられていた。これに対し、本実践においては、生徒たちが自ら話し合いをするなかで、自分たちがインターネット上で話し合いを行っていくために必要なリテラシーそのものを互いにつくりあげようとしている。

　特に、国語科でのメディア・リテラシー学習を考えるうえで示唆深いのは、表2に示した「相手への気持ちを考えた発言」についてのやりとりである。本授業実践では、情報モラルについて話し合いを行うことが目的とされていたため、すべてのスレッドにおいて、インターネット上での言葉のありかたについて話し合いがなされていたわけではない。一方で、生徒Dによる「名前をきちんと書く」から始まる一連のやりとりは、本実践によって生徒たちのなかに、メディア・リテラシーに関する言葉の学習が生起していることを示している。

　「相手への気持ちを考えた発言」というテーマに対し、「名前をきちんと書く」という発言がなされたのは、おそらく、匿名掲示板におけるさまざまなトラブルを念頭に置いてのことだろう。しかしこの発言に対して、他の生徒から「書きたくないんですけど」「HNじゃダメかなぁ」といった否定的コメントが寄せられる。これに対して、「名前をきちんと書く」を提案した生徒Dが「とりあえずHNは、だれだか分からないので、名前か出席番号でも入れておく？」と提案し、生徒Fから賛同を得ている。ここでは、①「相手への気持ちを考えた発言」ついて話し合いが行われる

なかでBBSという場においてふさわしい言葉についての学習が生起するとともに、②BBSでの話し合いを通じて、BBS上での話し合いの進め方やそこでの言葉の使い方を、生徒同士でつくりあげようとする様子を見ることができる。本田ほかも、第1回の授業の成果について、「外部から遮断されたネットワーク空間でBBSを疑似体験する事により、生徒が主体的にモラルや新たな学習環境を自ら構築し、行動できた」と述べている。ここから②の学習においては、外部から遮断されたネットワーク空間で疑似的な体験を行うことに意義があることを確認することができる。

　これら第1回の授業で生じた学習は、第2回の授業にも活かされている。特に、第2回の授業では話し合いの司会進行役を務める「管理人」が生徒の中から選出されているが、「管理人」となった生徒（表3：Aさん）は、話し合いを活性化しながら複数の生徒たちとともに、龍安寺についての集合知（collective intelligence）をつくりあげるため、第1回で学習した言葉の用い方を積極的に活用している。「Aさん」は表3のなかで、主に、投げかけられた質問に対して回答する役割を担っているが、単に質問に回答するのではなくそこに質問を重ねることで他の生徒の発言を促したり（「石を見ながら、考えるみたい。いろいろ。修行？」）、「先生」の提起した話題（「15個の石は、庭をどちらから眺めても、必ず1個は他の石に隠れて見えない」）を引き継ぎながらも他の生徒たちが発言しやすいような話題や文体に修正したり（「私たちのグループは、15個いっきに見ました！ちょっとカンド〜！」）している。本田ほかはこの授業において、生徒の多くがふだん携帯電話でのメールのやりとりで用いるような文字表記（「ゎ」「ぢ」「（笑）」等）や絵文字、顔文字を多用していたことを授業の課題として挙げているが、これらの表記は、若者のソーシャル・メディア上でのやりとりにおいても使用されることの多い表記である。つまり、生徒たちは、オフラインの人間関係がすでにある場所でBBSを疑似体験することによって、本来のBBSでも活発なやりとりが生じうるような言葉の使い方—表記の仕方、発言の促し方等—について学習したと言えるだろう。

　ここで重要なのは、生徒たちに安全な場（safety place）を提供し、その

場のなかで話し合いを活発に進めていくためにはどうするべきかを考えさせることで、誹謗中傷の生じにくい状況で発言を行う活動が実現されたことである。様々な事件が示しているように、インターネット上での言動にはリスクが伴う。だからこそ、まず、生徒たちにそれらのリスクから自由な「安全な場」を用意し、その中で、インターネット上で活発なやりとりをするための方法を学習すること、他者とともに情報を持ちより集合知を協働的につくりあげていくための方法を学ぶことに意義がある。

(3) 親密圏と公共圏をつなぐ―携帯写真ワークショップ―

最後に、アクション・リサーチの一環として行われた、携帯写真ワークショップの実践を紹介する[14]。本実践の対象は教諭であり、児童・生徒ではない。しかし、本実践は国語科におけるメディア・リテラシー学習を考える際、重要な示唆を与えるものである。

本実践は、平成21（2009）年6月27日（国語メディア研究会6月例会）と平成21（2009）年8月4日（第72回日本国語教育学科全国大会ワークショップ）に開催された。対象は、中学校・高等学校の教諭、計14名（第1回6名、第2回8名）である。

本実践は、全3段階から成る。第1段階は携帯写真を使った自己紹介を行う段階、第2段階は第1段階で聞き取った自己紹介をもとにした他己紹介とグループ発表を行う段階、第3段階はこれらの活動を踏まえ、携帯電話との関係についてのリフレクションを行う段階である。第1段階において、参加者は自分自身の携帯電話に保存している写真から5枚を選び、それらの写真についてワークシートに「いつ、どこで、何を、どうして」撮影し、誰に送信したのかを記述したのち、参加者同士でペアになり、その内容を相手に伝えあった。聞き手側になった参加者は話し手の話す内容についてメモをとり、質問をするとともに、メモをもとに話し手の人柄を紹介するスピーチ原稿を作成した。これをペアとなった参加者双方が行った。続く第2段階では、第1段階で作成したスピーチ原稿を発表することで、「他己紹介」を行った。第1段階の聞き手が発表する「他己紹介」を

聞いたうえで、紹介された話し手はそれについての感想を述べた。最後の第3段階では、これまでの活動のリフレクションを行うため、「私にとって携帯とは○○である。その心は…。」というまとめをワークシートに記入し、これを発表した。これによって参加者相互に携帯電話というメディアの意味や関係性について話し合うとともに、参加者自身のメディア観を確認した[14]。

　本実践において重要な点は、携帯写真というパーソナル・メディアに着目した点にある。原田大介は従来のマス・メディアを中心としたメディア・リテラシーの視点を「マクロの視点」とし、それに対して学習者相互の人間関係に着目する視点を「ミクロの視点」と呼ぶが[15]、まさに本実践は、「ミクロな視点」に立脚したメディア・リテラシー教育の実践である。本稿の文脈に即して位置づければ、「ケータイ小説の書き方ワークショップ」（2.（1））、「BBSを利用して各自の情報を共有しよう」（2.（2））が、公共圏および公共的空間に参加するためのリテラシーの学習を目的としていたのに対し、本実践は、親密圏での日常的な実践を意味づけるための言葉をつくることによって、親密圏を公共圏へとつなげていこうとする実践である。

　例えば、本実践では第1段階から第2段階にかけて、個人ワーク（第1段階：携帯写真を選び、ワークシートに記入）から始まり、次にペア・ワーク（第1段階：携帯写真を用いた自己紹介）、グループ発表（第2段階：グループで他己紹介を発表）へと、活動に関わるコミュニティの規模が徐々に大きくなるようにデザインされている。当初の個人ワークでは、自分が用いてきた携帯写真をあらためて見直しその中から5枚を選んだうえで、その状況（「いつ、どこで、何を、どうして」撮影し、誰に送信したか）を振り返る活動が行われる。これはまさに、自分自身の親密圏を見つめ直す活動であるといえるだろう。次に、そのようにして選ばれた5枚の携帯写真をひとりの他者に向けて語る活動が行われる。ここでは、5枚の携帯写真をはじめから、自分自身のアイデンティティを意味づけるものとして提示するのではなく、あくまで、写真の内容について言葉で伝えることが求められ

る。聞き手は、語り手によって伝えられた写真の内容をもとに、その人物のアイデンティティを語るような言葉をつくりあげ、第2段階でこれを（グループ発表というかたちで）ワークショップの場全体へと共有していく。こうして、親密圏から生み出されたパーソナルな情報は、ワークショップ参加者によって構成されるひとつの公共圏のなかの情報へと位置づけ直されていく。中村・斉藤は、第2段階でのグループ発表後の感想交流活動の中で、参加者から以下の発言があったことを報告している。

　　中身はおおよそなるほど。一つ、ずれてるところがあって、たしかに家族のコミュニケーションに使う写真があるんですが、それは努力をしてるんです。帰りが遅かったり、出張が多いし、それでメールを送ろうという努力の賜物なんです。（参加者B, No.32）

　親密圏のなかでやりとりされる情報は、多くのコンテクストのなかに埋め込まれ、コンテクストに依存することで意味を成立させている。なぜならば、「公共圏が人びとの＜間＞にある共通の問題への関心によって成立するのに対して、親密圏は具体的な他者の生／生命への配慮・関心によって形成・維持」[16]されているからである。そのため、「見知らぬ一般的な他者」[16]がその情報を解釈しようとするときには、必然的に誤解やズレが生じる。参加者Bによるこの発言は、そのことを示している。

　本実践ではこの感想交流の後、第3段階で「私にとって携帯とは〇〇である。その心は…。」というまとめをワークシートに書き、発表することが求められる。中村・斉藤は参加者によるまとめに見られた気づきを分析し、その中に、①携帯電話と自己との関係性、②自己と他者との関係性、③自己像の再認識という3つのパターンが見られると考察する。これらはすべて自己を起点としている点で共通しているものの、その意味づけ方は参加者により異なる。例えば、同様に①携帯電話と自己との関係性について言及している参加者であっても、ある参加者は記憶に、他の参加者は表現に着目するという現象が見られた[14]。親密圏で用いられることの多い

パーソナル・メディアは、ふだん意識することすらない多大なコンテクストに埋め込まれ、その中で意味をつくりだされる。携帯電話の通信機能だけが意味あるものとして位置づけられることもあれば、検索機能や娯楽機能に焦点化した意味づけがなされることもある。あるいは、「デコ電」のように、モノとしての携帯電話そのものに意味を見出しているものもいるだろう。本実践は、携帯写真に着目したワークショップであるため、主に、保存機能や通信機能の視点から意味づけるコメントが多くみられるが、携帯電話の他の機能に着目した実践を行うことで、また異なる意味づけがなされることも考えられる。

　本実践ではさらに、第3段階終了後、ワークショップ全体の振り返りが行われたが、この振り返りにおいて参加者が語った感想から、参加者が、自分自身が生活する中で構築してきたメディアへの意味づけや情報モラルに対する考え方を捉え直す様子を見ることができる。

　本項の冒頭で述べたように、本実践は児童・生徒を対象としたものではない。中村・斉藤も、本実践は成人の参加者だからこそ成立したワークショップであると述べている。そのため、ここで提示された学習方略および、本実践から見出された知見を踏まえつつ、学校の授業での実践においてはどのようなメディア・リテラシー学習が可能なのかを考えていく必要があるだろう。

3. 授業づくりのヒントと、今後に向けた課題・展望

　加藤哲夫は、現代の社会において「参加型」の議論の方法が必要だと主張している。加藤によれば「近代社会は、大雑把に言えば、声が大きく論理的で理性的な人間が議論の主導権を握る社会」[17]であり、そのような方法でリーダーが決定したことにしたがえばうまくいくと思われていた社会であった。しかし、正しい答えが存在せず、誰もが正しい結論を持っているわけではない現代において、そのような方法はうまく機能しなくなっている。だからこそ、あらゆる人々が当事者として参加していく、参加型の

議論やコミュニケーションが行われる場が必要なのである。ヘンリー・ジェンキンスは「参加型文化」（participatory culture）という概念を提唱しているが[18]、加藤が提唱する場も、「参加型文化」の育まれた場のひとつといえるだろう。

携帯電話やタブレット端末のモバイル機器によって、あらゆる場所から、参加型文化へと参加することが可能になった。そうであるとすれば、国語教育の授業で求められることは、生徒たちにこのような場に参加するための言葉を育むことである。本章で紹介してきた3つの実践事例は、そのような授業をつくるためのヒントを与えてくれる。それらは、以下の2点にまとめることができる。

① 情報モラルの問題を「私」の言葉の問題として捉え直す
② 参加型文化における議論を楽しみ、育むための言葉をつくる

(1) 情報モラルの問題を「私」の言葉の問題として捉え直す

「ケータイ小説の書き方ワークショップ」（2.（1））および携帯写真ワークショップ（2.（3））は、どちらも携帯電話の機能を用いて個人が行う表現をテーマとして扱っている点で共通している。もちろん、それぞれに実践が扱う表現の性質は大きく異なるが、より重要な点は、これらがいずれも、情報モラルを「私」の言葉の問題として捉え直すことを目的としている点である。前者の実践では、これまでにも学校から依頼を受けて、情報モラル等に関する実践を行ってきた講師らが、「ケータイ小説」による表現という視点から、実践を再構築していた。これによって参加者は、「私」の表現をインターネット上で行うことの意味や、それに伴う問題などについて知ることができた。つまり、本実践によって参加者たちは、情報モラルの問題を、「私」が言葉を表現する際に直面する問題として捉え直したのである。後者の実践では、日頃、表現として見られることの少ない携帯写真をあらためて「私」の自己を表現するものとして位置づけなおすことで、携帯電話というメディアの意味を再構築するとともに、携帯電話をめ

ぐる情報モラルの捉え直しが行われていた。

　携帯電話をはじめとするモバイル機器は、「私」という個人の実践と不可分である。だからこそ、情報モラルの問題を、単に、誰かが決めた「ルール」「マナー」として教示するのではなく、「私」の言葉の問題、「私」による表現の問題として考え、捉え直していくことに意義がある。

(2) 参加型文化における議論を楽しみ、育むための言葉をつくる

　情報モラルの問題を「私」の言葉の問題として捉え直すことは、「私」の側から問題を提起し、他者と交渉することで、ともに情報モラルをつくりあげていくことにもつながる。しかし、児童・生徒がそのように自分自身を起点として問題を提起し、自分たちの情報モラルをつくりあげていくためには、他者から危害を加えられる危険のない「安全な場」の中で、参加型文化における議論やコミュニケーションを楽しみつつ、他者とともに問題を解決し、協働して何かをつくりあげていく経験が必要であろう。「BBSを利用して各自の情報を共有しよう」（2（2））の実践は、そのような意味で意義のある実践である。校内限定のBBSを設定し、そこで情報モラルに関するテーマについて議論を行い、協働してひとつの場所に対する集合知をつくりあげる中で、生徒たちは参加型文化における言葉とはどうあるべきかを考え、実際に使用していた。どのような言葉が他者の気軽な発言を促せるのか、発言を促された自分自身の役割や責任は何かなど、この中で生徒たちが考えるべきことは多い。「ケータイ小説の書き方ワークショップ」では、講師から「感想を丁寧に書いてあげたほうが、自分の小説も読んでもらえます」という「マナー」が示されていたが、生徒たちがBBS上の発言に必要な「マナー」として考えるべきことの中にも、おそらくこれと類似したものが存在したであろう。インターネット上に広がる参加型文化に参加し、自らの表現を行っていくために必要な情報モラルは、このようなかたちで接合しうるものである。

　善元幸夫は、「私は、非力な側（マイノリティ）が有利な側（マジョリティ）に同化してしまう〈メルティング・ポット〉でもなく、違うことのよさを

強調し過ぎてしまう〈サラダ・ボール〉でもなく、違いを認め合いつつお互いにうち解け合うなかで共通の新しい文化を、それこそ耕し育てる（culture）ことができないかと思う。それを私はあえて〈メルティング・カルチャー〉と呼びたい」[19]と述べる。参加型文化とは、あらゆる人々が自分自身の文化を大切にしながらも、互いの違いを認め、互いにうち解けあう中で新しい文化をつくりあげようとする〈メルティング・カルチャー〉であるべきだろう。携帯電話やタブレット端末などのモバイル機器を扱う教育は、親密圏と公共圏とが複雑に入り組む社会での言葉の問題を取り扱うが、その問題は、複数の公共圏の共生・共存を可能にする言葉とはどうあるべきか、という問いへとつながっていく。モバイル機器を扱う実践はまだその問いの端緒についたばかりであり、教育実践の側から、このような問題にアプローチするような実践はほとんど行われていない。しかし、モバイル機器が親密圏と公共圏に、さらに公共的世界に関わるメディアである限り、多文化共生の問題を常に考える必要がある。これは携帯電話やタブレット端末を扱う教育実践の今後の課題となるだろう。

註

1) 齋藤純一は「複数形で扱うことができる『公共』」「一定の人びとの間に形成される言論の空間」を「公共圏」と呼び、「単数形で表現されるもの」であり「さまざまな『公共圏』がメディア（出版メディア・電波メディア・電子メディア等）を通じて相互に関係し合う、言説のネットワーキングの総体」を「公共的空間」と呼ぶ。本稿でもこの定義に従ってこれらの用語を使い分けている。齋藤純一（2000）『公共性』岩波書店、p.x

2) 浅野智彦は「趣味縁」について以下のように定義している。「趣味縁とは文字通り趣味によってつながる人間関係のことだ。地域の草野球や市民オーケストラから学生時代の仲間と続けている読書会や勉強会まで。あるいはコミックマーケット（コミケ）に出店する同人誌のサークルから能や歌舞伎を鑑賞するグループまで。趣味を仲立ちにしたつながりにはさまざまなものを考えることができる。」浅野智彦（2011）『趣味縁からはじまる社会参加』、岩波書店、p.38.

3) 国立国会図書館（2008.10）「毎日新聞社と全国学校図書館協議会が第54回学校読書調査の結果概要を発表」、カレントアウェアネス・ポータル、2008-10-31、http://current.ndl.go.jp/node/924/（参照 2015-02-17）。なお、結果の詳細は、

以下を参照。全国 SLA 研究・調査部（2008. 11）、「第 54 回学校読書調査報告」、学校図書館、697、pp.12-36
4) 原田裕子（2008.3）「手探りのヤングアダルトサービス―「ケータイ小説の書き方ワークショップ」を開催して」、みんなの図書館、371、pp.20-28
5) 根岸智幸（2008.2）「魔法のｉらんど（ネットビジネス新流儀　第 3 回）」、アスキーホームページ、2008-02-07、http://ascii.jp/elem/000/099/99023/（参照 2015-02-17）
6) 原田（2008.3）p.22 を改変。註 4) 参照
7) The Good Play Project & Project New Media Literacies（2011）. *Our space: Being a responsible citizen of the digital world*. The GoodPlay Project & Project New Media Literacies, http://www.thegoodproject.org/pdf/Our_Space_full_casebook.pdf（参照 2015-02-17）
8) 石田喜美（2013.3）「メディア・リテラシー教育における倫理的側面―The GoodPlay Project & Project New Media Literacies（2011）Our Space を手がかりとして―」国語科教育、73、pp.15-22
9) 「ソーシャル - メディア」『デジタル大辞泉』より
10) 総務省（2011）『情報通信白書平成 23 年版』、総務省、pp.155-180
11) 本田敏明・田崎諭・坂本みなみ・岡崎直子・駒村千尋・岡野定聡美・新井智恵美・仲田春香（2007.12）「学級内授業における新しい情報技術の位置づけについて―Web2.0 ベースによる BBS の活用」、茨城大学教育実践研究、26、pp.1-15
12) 本田ほか（2007.12）、p.11 をもとに作成。註 11) 参照
13) 本田ほか（2007.12）、p.12 をもとに作成。註 11) 参照
14) 中村純子・斎藤俊則（2010.3）「モバイル・メディアを活用したメディア・リテラシーの学習方略―携帯写真ワークショップの知見から」、教育メディア研究、16（2）、pp.1-16
15) 原田大介（2005.3）「メディア・リテラシー教育に関する一考察―「人間関係の再構築」という視座の導入に向けて」、国語科教育、57、pp.36-43
16) 斎藤（2000）、p.92. 註 1) 参照
17) 加藤哲夫（2002）『市民の日本語―NPO の可能性とコミュニケーション』ひつじ書房、p.5
18) Jenkins, H.（2009）. *Confronting the challenges of participatory culture*. Cambridge, Massachusetts: The MIT Press
19) 善元幸夫（2006.1）「ニューカマーの子どもたちが日本語で語り始めるとき―日本語国際学級で学ぶ自分と世界」、秋田喜代美ほか編、『ことばの教育と学力』、明石書店、p174

参考文献

浅野智彦（2011）『趣味縁からはじまる社会参加』、岩波書店
加藤哲夫（2002）『市民の日本語―NPOの可能性とコミュニケーション』ひつじ書房
齋藤純一（2000）『公共性』、岩波書店
総務省（2011）『情報通信白書平成23年版』、総務省
善元幸夫（2006.1）「ニューカマーの子どもたちが日本語で語り始めるとき―日本語国際学級で学ぶ自分と世界」、秋田喜代美ほか編、『ことばの教育と学力』、明石書店、pp.138-175
石田喜美（2013.3）「メディア・リテラシー教育における倫理的側面―The GoodPlay Project & Project New Media Literacies（2011）Our Space を手がかりとして―」国語科教育、73、pp.15-22
全国SLA研究調査部（2008.11）「第54回学校読書調査報告」、学校図書館、697、pp.12-36
中村純子・斎藤俊則（2010.3）「モバイル・メディアを活用したメディア・リテラシーの学習方略―携帯写真ワークショップの知見から」、教育メディア研究、16（2）、pp.1-16
原田大介（2005.3）「メディア・リテラシー教育に関する一考察―「人間関係の再構築」という視座の導入に向けて」、国語科教育、57、pp.36-43
原田裕子（2008.3）「手探りのヤングアダルトサービス―「ケータイ小説の書き方ワークショップ」を開催して」、みんなの図書館、371、pp.20-28
本田敏明・田崎諭・坂本みなみ・岡崎直子・駒村千尋・岡野定聡美・新井智恵美・仲田春香（2007.12）「学級内授業における新しい情報技術の位置づけについて―Web2.0ベースによるBBSの活用」、茨城大学教育実践研究、26、pp.1-15
Jenkins, H.（2009）. *Confronting the challenges of participatory culture.* Cambridge、Massachusetts: The MIT Press
The GoodPlay Project & Project New Media Literacies（2011）. *Our space: Being a responsible citizen of the digital world.* The GoodPlay Project.; Project New Media Literacies、http://www.thegoodproject.org/pdf/Our_Space_full_casebook.pdf（参照 2014-02-08）
国立国会図書館（2008.10）「毎日新聞社と全国学校図書館協議会が第54回学校読書調査の結果概要を発表」、カレントアウェアネス・ポータル、2008-10-31、http://current.ndl.go.jp/node/924/（参照 2015-02-17）
根岸智幸（2008.2）「魔法のｉらんど（ネットビジネス新流儀　第3回）」、アスキー

ホームページ、2008-02-07、http://ascii.jp/elem/000/099/990231/（参照 2015-02-17）

第 8 章
アニメーションを使った授業実践
―アニメーションをことばの学びに活用する三つの条件―

藤森　裕治

はじめに

（1）アニメーションとは何か

　アニメーション（animation）とは、次のように定義される。
　　画像の位置、形などを少しずつ変えた多数の絵をひとこまずつ写したり、人形の姿勢を少しずつ動かしながらひとこまひとこま撮影して、映写した時に、それらの像が動いているように見せる映画。（小学館『精選版　日本国語大辞典』2006 年より）
　上の定義にある「こま」は、専門的にはフレーム（frame）と呼ばれ、商業用に制作されたアニメーションでは 1 秒間あたり 15 枚ほど準備される。これらが連続して映写されることによって、私たちは観ている画面に動きを感じることができる。
　映像に動きを感じる原理は描画も写真も同じである。だが、一般にアニメーションと呼ばれる映像作品では、ひとつひとつのフレームが制作者の手によって創り出されている。そのため、登場人物の表情や行動、口調や語彙はもとより、背景にある天候から細かな事物のすべてにわたり、制作者自身の意図と意匠に支配されている。このことは、実写の動画でもある程度までは共通するが、実写の場合、情景から人物の挙措動作の細部までを制作者が完全に制御しきることはできない。その意味で、アニメーションは、完全に制作者によって創り出された虚構作品ということができ、作

家が文学作品を「個性的集中」(西尾、1957：49) によって世に出す過程と酷似している。ゆえに、作品に描かれたすべての対象は実体論的な議論 (例えばロケ地や演技者との関係が不可避な議論) から解放され、物語の意味は作品と視聴者との対話的関係の中に生成されることになる。

例えば、『もののけ姫』(1997年、宮崎駿監督、スタジオジブリ) では、主人公のアシタカが重要人物に出会う場面において、以下のように、ことごとく水に関係する情景が制作者によって描き込まれている。

ジコ坊→市場から立ち去る際にため池の水辺を並んで歩く。
エボシ御前→タタラ場の船着き場で対面する。
サンとモロ一族→シシ神の森に入る山麓の濁流を挟んで対面する。
シシ神→シシ神の森の水源地で目撃する。

日本の民俗文化において、神聖な山から流れ出る河川は、神々が人間界に来訪するための通路であり、穢れを除去するための環境システムである。また、海や湖沼、池や井戸は、神や妖怪が住む場として信仰と畏怖の対象だった。日本の文化伝統にこのような基層概念のあることを知るものにとって、出会いの場面における水界の存在は、無造作に配置された点景として見過ごすことはできない。出会いに水の関係することに深い意味の存在を感知した視聴者の目は、実態としての土地や制作者の意匠とは自立した場所にある。彼らは自らの知識・感覚と作品との相互作用として、この作品を経験するのである (藤森、2008)。

(2) アニメーションを使った授業実践のポイント

こうした特徴をもつアニメーションを使って授業実践を構想する場合、そこには大別して二つのアプローチがある。一つは、アニメーションを実際に制作・発表して、かかるメディアがもつ伝達特性や映像に託される意味表象を体験的に知るものである。これは図画工作や美術の活動と部分的にかかわりを持つことになる。

もう一つは、アニメーション作品を鑑賞・分析し、制作者が託そうとした意図や意味を見出すものである。先述したようにこれは文章や作品の読

みの授業に類似する。

　本章では、アニメーションを使って本格的に取り組んだ実践事例を三例紹介し、この種の授業実践の開発と改善にとって求められる視点や課題を、上の二つのアプローチに基づいて展望する。なお、紹介する実践事例は、それぞれ以下に示す条件を満たしていることから選定している。

　第一は、授業を構想・実践する際に、アニメーションでなければ描くことのできない要素とそれに伴う教育内容とが把握されていることである。既に述べたように、アニメーションは制作者によって完全に制御された映像作品である。そのため、架空の生物や情景、物理化学の法則にとらわれない動作などを自在に表現することができる。また、コンマ何秒の単位で映像表現にメッセージを託すことができる。このような特性をもった作品でなければ描くことのできないものが何であるかを捉えることで、アニメーションという表現手段そのものの可能性が見出されよう。

　第二は、未来性をもった授業実践としてアニメーションが活用されていることである。例えば、アニメーションを観るという行為にことばの学びとしての教育内容を付与するとすれば、未来の国語教育は「話すこと・聞くこと」、「書くこと」、「読むこと」に加えて「観ること」という活動領域を持つことになる。また、アニメーションの制作をも国語表現の言語活動とするのなら、映像を「見せること」の教育内容も議論しなければならない。このように、国語教育における既存の教材観や学習観を見直し、未知の状況に対応できる姿勢を育む実践であることが望まれる。

　上の認識にかかわり、第三は、あくまでもことばの学びとしてアニメーションにかかわる実践が目指されていることである。ほとんどのアニメーション作品には、物語性がある。物語性があるということはすなわち、無声の作品であっても、そこに言語化されるべきストーリーとメッセージが埋め込まれていることを意味する。それらが、アニメーションならではの抽象性と具象性をもって視聴者に示されているという認識をもつことが、国語教育という視座から向かうべき学びの基本的位置づけとなろう。

　アニメーションでは、ある価値観や観念を視覚と音声のイメージで表す

ことが自在である。例えば正義と悪、男らしさと女らしさ、昔風と現代風といったイメージを、色彩や事物、背景音楽、人物造型等に託するものがその代表である。こうした作用がどのように生じ、どのようにかかわり、どのような効果を持っているかについて言語的に認識することは、ことばの学びとしてクリティカルに対象を見つめる目を育むであろう。

1．アニメーションを制作する

（1）実践事例の概要
　本事例は、和歌山大学教育学部附属教育実践総合センターと同附属小学校との共同開発実践である。小学校第4学年の学級を対象に、国語科を中心として図画工作科との合同科目として実験的に行われている。
　小学校第4学年の国語科教科書は、現行の教科書会社5社すべてにおいて新美南吉の『ごんぎつね』が採録されている。これを中心的なテクストに据え、物語の一部をアニメーションと実写映像の二種類の手法を用いて表現するという試みである。

（2）問題の所在
　日常、子どもたちはテレビなどのメディアから送られてくる映像がどのような意図や工程で制作されているか顧慮することなく、視聴者としてこれを無批判に受け容れている。アニメーションや実写の映像がどのように編集・加工されて視聴者に届けられているのかを知ることは、メディアから流される映像の影響を受けやすい子どもたちにとって重要である。本事例はアニメーションと実写映像の二種類の表現で『ごんぎつね』の同じ場面を制作し、両者の違いに目を向けさせメディアの特性を考えさせようとしている。子どもたち自らが映像作品を制作してみることによって、日ごろ無意識に受け容れているメディアからの情報がどれほど構成されたものであるかを実感することにつながるだろうと考えたわけである。
　なお、上述したように本事例は国語科を中核にしつつ、図画工作科とも

連繋したものである。アニメーション制作において求められる描画や編集の知識・技能は、図画工作科の教科内容として扱われることになる。

(3) ねらい
〇国語科としてのねらい（豊田・西村、2004：40）
・映像やアニメーションで表現（具体化）していくために物語文中の言葉を手がかりに、心情や情景など場面の様子を読み取ることができる。
・一読者としての第三者的な視点から脱却し、その場の心情を理解できる。
・文章表現と映像やアニメーションで伝えることの違いや伝え方の工夫を知る。
・文章を読みとり、具体化していくための豊かな想像力の育成。
・創作意欲や編集力の向上
〇活動全体のねらい
・グループ活動における強調、協力、役割分担によって個々に責任感を持たせる。
・情報機器の活用能力の向上

(4) 授業展開の実際
1) 事前指導
　動画制作をすることについて予告せず、『ごんぎつね』の読みの学習指導を展開している。内容は、「人物の心情や行動、風景についての描写を手がかりに、場面の移り変わりを読みとる（ibid: 40）」ことを目標に据え、「ごん」と「兵中」の心情変化を−5〜＋5までの尺度で数値化させるものである。授業では心情変化の把握を中心に、図やイラストなどを用いて作品の背景や情景、場面での空間的配置などの理解に努めている。

　上の言語活動を進めながら、動画制作の技能にかかわる特設の学習指導を行っている。その内容は、短編の物語を4コマのイラストにして発表するというものである。学習者は、背景画と人物画とを別々に描いておき、

これをコンピュータ上で合成してデジタル化し、画面に表示させる手法を学んだ。

2) アニメーションの制作

　学習者は「アニメ班」と「実写映像班」とに分かれ、それぞれがチームを組んで『ごんぎつね』の動画作品を作成する。アニメ班には、以下の諸場面を動画として制作する課題が示される。
　　・「ごん」が坂道を駆け上がる場面
　　・いわしを「兵中」の家の軒下に投げ入れる場面
　　・「いわし売り」がリヤカーを引いて来る場面
　本事例では、これらの場面を制作する際に、レイヤー（layer）機能の概念を教示している。レイヤーとは作品の背景・近景・人物等をそれぞれ独立した透明シート（OHPシート）に描き、これらを重ね合わせてアニメーションの一コマに見立てる機能である。

　　　例えば、OHPシートを用いて、1枚目に空や山・森などの遠景の固定物を描き、2枚目には家屋や道・木や草などを描く。3枚目に登場人物を描くこととする。こうして、リアカー（ママ）を引いてくるシーンでは、3枚目の人物の描かれたシートだけを右から左へ少しずつずらしていくと、右から左へリアカーを引いて登場しているように見える。ただし、人間は地上をすべるようには歩かないので、左右の足を変えたり上下したりといった「動作」をつける必要がある。これらを透明のOHPシートを利用して説明することで理解を促した。（ibid：41）

　学習者は遠景・近景・人物等ごとにシートの制作を分担し、普通紙に線画で描いた下絵を一枚ずつOHPシートに描き写す。OHPシートの線画はイメージスキャナを用いて画像のデータファイルに変換され、コンピュータの画像処理ソフトウエア上で彩色や加工が施される。ここで、全体の絵柄や雰囲気の統一が図られる。

こうして元画像データがそろうと、画像処理ソフトウエアのレイヤー機能によって、それぞれの画像を重ね合わせた一枚の絵が完成する。これを映像編集ソフトウエアのタイムライン（映画フィルムのようなもの）に順番に並べ、台詞や効果音を加えるとアニメーションが完成する。

3）アニメーション制作にかかわった学習者の反応
　さまざまな手続きを経て制作されたアニメーションの試写会が行われる。時間をかけてアニメ制作に取り組んできた学習者は、異口同音に「日頃何気なく見ているテレビアニメがこのようにして作られているなんて思ってもみなかった（ibid：41）」と驚きを示している。
　本事例では、動画作品の作成途中でアニメ班と実写映像班が集まり、互いの作品を視聴し合う活動を取り入れている。それぞれの作品制作の共通点や相違点、表現方法や効果などについて話し合うことを目的に、制作過程や苦心・工夫した点を紹介し合う。以下に、実写映像とアニメーションの特徴について学習者から出された感想・意見を引用する。

　■実写映像について
　・何回でも撮り直しができる。
　・人が体を使って実際にやるので、動きがリアルになる。
　・実際の人物の方が本当の表情や動作ができる。
　・劇の方が、（注：アニメより）気持ちが伝わるし、わかりやすい。
　・撮る場所とか選べるし、本物を使ってできる。
　・大きな声とか出したり、セリフで気持ちを表しやすい。
　・何もしなくても立体的（注：な映像が撮影できる）。
　・一度塗り間違えたら直すのが大変（大道具や小道具など）。
　・実際に大道具や小道具を作るのは、おもしろそうだけど大変そう。
　・劇をするとき動きやセリフを言うのがちょっと恥ずかしい。
　・本を見たままできないし、緊張するしプレッシャーを感じる。
　■アニメについて

- 大きな道具などを作らなくてもできる。
- いろんなことがマウスをクリックするだけで簡単にできる。
- パソコンだと絵の大きさとか自由に変えられる。
- 色を変えるとかでも簡単にできるし、鮮やか。
- 変なところは簡単に消せる。
- 普通なら動作でできないことでもできるように作れる。
- コンピュータだと一度描いたものをコピーして使っていける。
- 恥ずかしがらないでマイペースでできる。
- 声（アフレコ）だけなら、よけいなプレッシャーがあまりかからない。練習も少なくて済む。
- 立体的にするのは難しそう。
- 人の表情とか動作をうまく表すのが難しそう。
- ずれたりしないで描くのが大変そう。
- 吹き込んでも、大きな声はきれいに出ない。(ibid：43)

4）活動の評価

　本事例では、学習活動の評価について特に細かな観点を設けず、「常に個別の活動の様子を把握し、文章表現による的確な評価を行うことに努めた（ibid：43）」とある。教師が個別の様子を把握するために、学習者は毎時間、「自己評価シート」に以下の諸項目を記入している。

　　本日の活動履歴、反省点、次回の活動の展望

　このうち活動履歴には、誰とどのような活動をしたのか、級友の活動を見て自分の活動をどう位置づけ評価するのかなどについて記すように指示が出され、教師による学習状況把握の参考に供されている。客観テストや到達度アンケートなどによる数値化はなされていない。

(5) 本事例から示唆されるもの
1) 小学生のコンピュータ・スキル

　学習者は、レイヤーの機能を用いて作ったセル画（アニメーションの原画）をもとに、スキャナー、画像処理ソフトウエア、映像編集ソフトウエアを駆使して作品を制作している。この間、教師は誰が何の役割を分担するか明確になるようにし、責任の自覚を持たせることに努めている。本事例からうかがわれるように、コンピュータ・ソフトウエアの操作に対する学習者のスキルは非常に高い。ただし、高いコンピュータ・スキルは、ややもすると活動への関心を機器操作の利便性に向かわせすぎてしまうおそれがある。前ページに示した学習者の感想・意見を通覧すると、「いろんなことがマウスをクリックするだけで簡単にできる。パソコンだと絵の大きさとか自由に変えられる。コンピュータだと一度描いたものをコピーして使っていける」といった声が寄せられている。このような声の多いことに鑑みると、コンピュータを用いた作業の簡便さをアニメーション制作の特長と誤解してしまうことへの配慮が自覚される。

2) 創作するために「読む」という営み

　本事例では、「映像として表現するために何回も何回も文を読んだ」と記した子どもが何人もいたこと、「自ら読み、内容に関して意見を交わす」学習場面が自然に見られたことなどが成果に挙げられている（ibid：44）。すなわち、映像表現を制作する活動が学習者を刺激して、文学的文章を読む活動を主体的なものにしているのである。

　その際、本事例の報告には明示されていないが、アニメーション制作で用いたレイヤーの機能は、物語の構造を把握する上で非常に意義ある要素と言えよう。なぜなら、遠景・近景・登場人物という三つの階層で一つのセル画のフレームを仕上げるという視覚的作業は、そのまま物語世界の構造認識に連動するからである。学習者は、遠景、近景、登場人物の順に、物語展開に応じて読み取った内容をシートに反映させる。この作業をすることによって、ひとまとまりの物語場面がどの範囲であり（遠景）、そこ

で織りなされる出来事や登場人物の心情がどのようなものであるか（近景と登場人物）を理解する。それらは重ね合わせられることによって一つの作品世界をなし、全体として一定の雰囲気をもった色彩表現で統制される。こうした作業は、実はそのまま『ごんぎつね』の読書体験となっていることに注意したい。子どもたちは、アニメーション制作という活動を通して、読むという行為を視覚的に経験しているのである。

2. 長編アニメーション作品を読み解く

（1）実践事例の概要

本事例は遠藤瑛子氏が神戸大学発達科学部附属住吉中学校教諭として在職中に、第1学年の生徒を対象に行った総合単元学習（トピックを核に据え、三領域一事項のすべてにわたって教育内容を設けた複合的多元的な学習活動）である。単元名は以下のように命名されている。

「もう一つの世界―『千と千尋の神隠し』の扉を開く―」

『千と千尋の神隠し』（2001年、宮崎駿監督、スタジオジブリ）は、神が湯治に来る世界に迷い込んだ小学四年生の「千尋」が、魔女の経営する湯屋の下働きをしながら成長していくファンタジーである。2002年にベルリン国際映画祭で金熊賞、2003年に米国アカデミー賞を受賞しており、世界的にも高く評価されたアニメーション映画の傑作である。本事例では学習者全員がこの作品を鑑賞して課題を持ち、その追究を通して作品に埋め込まれたメッセージを読み解いていく。計画された単元の所要時数は15時間（実際には約20時間）である。単元全体を貫く言語活動は、『千と千尋の神隠し』に託された「言葉の力」とは何かについて、映像描写や台詞の視聴から読み取れる知見を手がかりに考察することである。この言語活動を、遠藤は象徴的に「……扉を開く」と命名している。

（2）問題の所在

本事例の背景にある問題意識について、遠藤は次のように述べている。

心を育て、言葉を育てる教師として何ができるだろうか。「死ね」「あっちいけ」…といった言葉はどれぐらい人を傷つけるか、子どもたちに言葉の重みや温かさを学ばせるためにどんな単元ができるだろうかと考え続けた。(遠藤、2003：156)

この作品には、魔女によって本名を奪われ、「千」や「ハク」という通称で支配される登場人物たちが描かれている。また、八百万の神の湯治場を経営する「湯婆」は、魔女として強力な力を持ちながら、自ら立てた「働きたいと申し出た者には仕事を与える」という宣言に拘束されている。こうしたモティーフの背景には、我が国の言霊信仰がうかがわれよう。宮崎駿監督自身、本作品のパンフレットに「言葉は意志であり、自分であり、力なのだ」と記している。冠婚葬祭の場に忌み言葉があるように、特別な意図をもって言葉を発する行為は、その場にスピリチュアル・パワー(宮田、1985)を結集させることであり、発せられた言葉は人間の禍福に作用する。このような言語認識を子どもたちに獲得させたいという問題意識が、本事例の根底に位置付いている。

(3) ねらい
「見る力」にかかるメディア・リテラシーの学びとして、アニメーション作品の意味を協同学習を通して読み解く力を育てることが中心的なねらいである。このねらいを中核にして次の三つのねらいが布置され、学習指導要領の三領域にそれぞれ対応している。

① 『千と千尋の神隠し』に興味を持ち、テーマにしたがって画像やセリフを読み取ることができる。
② 視点（役割）に基づき、画像の説明（事実）と自分の考え（思い）を区別した文章が書ける。
③ テーマに基づいた「私たちの選んだ四シーン」のプレゼンテーションをすることができる。(ibid：158)

(4) 授業展開の実際

　本事例は事前調査と五種類の学習活動とによって構成されている。その展開過程を略述して示す。

【事前調査】 アンケート

　以下の6項目についてアンケートがなされる。質問項目の中には、本事例が『千と千尋の神隠し』を通して「言葉の力」について考察する学びであることが予告されている。

　　1：『千と千尋の神隠し』の映画を観たことがあるか。／2：観たことがある人はどのような印象だったか。／3：この学習の希望やアイデア。／4：言葉にはどんな力があるか。／5：自分の考えを書き表すことは好きか。／6：単元に対する現時点での興味・関心

【学習活動①】 『千と千尋の神隠し』を鑑賞し、テーマを決定する

　場面ごとに区切り、授業の5時間分をかけて作品を鑑賞する。学習者は4名からなる小集団を構成し、小集団ごとにテーマを立て、どのような視点で作品を捉えるか（例：人物の表情・背景・音楽・台詞等）、役割分担をして視聴する。途中、立てたテーマの実行可能性や妥当性を見直す機会があり、各回の視聴後には、コメントを200字程度で記述して提出することになっている。遠藤は、提出されたコメントから他の学習者の参考となるものを選び、「友だちから学ぶ」と題して印刷配布している。

【学習活動②】 レポート「『千と千尋の神隠し』を見た40の目」を書く

　小集団で立てたテーマに即して、各自がノート1ページ程度の字数で、自分が読み取ったことについてレポートを作成する。1組では、小集団の大半が、「登場人物の変化」をテーマにしている。その中で、主人公の「千尋」については、さまざまな出来事を通してたくましく生きる力を獲得していくという形象が、ほぼ共通して把握されていた。一方、「カオナシ」については、男子生徒を中心にさまざまな発見や解釈が示されている。例えば、「橋に立ってどの世界にも所属できずにさまよって行きどころのない生物ではないか」、「さびしいから『千』を求めている」といった見解、「カオナシはずっと同じ表情をしていたと思ったが、実際はかなりいろん

な表情を見せていた」といった発見などが指摘されている。

【学習活動③】 プレゼンテーション「私たちが選んだ四シーン」を行う。

　役割分担をした視点をもとに、テーマの解明に向けて重要な四つのシーンを作品から選び、プレゼンテーションを行う。各自一つのシーンを選択し、絵コンテを制作するように指示される。絵コンテはワークシートを二分した片方に提示する静止画像を描き、もう片方にその画像を示しながら説明する内容を記述する。4人の絵コンテを集めて4シーンとし、これをもとに小集団で設定したテーマにかかわるプレゼンテーションの発表原稿が準備された。発表は5分間、小集団の全員が声を出すことが条件付けられた。学習者は【学習活動②】で提出したレポートをもとに絵コンテを作成し、アニメーションの該当場面を模写して掲示用パネルとする。これをもとに集団での発表原稿を作成してプレゼンテーションに臨んでいる。評価は相互評価として行われ、プレゼンテーションを視聴した学習者は簡単なコメントを書いて発表者に提出した。実際の発表例を抄出する。

　　中島：私たち五班Bは「向こうの世界の今の世界」というテーマで
　　　　『千と千尋の神隠し』を見ました。それぞれの担当（注：テーマを追
　　　　究する視点）は表情や町並み、セリフというものです。……まず最
　　　　初にセリフの力についてお聞き下さい。
　　藤本：僕は心にひびく、心動かす言葉を主としてセリフの表情につい
　　　　て調べました。「千尋」は自分とともにセリフも成長していると思
　　　　いました。それが分かるセリフは〈ここで藤本の絵を出す〉この場
　　　　面で「釜爺」にただただ「働かせて下さい」というのでした。……
　　　　言葉にも表情があって、言葉は人を安心させたり、勇気づけられる
　　　　（注：勇気づけたりする）ということが分かりました。
　　中島：成長した「千尋」だからこそ、ハクを助けることができたんで
　　　　しょうね。そのセリフを話す「千尋」はどんなカオをしていたで
　　　　しょうか。「千尋」の表情についてお聞き下さい。……（ibid：175）

【学習活動④】創作詩を楽しむ

単元のまとめに向けて、『千と千尋の神隠し』にちなんだ詩を創作する。これまでのテーマや小集団での役割にとらわれず、自由な角度から創作に臨んでよいという指示が出される。次のような作品が生まれている。

　　　橋の詩
　　私は橋である／油屋と町とを結ぶ／赤い　赤い　橋である／今日も夜になると／八百万の神たちが／たまった疲れを癒やすため／私の上を通っていく／／私は毎日色を変える／深紅に燃ゆる夕日の中／今日はどんな客が来るのか／ワクワクする私の上を／準備に追われる蛙が通る／どしゃぶりの雨の中／憂鬱で暗い／地味で赤茶の私の上を／オクサレ様が通って行く／さわやかな朝陽の中で／淡い赤色の私は／人間の子を送り出す（注：／改行部、ibid：181）

【学習活動⑤】学びをふりかえる

長期間にわたる『千と千尋の神隠し』とのかかわりを総括し、この作品を通して行われた学びの意味が省察される。遠藤は学習過程についての自己評価とともに、「自分の成長」や「自分自身の変化」についてもふりかえるよう指示している。以下に学習者の省察内容を引用する。

……私は、今まで何も考えずに、思ったことをただただ口にしていただけでした。だけどこの映画『千と千尋の神隠し』を通して、「言葉の重さ」に気づくことができました。今では、自分が口にした言葉に「ハッ」とふり返り、相手を傷つけていないかな、と考えることは、あたりまえになりました。／「言葉」はとは気持ちを表すバロメーターであり、心の気持ちの"感情"という大きな大きな宇宙である。／これからは、"言葉"を慎重に選び、自分が言った言葉一つ一つを大切にしていきたいです。（注：／改行部、ibid：185）

（5）本事例から示唆されるもの
1）文学作品としてのアニメーション

　冒頭で述べたように、アニメーション作品に描かれる素材（映像・音声・台詞・文字等）は、すべて制作者によって産み出されたものである。そのため、視聴者は実体論的な拘束から解放され、作品から読みとることのできるすべての素材について、自ら意味を見出し、自由に解釈することができる。このことは、文学作品の読みと基本的に同様である。すなわち、テクストと読者との対話的関係の中で、テクストの言語表現における歴史的・文化的・社会的意味とテクストの文脈が産み出す出来事や人物関係及びその変化が読み取られていく過程で、読者自身の言語生活における信念や経験とがこれらと相互作用し、両者の交渉の中で意味構築がなされていくのである。遠藤（2003）に紹介されている本事例の学習記録は、文学作品とアニメーション作品との「読み」において、このような相似性のあることを十分に理解させるものである。

2）「読む・見る・聴く」の総合としての「よむ」

　アニメーション作品は文学作品との相似性を持ちながら、一方ではその「読まれ方」に大きな違いのあることも本事例は示唆している。それは、作品の「読み」という行為を推進する際の資源として用いられる媒体の違いによるものである。ほぼ全面的に文字言語のみが媒体をなす文学作品では、文字言語の持つ伝達機能がよかれ悪しかれ全面的に作用する。これに対してアニメーション作品は、基本的に映像と音声と文字が同時に重なり合って届けられる。視聴者はこれらを融合させて物語世界に入るわけだが、その活動は単に映像を「見る」ことのみならず、音声や音響を「聴くこと」、テロップや映像の中の文字を「読むこと」をも内包した、きわめて複雑な営みである。特に、登場人物の心理を捉えるためには、表情の観察（見る）と同時に、人物の台詞や音響の聴解（聴く）が必須となる。ちなみに、この行為は、対人コミュニケーションでは常に行われている。

　本事例の特記すべき点は、このような「よむ」という行為を、小集団で

役割分担をして追究する学びによって浮かび上がらせ、しかも全体として統合しているところにある。学習者は、基本的に個々の追究すべきテーマが保証されて小集団の学びに臨み、自分とは異なる視点から作品を捉えた級友に学ぶ。これらがプレゼンテーションという活動で総合され、複雑な媒体を融合させてアニメーションという「文学作品」を理解する。これによって、映像作品を「よむ（見る・聴くも含む）」とはどういう行為なのかを経験しているのである。

3. アニメーション映画からことばを紡ぐ

(1) 実践事例の概要

本事例は寺田守氏（大分大学）が、大学1年生対象の教養教育科目「メディアリテラシー」（2005年度、履修者197名）において実践したものである。15回にわたる講義のうち、3回が「アニメーションとことば」と題する講義にあてられ、①アニメーションにおける音の効果、②カメラ・アングルの効果、③ストーリー・登場人物・状況設定の効果等が考察された。このうち本節では、①として行われた、短編アニメーション映画にナレーションを付ける活動を取り上げる。

(2) 問題の所在とねらい

本事例の問題意識及びねらいを寺田（2006）より引用して示す。

　　国語教育におけるメディアリテラシー教育は、映像とことばとがいかに関わりながらメッセージを伝えるのは、批判的に理解する方向で進められている。そこでは、学習者が自然に習得してきた映像を〈読む〉という行為から、いかに学習の契機をつくり出すかが実践上の挑戦となる。さらにそのような映像を〈読む〉活動が学習者にとっていかなる意義をもつのかという点については、今なお探究され続けている課題である。

……映像を〈読む〉という行為がどのような営みなのかという知見を踏まえた学習指導の構築が重要な課題だと思われる。学習者と映像テクストとの出会いにより生じる出来事の中にこそ学習の契機が内包されるためである。（ibid：29-30）

　本事例では、台詞のないアニメーション映画が取り上げられ、映像を〈読む〉という行為がより鮮明に自覚されるように配慮されている。

（3）授業展開の実際
1）教材の特性
　本事例の中心教材である『父と娘 Father and Daughter』（邦題「岸辺のふたり」2000年、Michael Dudok de Wit、イギリス／オランダ作品）は、米アカデミー賞、英アカデミー賞（短編アニメーション賞）、広島国際アニメーション・フェスティバル・グランプリを受賞するなど、世界的に高く評価された8分間のアニメーション映画である。物語は、父と幼い娘が岸辺沿いを自転車で並んで走るところから始まる。父は娘を岸辺に残し、一人ボートに乗って去って行く。そのまま帰らぬ父。娘は成長し、岸辺を通り過ぎるたびにその消息を思いながら時を重ねていく。音声は背景音楽のみで、言語情報としての台詞もテロップもない。そのため、視聴者はメッセージの大部分を映像と背景音楽を手がかりに読みとることになる。

2）ナレーション作成
　本事例の中心的な活動は、本編を複数回視聴し、この映画の冒頭部分にナレーションを付けることである。ほとんどの学生は、冒頭部分を視聴した段階で父と娘の間に長い別れが訪れることを予想している。そして、父と娘にとってこれが共に過ごす最後のサイクリングであることを示唆するナレーションが提出されている。

　　ある日、父とまだ幼い娘は自転車で散歩へでかけました。しかし、そ

> れは父との最後の自転車での散歩となりました。まだ幼かった私は、その記憶をかすかに残していました。(下線原文ママ以下同、ibid：31-32)

　また、母と娘ではなく父と娘という人物関係の設定に対して、「非日常性（ibid：32）」を感じとる学生も複数みられた。

> 妻に先立たれ、職も失った父。ひとりの娘を残し、旅立つ決心をした父は、行くあてもなく舟をこぐ。残された娘は、ただひたすらに父の帰りを信じて、今日もあの場所で待ち続ける……。(ibid：32)

　ナレーションを作成した後で、どのような発見があったかをコメントする。冒頭部だけを視聴して立てた予想が否定された学生は、これを契機に本作品の主題を考察している。以下に、典型的なコメントを引用する。

> 父と娘（注：作品名）は一度観たときと二回目に観たときの印象が違っていた。父と娘はすれ違っていたのではない。娘は、いくつになっても父に愛情を持ち続けていた。最後のシーンは胸が熱くなる作品であった。(ibid：32)

3) 意味の生成

　本事例でナレーション作成に取り組んだ学生の一部は、物語の筋を越えたメタファーを作品から読み取り、次のように意味づけしている。

> 人生は「何かを待つ」っていうものだと思う。大学に入るのを待って、就職するのを待って、結婚するのを待って、ずっと待ちながら、そのとき自分でやれるのをやる。私はその理致を4歳の時、父から教えてもらった。(ibid：32)

寺田によれば、下線部の「私」は、「語り手や娘の『私』であると同時に、映像の〈読み手〉の『私』でもある」(ibid：32)。このようなナレーションを作成した学生は、アニメーション作品の物語を客観的・第三者的に説明するのではなく、この作品を視聴する人自身に何を読みとってもらいたいかを対話的に訴えている。

(4) 本事例から示唆されるもの
1) メタファーとしての意味を問う

本事例から示唆される知見の一つは、国語科教育として映像テクストを「読む」とはいかなる行為であるかという問題の再認識である。国語科の授業における文学などの解釈では、通常、テクストの表現や文脈、論理構造、背景となる歴史・文化的知識等を根拠にして、自己の解釈内容を合理的に説明する作業が重視される。学習者には、表現に即して自分の解釈を持ち、それを理由づけることが求められる。

このような言語活動に対して、前項3) に示すようなナレーションは、解釈という行為を主体がどのように「意味づけ（西郷、2003）」するかに力点が置かれている。自分の解釈とその根拠・理由を矛盾なく説明することは、論理的思考として重要な活動には違いない。だが、そこ止まりでは、当該テクストを「読む」行為が読者である主体にとってどのような価値や意義があるのかという問題を等閑視することになってしまいかねないという警句である。本事例は、アニメーションがもつメタファーの深さによって、この問題をより鮮明に浮かび上がらせている。

2) 言語情報のないテクストを通してことばを学ぶ

本事例が示唆するもう一つの知見は、言語情報のないテクストによって逆に鮮明となることばの学びである。「レンブラントの絵画と日本の水墨画に着想を得て、鉛筆、木炭、デジタル彩色によって制作されたという（寺田、2006：31)」このアニメーション映画は、映像としても細部の情景描写が省略されており、さながらクロッキーのようなラフスケッチか印象派の

絵画を彷彿とさせる。ここに手回しオルガンによるワルツ曲『ドナウ川のさざなみ』を始めとする背景音楽が添えられて物語が展開するのである。

　制作者のこうした意匠により、本作品を視聴する主体は、言語情報のみならず、作品から与えられる情報の説明的表現が相当に制限されている。言い換えれば、随所に「空所」が穿たれた作品ということである。視聴者は、この「空所」をことばによって埋めていくことになる。このとき、象徴的に描かれた事物（例えば主人公と川辺ですれ違う女性、季節や天候の変化、中州の砂地に放置されたボートなど）が何の比喩であり、それぞれが物語の中でどのように関係し、そして作品の主題をいかに形成しているかをことばにするのである。

　寺田も指摘しているが、課題は、こうした映像のリテラシーを評価する規準・基準の具体化をどう図るかにある。特に映像のリテラシーとして培うべき言語能力の実相については、今後更に検討すべきであろう。

おわりに

　本章の冒頭で、優れた授業実践として取り上げる三つの条件を示した。以下、三つの条件に即して、それぞれの実践の学ぶべきポイントと今後への課題を整理してまとめに代える。
　①アニメーションでなければ描くことのできない要素を踏まえること
　この条件について第一に注目されるのは、和歌山大学附属教育学部教育実践総合センターと附属小学校の実践における「レイヤーの機能」である。セル画を何枚も重ねてそれぞれに役割を担わせ、動画を制作する過程は、物語がどのように構成されているのかを空間的・視覚的に把握する上で有効と言えよう。この機能を駆使してコンピュータ上でさまざまな画像をデザインするソフトウエアは、高性能なものがすでに市場に出回っており、使いこなしている学習者も珍しくない。タブレット型のパソコンでこれらを簡便に使用できる環境が整えば、教室で個々の学習者がごく簡単にアニメーション動画を作成することが可能になろう。

②未来性をもった授業実践として活用されていること

　将来的に「見ること・見せること」が国語科の内容領域若しくは現行の領域に付記される事項として取り上げられるのは、必然的な流れに思われる。いずれの実践においても、学習者は映像情報からさまざまなメッセージを読みとり、これを言語情報とかかわらせてテクスト理解を深めている。特に遠藤実践では、言語・映像・音響の諸情報を総合したところに「よむ」活動を位置づけ、巨大な総合単元学習が成立している。「見ること・見せること」が国語科の内容領域として定着していく際に、今後の課題となるのは、豊かな内容とメッセージ性を備えたアニメーション作品をどのように発掘するかである。遠藤が用いた『千と千尋の神隠し』は、作品として極めて完成度が高い反面、全編を見るには2時間を要する。この点、寺田が用いた『父と娘』は8分と授業時間内で観察可能な作品である。これら、目的に応じた作品の選定とその供給システムの整備が求められる。

③ことばの学びとしてアニメーションにかかわる実践であること

　この条件については、主として二つの方向性が認められる。一つは、遠藤実践のように、「言葉の力」それ自体がテーマになり得るアニメーション作品を選定する方向性である。もう一つは、寺田実践のようにアニメーション作品のメッセージを捉える言語活動を通してことばの機能を自覚するという方向性である。今後への課題は、これらの実践が持つオリジナリティを多くの実践者が活用できるよう、実践の構造と評価の在り方を具体化することである。

参考文献
遠藤瑛子（2003.7）「中学校における動画リテラシー教育―総合単元『もう一つの世界―「千と千尋の神隠し』の扉を開く―」、pp.156-188
西郷竹彦（2003）『意味を問う教育―文芸教材をゆたかに、深く読む』、明治図書出版
寺田守（2006.9）「大学教養教育科目におけるメディアリテラシー教育の実践―『父と娘 Father and Daughter』のナレーション作りの考察を中心に―」、全国大学国語教育学会『国語科教育』第六十集、pp.29-36.
豊田充崇・西村充司（2004）「メディアリテラシー育成を目指した小学校国語科

授業実践事例の報告—『ごんぎつね』を映像とアニメーションで表現し比較する—」、和歌山大学教育学部教育実践総合センター、『和歌山大学教育学部教育実践総合センター紀要』No.14、pp.39-44.

藤森裕治（2008.3）「民俗文化としてのリテラシー」、東洋館出版社『新しい時代のリテラシー教育』、p.385-398

西尾実（1957）『国語教育学序説』、筑摩書房

松山雅子 編著（2008）『自己認識としてのメディアリテラシー Part Ⅱ』、教育出版

宮田登（1989）『妖怪の民俗学』、岩波書店

第9章
映画を扱った授業実践
―学習者の興味・関心喚起のために―

町田　守弘

はじめに

　文字情報よりも映像情報によるイメージで育つ世代をかつて福島章は「イメージ世代」と称した[1]が、高度情報化が急速に進展し、人々を取り巻くメディアの世界がますます広がる様相を呈する中で、子どもたちの中に映像は確かな位置を占めるようになっている。国語教育は文字メディアばかりではなく、映像を中心とした多様なメディアにも目を向けなければならなくなった。

　非連続型テキストとしての図表を含めた映像、さらに静止画像から動画に至るまで、映像の種類は多様である。これらの映像と言語との関わりを踏まえて、国語教育関係者は様々な研究と実践を展開してきた。本章では多様な映像の中から映画を取り上げて、国語科の授業に映画を取り入れるという観点から、その具体的な扱い方を検討してみたい。

1．映画と国語教育をどう結ぶか

(1) 映画と国語教育

　映画の歴史は古く、19世紀の後半にはアメリカのエジソンの発明に基づくキネトスコープが公開され、さらにフランスのリュミエール兄弟がシネマトグラフを開発して観客の前で巨大なスクリーンに動く映像が映し出

されている。その後この技術は日本にも伝わり、テレビの普及に先立って映画が映像文化を支えていた。

　映画は教育の現場でも活用されるようになった。視覚教育メディアとしての映画は、国語科に関しても様々な形で話題になったわけだが、特に1930年代の議論に関しては瀧口美絵が「昭和戦前期における国語科と映画教育の問題―1930年代の映画教育史の議論に注目して」[2]で整理している。中でも、西尾実が「映画と国語教育」と題する論文[3]を発表していることには注目しておきたい。

(2) 映画と国語科教科書

　戦後の国語科教科書を調査すると、映画に関する単元や教材が含まれていることが分かる。例えば中学校用の『中学標準国語2 上』(教育図書、1952)では、第4単元は「映画」で、次のように構成されていた。

　　一　映画のなりたちとその見かた　　　飯島　正
　　二　りんご園物語　　　　　　　　　　西尾善介
　　　　シナリオの書きかた　　　　　　　石森延男

　飯島正による映画の解説文と、西尾善介による映画のシナリオ、そして石森延男のシナリオの書き方に関する解説文が掲載されている。このような映画に関する単元や教材が、多くの教科書に見られたことに着目する必要がある。当時映画は、国語科教科書の中に確かな位置を占めていた。

　2014年現在の国語科教科書では、映画に特化した単元は見られないが、次のような扱い方によって映画に関連する内容が取り入れられている。具体例として高等学校の教科書では、以下のような扱いが見られる。

① 「ブックガイド」に「小説と映像」を取り上げて、映画化された文学作品を紹介する（三省堂『明解国語総合』2013）。
② 映画に関する論説文として松浦寿輝「『映像体験』の現在」を採録する（第一学習社『高等学校新訂国語総合現代文編』『高等学校国語総合

2013)。

③ 「黒い雨」の小説と脚本の読み比べという課題を提起する（三省堂『高等学校現代文B』『精選現代文B』2014）。

これらの他にも、演劇に関連させて「脚本を書く」という言語活動を取り入れている教科書もある。

以上のような国語科教科書における映画の扱いは、具体的な授業実践を考える際に重要なヒントとなる。

2. 未来に生きる授業実践

これまでに実践されてきた映画を扱った国語科の授業の中から、以下にその代表的なものを3点選んで紹介する。なお、扱われた校種として、小学校、中学校および高等学校における実践をそれぞれ取り上げることにしたい。

(1) 小学校の実践から―卒業記念映画の制作

まず紹介するのは、京野真樹による小学校の実践である。この実践は「卒業記念映画『6年C組ズッコケ一家』を制作する―キャラクターの構想やシナリオ作成における国語科的な学習」[4]としてまとめられたものだが、以下に要点を整理しつつ紹介する。京野は当時秋田大学教育文化学部附属小学校に勤務しており、ここで取り上げるのは小学校6年生を対象とした実践ということになる。この実践に先立って、5年生の学年末に教師主導によってすでに映画制作が実施されていた。その経験をもとにして、学習者の側から「6年の卒業記念に、自分たちで一から作りたい」という要望が出されたという。

小学校の卒業記念という目的から映画を制作するという活動には十数時間を要したが、京野の実践論文は「その長い活動時間のうち、国語科の要素が強く感じられる二場面に限定して述べていく」という方針のもとでまとめられている。

「授業のねらい」として指導者がまとめたのは、次の2点である。
① 映画制作を通して、シナリオと映画の文法との関わりを理解する。
② 映像の中に混在する現実と虚構とを識別する資質を養う。

教材として用意されたのは、山中恒の『六年四組ズッコケ一家』[5]であった。

指導者は授業で使用する機材として撮影用のデジタルビデオカメラ、編集用のノートパソコンを用意し、直接ビデオカメラを接続して動画編集ソフトを用いて簡易編集を行うようにした。

京野は特に国語科に深く関わる学習活動を抽出して、具体的に紹介している。それは以下の二つの活動であった。
① キャラクターを構想し、シナリオについて話し合う。（2時間）
② オープニングシーンを撮影する。（3時間）

初めの2時間は、シナリオについて話し合うという活動が展開される。これは「シナリオ班」と称される5人の学習者が担当している。彼らは、映画に出演するクラスメート37名分のキャラクター構想の原案を作成する。ここで注目したいのは、シナリオ班と指導者との間で、給食の時間を使った事前の打ち合わせが数回実施されていることである。学習者のみに活動をゆだねるのではなく、指導者の適切な支援がなされることの重要性は改めて指摘するまでもない。

授業では学級名簿が配布されるが、そこには学習者のニックネームか、またはキャラクターを端的に示すような記述がある。それに基づいてシナリオ班の説明を聞き、不明な点を質問しながら自らの映画の中での役割に関して具体的なイメージを持つようにする。ここで指導者は、映画の中でのキャラクターと学習者本人とを明確に区別して、「本人を傷つけるようなキャラクターにしない」という約束を取りつける。

キャラクターについての質疑が全員分終了すると、授業の残り時間は10分となっていた。そこで指導者はB4サイズのファックス原紙を配布して、「自分が演じる役柄になりきって『キャラクターのプロフィール』を書きましょう」という指示を出す。うまくまとめられない学習者に対して

は、例えば「家族構成、家族の職業や学歴、住んでいる所」などの視点を提供して、イメージを持ちやすくしている。さらに、学習者との個別の対話によってキャラクターが明確にされ、「キャラクタープロフィール」の37名分を回収して授業を終えている。

　それを受けて、シナリオ班はすべてに目を通してから、シナリオの原案構想を始める。給食時間や休み時間、放課後などを活用して1週間程度ミーティングを繰り返しながら、シナリオの原型が作られる。そして授業は、原案の提案と意見交換になる。指導者は「シナリオを読んで、各担当分野から、分からないことや確認したいことを出し合って話し合いましょう」という指示を出す。なおここで「担当分野」というのは、次の9分野のことである。

・助監督　・撮影　・照明　・シナリオ　・美術　・音声
・スタント　・記録　・音楽

「監督」に関しては、学習者の推薦で指導者が担当することになった。シナリオ班からの提案をもとに、授業での話し合いが展開する。話し合いが実施されて、シナリオに必要な細部に関する記述が判明し、シナリオ班のメンバーはシナリオを修正することになる。主に修正が加えられたのは「ト書き」に相当する箇所であった。

　授業は続けて、オープニングシーンの撮影に移る。実際に撮影が始まると、シナリオ通りには撮影ができない場面が出てくる。例えば、暗闇の中である人物が別の人物の頭を叩くというシーンでは、暗闇で動きを撮影できないことから、音声班が工夫して頭を叩く音を入れることになる。また照明班も様々な苦労を重ねて、撮影が進んだ。実際の撮影では、次の3段階を経ることになった。

① シナリオの解釈をめぐる話し合い
② 準備
③ 撮影

　数分間のオープニングシーンを撮影するのに、3時間近くを要することになったという。このシーンを編集してから、検討会議を開いて振り返り

をする。指導者は「撮影する前と後で、最も予想外だったことを中心にふり返ろう」と指示を出した。

学習者の振り返りを分析して、京野は以下のような総括をしている。

・伝えたい内容次第で、ロケーションやカメラワーク等に違いがあることを感じている子どもが多かった。これは、観る側に何らかの潜在的なイメージを伝える効果に気付くきっかけとなる。視点論にもつながる。
・シナリオから得た情報を、積極的に読むことの重要性を物語っている。情報の背景や、周辺事情なども含めて総合的に解釈・分析する習慣が身に付くのではないかと考える。
・音声や音楽との密接な関係に気付くきっかけとなった。特に音声は、試行錯誤しながら、大きく雰囲気を変えることに驚く子どもが多かった。

また京野は、以下のような課題を指摘する。

・キャラクターの誇張について、もう少しその危険性にまで気付くことができるような配慮が必要だった。
・カメラワーク等、様々な技術面においても、同様にその効果とともに危険性が論じられるような場の設定が足りなかった。

これまで、小学校における映画を扱った実践の具体例として、京野真樹の授業を紹介した。この実践に対するコメントにおいて、大内善一は「映画というメディアを活用して子どもたちに表現する能力を育てようとする趣向である」と述べている[6]。この実践は小学校6年生を対象とした「卒業記念映画」の制作に関わるものであるが、京野の報告は特に国語科の要素が色濃く表れた場面に限定されていた。小学校6年ということで、小学校の学びを総括する総合的な学習の要素が感じられる。映画を扱う国語科

の授業を構想する際には、このように総合的な学習による大きな単元の中の一部の活動としての位置付けという方向を取ることができる。

　映画の制作という最終目標に至る過程で、国語科の学習に深く関連する要素が含まれている点に注意したい。まずキャラクター構想の段階で参考にしたという原作本『六年四組ズッコケ一家』の存在である。京野の構想した卒業記念映画のタイトル「6年C組ズッコケ一家」も、この原作にちなんだものと思われる。すなわち、映画制作のために学習者が原作を読むという活動が、国語科における「読むこと」の領域に相当する。

　続いて、シナリオについて話し合うという場面では、「話すこと・聞くこと」の領域に相当する活動を目指すことができる。そして「キャラクターのプロフィール」を書く場面では、「書くこと」の領域に関わる活動が展開されることになる。このように、映画制作に関わる様々な過程において、国語科の各領域に属する活動が展開されるという点は重要である。映画を扱う授業を構想する際には、学びの過程においてどのような活動をどの程度取り入れるのかということを、しっかりと確認するべきである。

　いま一つ注目したいのは、授業の中でオープニングシーンの撮影が取り入れられた点である。映画を扱う授業では、映画を見るという活動を想起しがちだが、映画の撮影という表現の活動を取り入れるという方向も工夫できる。京野の実践では、デジタルビデオカメラを使用して、実際に映像を撮影するという活動を取り入れた点も重要である。ビデオカメラの性能が向上して、鮮明な映像が手軽に撮影できるようになった。そして記録した映像を編集するためのソフトも活用することができる。ただしこれらの機器を効果的に取り扱うことが必要不可欠となることから、指導者には自ずと機器の性能やその取り扱いに関する正確な情報と、適切に扱える力量が求められる。

　卒業記念にクラスの映画を制作するというのは、学習者にとって共通の関心事となることであろう。さらに、総合的な学習が展開しやすい小学校という校種の特性を生かすこともできる。映画の制作には、専門的な知見も必要になる。指導者は可能な範囲でそれを学びながらも、国語科の学習

第9章　映画を扱った授業実践

活動に対する効果的な支援をしなければならない。京野の実践では、給食の時間などを用いて様々な個別の支援が実施されているという点に着目しておきたい。国語科の学びという点をさらに強調して、きめの細かい学習指導計画を検討することが今後の課題である。

　本項で紹介した映画制作に関する実践のほかにも、京野真樹の実践はNHKの『わくわく授業：わたしの教え方：小学校国語』の「見た　気づいた　作文ができた！京野真樹先生の国語」[7]でも映像で紹介されているが、そのときの実践は写真を教材とした作文の授業であった。写真を教材として作文へと結ぶ工夫によって、授業中の学習者の表情からは生き生きとした前向きな姿勢を読み取ることができた。表現に対する学習者の興味・関心の喚起が、それぞれの授業に共通する目標であったと思われる。

(2) 中学校の実践から―映画の戦略をとらえるメディア・リテラシー教育

　次に、映画を扱った中学校の実践を取り上げることにする。本項で紹介するのは川瀬淳子の実践で、「『ドラマ・映画』の戦略・レトリックと言語技術教育　好きなドラマ（映画）にはこんな戦略があった！―映像・構成の情報リテラシー」[8]としてまとめられたものである。この実践では「ドラマ」と「映画」が一つのカテゴリーとして取り上げられているわけだが、ここでは広く「映画」の扱いが含まれた実践として紹介することにしたい。なお、川瀬の当時の勤務校は愛知県の一宮市立今伊勢中学校であった。

　テレビドラマや映画などのメディアからの情報があふれる現代社会において、情報の「送り手」と「受け手」との関係に注目しつつメディア・リテラシーの基本概念や分析方法を身に付けさせることによって、学習者に「メディアの戦略」を意識させたいという思いから、この実践は構想されたものである。しっかりと整理された指導計画のもとで、整然と授業が展開する点に特色がある。指導目標と、それに対応した指導過程をまず引用したい。なお対象となったのは中学校2年生、12月の初めに実践されたもので、授業の配当時間は6時間となっている。

① 「ドラマ・映画」に関心を持ち、その構造について知る。(導入・基礎技術／基本学習1)
② 好きな「ドラマ・映画」を観点に従って分析し、その"戦略"や"描写"の方法について考える。(基本学習2／応用・個性化学習)
③ 分析する上で用いた雑誌や資料を効果的に用いながら強調したい部分を詳しく話したり、話し方に気をつけたりしながら聞き手によくわかる発表をする。(交流・評価学習)
④ 自分のグループや友達の発表の内容、プレゼンテーションの方法等についての評価をする。(交流・評価学習)
⑤ 学習全体を通してわかったことや考えたことを話し合い、学習の一般化をする。(学習のまとめ・一般化)

第1時で指導者は「みなさんの好きなドラマや映画について話し合ってみよう」と呼びかけた。学習者は「学習シート1」と称されるワークシートの「ステップ1」に好きな作品の魅力やそれにまつわる思い出などを記入し、発表することになる。それを受けて、指導者は「学習シート1」の「ステップ2」に示された「ドラマ・映画」の構造図によって、送り手の「メディアの戦略」と受け手との関係を考えることの重要性について説明し、学習者は「わかったこと」と「自分で考えたこと」とを一つずつ「学習シート1」に記入する。

第2時からは前時に紹介した「メディアの戦略」について、具体的に考えることになる。そこで「学習シート2」は「メディア分析シート1」として活用し、学習者は具体的なドラマや映画について次の10項目の観点からの分析を実施することになった。

1タイトルのつけ方・メッセージ、2放送時間・時期、3主な視聴者層、4主演者・共演者、5主題歌・サウンドトラック、6オープニング・エンディングの方法、7スポンサー、8同じ脚本家または監督の作品、9話題性・トレンドとの関わり、10その他

この活動は3名から6名のグループを編成して、グループレベルでの学びを展開する。学習者は好きな作品について10の観点に基づいて分析を試み、詳しく調べたい項目に関しては、雑誌やインターネットで調べた資料を持ち寄って話し合いを実施する。
　第3時から第4時にかけて、さらに詳しく作品の構成・描写・メディアの戦略に関する分析を実施することになる。「メディア分析シート2」として「学習シート3」には次の9項目の観点が掲げられた。

　1舞台、2設定された時間、3ストーリー展開、4人物関係図、5主な人物像とその変化、6モチーフ・テーマ、7映像・音楽の特徴、8カメラアングルの特徴、9その他

　ここで注目したいのは、川瀬が「1から6の観点は物語や小説を分析する観点と同じである」と指摘したことである。すなわち、国語科の教材として使用されている物語や小説の学びが、そのまま映画を用いた学びに生かされることになる。それは、川瀬が紹介した「小説の読み方で本当にドラマや映画の魅力の仕組みがはっきりしてくる」という学習者の声からも窺い知ることができる。映画を国語科で扱う際には、特に国語科という教科の教科内容との関連についての検証が必要だが、授業において指導者が掲げた映画分析の観点と、物語・小説の分析の観点との共通点は、よく確認しておきたい。
　授業は第5時から第6時の前半にかけて、グループレベルの学習をクラスレベルの発表へとつなげることになる。ここでは「学習シート4」によって、学習者の学びが記録される。その内容は、一つは自身のグループの発表内容およびプレゼンテーションの方法についての自己評価であり、いま一つは各グループの発表に対する質問・意見であった。第二の質問・意見に関しても、「内容・メディアの戦略について」と「プレゼンテーションの戦略について」の二つに分けて、それぞれまとめるように作成されている。この実践では、ドラマや映画の「メディアの戦略」に関しての認識

を深めるだけではなく、「発表」という学習形態に即して、「プレゼンテーションの方法」に関しても行き届いた扱いが目指されているという点に着目したい。

　第6時の後半は学習の総括になる。学習者は今回の学習全体を通して「わかったこと」や「自分で考えたこと」について発表し、全体で交流をする。学習者は「メディアの戦略」について、構成・展開・描写の方法などをめぐって様々な発見をした。また「コマーシャルについても考えてみるようになった」などの感想も提起されたことから、多様なメディアを理解するための基盤を形成する学習にもなったものと思われる。加えて、グループ学習の成果を生かして発表をするという形態も、今後の学習へと有効につなぐための重要な契機となった。

　今回の実践を川瀬自身が分析して、5点に亘って整理しつつ考察を加えている。以下にその内容を要約して紹介する。

① 「ドラマ・映画」の「メディアの戦略」について分析したことから、情報社会を主体的に生きるための基礎学習となった。
② 「ドラマ・映画」の分析の観点は、物語・小説の「学び方」と重なる要素が多いことから、学習者は国語科における学び方が「ドラマ・映画」の分析に生きることを確認しつつ学習が展開できた。
③ 「ドラマ・映画」の構造を考えたことから、学習者の交流・評価学習にその特徴を生かして、相手に分かりやすい発表を心がけることができた。
④ 「メディアの戦略」の分析により、効果的な発信が実現できた。
⑤ 系統的な「五段階学習過程」による展開を通して、国語科の基礎学力の育成と、メディア学習の基本概念や分析方法を身に付けることができた。

　いま要約した川瀬自身の総括とも重なるが、ここで改めてこの実践について考察を加えておきたい。

　まず、授業の構想において川瀬が繰り返し取り上げる「メディアの戦略」という視点について言及する。それは授業の解説を兼ねた佐藤洋一の次の

ような指摘[9]によって、具体的に説明されている。

　一見何気なく楽しんでいる身近なドラマや映画・アニメーション等のメディア情報は、時代背景とメッセージ（価値観）、制作者・テクスト・視聴者（メディアコミュニケーションの構造）、資本や経済の論理が複雑に関係した高度なメディア戦略によって成立していることに自覚的であることが重要である。それは、メディア情報を楽しみながらも、そのメカニズムを知り主体的に向き合うことであり、民主的でクリティカルな市民となる基礎だからである。

　佐藤の指摘のように、学習者に対して映画というメディアにより自覚的かつ分析的に向き合うように促すことは、メディア・リテラシー教育に求められた目標でもある。そして、映画を分析するための観点は、国語科で扱う物語・小説を読み取る観点と重なるところがあることから、国語科において映画を扱う際に同様の観点に即した学習を取り入れることができる。映画の分析を授業で取り上げる点、そしてその分析の観点を具体的に提示するという点に学ぶことができる。

　川瀬の実践では、クラスで共通して一つの作品を扱うのではなく、個々の学習者が関心を有するドラマや映画を素材としている点にも着目したい。自身が関心を有する作品を選択して教材としたうえで、授業ではその作品を取り上げることになる。分析の観点が具体的に提示されるのは、学習方法が明らかになるという意味で学習者にとって取り組みやすい。指導者が準備する「学習シート」と称するワークシートも有効に機能する。

　グループ学習および発表という学習形態による学習も、学習課題が明確になり、適切なワークシートが用意されていることから効果的である。そして前項で紹介した京野の実践がそうであったように、ここでも「話すこと・聞くこと」「書くこと」「読むこと」のすべての領域に関わる国語科の学びが実現されていることが特に重要になる。

　ここで総括を兼ねて、再度川瀬の実践に関する佐藤洋一の指摘[10]を引

用しておきたい。

> これらの学習過程は、「ドラマ・映画・アニメーション」という映像と文字言語についての情報リテラシーの学習（情報を読み解く観点と評価基準）であるとともに、メディア戦略を生かしたコミュニケーション能力の学習過程でもあることが重要である。こうした基礎的な学習があってこそ、生徒自身によるドラマやニュース批評、ミニドラマ・映画の作成と発信、交流と批評等についての個性的な活動も可能になる。

　本項で紹介した実践は、国語科の授業で映画を扱う際の一つの方法を示唆している。前項の京野の実践が映画を制作する活動に主眼を置いていたのに対して、川瀬の実践は映画を分析してかつ理解するという活動を重点的に扱うものになった。それぞれ特定の映画作品を教材とした授業ではないが、次項では具体的な作品を取り上げた実践を紹介したい。

(3) 高等学校の実践から――「泥の河」を通して文学作品の映像化を考える

　続けて紹介するのは、町田守弘の実践である。町田は「言語と映像の接点を探る――国語科メディア・リテラシー教育の一環として」[11]において、今回紹介する実践を報告している。

　授業で対象としたのは高校2年生で、科目は「国語表現」である。町田は当時早稲田実業学校高等部に非常勤講師として勤務していたが、2003年度の「国語表現」を1クラス（45名在籍、男女共学）担当した。この科目は単位数が1単位で、週に1時間の授業であった。以下に具体的な実践に即して論述する。

　教材として選択したのは、宮本輝の『螢川』（筑摩書房、1978.2）に収録された「泥の河」であった。「泥の河」は第13回太宰治賞を受賞し、宮本輝の文学的出発を彩る初期の代表作で、「螢川」「道頓堀川」とともに「川

三部作」と称されている。舞台は戦後間もない大阪の河口で、大衆食堂を営む家の息子「信雄」と、舟の上で生活をする少年「喜一」との出会いと別れの物語が展開する。子どもの世界と大人の世界とがそれぞれ描き出されて、大人の世界を垣間見た信雄の戸惑いと成長を読み取ることができる。

　この小説を小栗康平が映画化したわけだが、小栗は「泥の河」によって映画監督としての地位を不動のものにした。すなわち「泥の河」は、原作者の作家にとっても、映画化を試みた監督にとっても、ともに世に出るきっかけとなった貴重な作品ということになる。文学の表現と映像の表現を比較するという授業の教材として適切であると判断し、教材化することになった。なお教材化の理由として、折しもNHKの「人間講座」で小栗康平監督による「映画を見る眼」が放映されていた（2003年6月～7月）ことから、指導者にはこの講座のテキストとテレビ講座自体を教材として使用することができるという思いがあった。

　映画化された文学作品を扱う場合、その主な目的は第一に、言語表現と映像表現との相違を明らかにすることによって表現の多様性に気付き、改めて言語表現の特質に対する認識を深めることにある。第二には、映画を通して文学作品の新たな魅力と出会い、文学作品の理解を深めるという点である。ここで紹介する実践に関しても、この二つの点が学習目標となった。

　授業において教材としたのは、信雄と喜一とが出会って、信雄が初めて喜一が住む舟の家を訪れる場面である。この場面に関連して、映画の脚本を担当した重森孝子によるシナリオ[12]と、小栗康平の講座「映画を見る眼」のテキスト[13]、およびそのテレビ講座を収録したビデオ、そして映画「泥の河」のビデオその他を準備した。授業の配当時間は3時間とした。

　まず第1時に、「泥の河」の梗概を紹介する。インターネットの記事を引用して、要点を絞って短く紹介することにした。続いて原作の一部をコピーして配布し、学習者に読ませる。教材としたのは、信雄と喜一の出会いを中心とした場面である。特に表現上の特色という観点から、学習者が

発見した点を中心に取り上げて授業を展開する。その後で原作と同じ場面を、今度は重森孝子によるシナリオを配布して読ませることにした。原作の小説の表現と比較をして、共通点と相違点とに分けてそれぞれ読み取るように指示をする。授業時間内に終了しないところは、次回までの課題とした。

　第2時には、原作と脚本の具体的な比較を実施する。特に場面を限定して検討することにした。話題にしたのは「泥の河」の次のような場面である。なお引用はすべて前述の資料による。

> 信雄はしげしげと舟の家を見た。(中略)やがて屋根の一隅に陽光がこぼれ落ち、朽ちた木肌をあぶり始めた。信雄は川に視線を移した。生まれてからこのかた、ずっと自分の傍を流れつづけている黄土色の川が、なぜかきょうに限って、ひどく汚れたものに思えた。

宮本輝の原作ではこのように表現されている場面が、重森孝子のシナリオでは、次のようになっている。

> 信雄、橋の上から、宿船を見ながら歩いている。／熱のひいたあとのてれんとした足どり。／信雄、橋のたもとの壊れかけた階段を下りる。／途中で座って、しげしげと船を見ている。／廃船を改造して屋根をつけたものである。

　以上のような箇所の比較を通して、小説とシナリオそれぞれの表現の特徴を考える。一読して明らかなように、小説では信雄の内面の心情が「思えた」という表現によって描かれている。これに対してシナリオの方は、一貫して人物の外面のみが描かれることになる。映像となるのはあくまでも人物や事物の状況であって、映像では内面をそのまま表現することはない。表現する際には、例えば人物の表情や仕草を通して描くことになる。

　その点について、監督の小栗康平が「映画を見る眼」というテレビ講座

の中で分かりやすく解説している。授業では、その講座のテキストの一部を印刷して紹介し、さらに 2003 年 6 月 9 日に放送された講座「サイズとアングル」を録画したビデオを紹介した。次に小栗康平の解説の一部を、テキストから引用する。

> 会話以外のところを、小説では地の文、脚本ではト書といっています。宮本さんの小説では、地の文で信雄はこう思えた、このように思えたと書いています。人物の内面描写です。（中略）脚本では、場所、事物のようす、ありさま、そして行為が書かれています。ト書と会話はくっきりと分けられて、干渉し合いません。どんな気持でというように、但し書きがつくことはありますが、内面は描かれません。映像は人が考えていること、思っていることをそのまま写せません。

学習者による様々な意見交換の後で、このような指摘を取り上げ、さらにビデオの映像によって小栗の考え方を直接紹介することにした。

続く第 3 時には、これまでの授業の復習として要点を整理し、さらに続けて脚本をもとに映像を撮影する段階を考えることにした。小栗のテレビ講座では、扱った場面のカットが 15 カット紹介されている。例えば最初の 3 カットは、テキストでは次のように紹介されている。

C1 　信雄、階段を下りてきてしゃがむ。
　　　二十二秒。
C2 　誰もいない舟のようす。
　　　四秒。
C3 　信雄、見ている。
　　　二秒半。

授業ではそれぞれのカットと、テキストに掲載された対応する映像の写真とを参照して、シナリオから実際の映像が撮影されるまでの段階を追う

ことにした。そのうえで、授業で扱った場面を中心に映画の冒頭のシーンを鑑賞する。学習者はビデオで視聴した小栗の解説に即して映画の画面を見て、シナリオを映画化する際の問題について考えることになる。

　最後に文学作品の映像化というテーマについて、学習者が感じたことや考えたことを自由に意見交換して、授業を総括した。3時間という短い時間配当ではあるが、言語と映像の比較を通して、それぞれの表現の特質を明らかにするという授業の目標は達成されるものと思われる。

　本項では多様なメディアの中から映画を選択して、言語表現との比較を通してその特質を考える授業を紹介した。この実践は1989年版高等学校学習指導要領における「国語表現」で扱ったものだが、2009年版の「国語表現」においても扱うことができる内容である。さらに「読むこと」の領域により重点を置く形で、「国語総合」や「現代文A」もしくは「現代文B」での扱いも工夫することができる。

　町田守弘は、この実践のほかにも映画を扱った授業をいくつか試みている。本項ではもう一つ、映画を途中まで鑑賞してからそのストーリーの続きを想像するという趣旨の実践の概要を紹介したい。それは「国語科における『見ること』の言語活動─『読解力』と関連した教材開発と授業開発」[14]の中で言及された実践である。なおこの論文の中では、実践提案という形式で記述されている。町田は高等学校の「国語表現」の授業で実践を試みているが、ここでは一つの実践提案として紹介したい。

　教材として選定されたのは、ジム・ヘンソン監督による映画「ストーリーテラー」である。その中の第三話「兵士と死─ロシア民話より」を扱うことになった。「ストーリーテラー」は、タイトルとなった物語の「語り部」が画面に登場してストーリーを語るという形態で進行する。長さの面からも全体が20分程度ということで、授業中に全編を放映することができる。授業は、この映画を鑑賞するところから出発する。古い映画ではあるが、SFXを駆使した映像とテレビゲームにも似た魅力あるストーリー展開は、学習者の関心を十分に引き付けることができる。

　全体の4分の3程度経過した場面で、映像を中断する。中断場面以前ま

でのストーリー展開を踏まえたうえで、その場面の続きを想像して、ストーリーテラーに代わって学習者に語らせるという学習課題を提示する。グループで情報交換をしてから、何人かの学習者に代表して語らせる。聞いている側からは、適宜感想を発表させることにする。学習者には奇抜な結末ではなく、しっかりと映画の文脈に即したものを考えるように伝える。

　学習者の語りを聞き、評価を実施した後で、実際の「ストーリーテラー」の映像の続きを鑑賞する。映画の結末はかなり込み入ったもので、多くの学習者の考えた結末を超える意外性を帯びたものになっていた。学習者には、自分の想像した結末との比較をさせながら鑑賞するように促す。

　この授業では、まず映画を「見る」ことから学習が出発する。映像をいかに的確に把握することができるかということが問われるわけだが、それはまさしく映像の「読解力」と称すべきものである。映画の文脈を損なわずに結末を想像し、さらに「語り」という音声表現活動によって表現するという実践は、「話すこと・聞くこと」の領域に関わる内容となる。

　本項では、高等学校での映画を扱った実践を紹介した。前に紹介した小・中学校のものとは異なり、一つの作品を教材として、学習者がその映画とじっくり向き合うことを目指して授業に取り入れたものである。特に映画化された文学作品を扱うときには、映画との比較によって興味・関心が喚起され、より深く作品を読むことができるように配慮しなければならない。

3. 授業づくりのヒントと今後に向けた課題・展望

　映像を取り入れた国語教育に関して、近年研究が活性化している。1970年代から2000年代以降に至るまで、映像に関する研究の成果に関しては足立幸子の「映像に関する研究の成果と展望」[15]に詳しい。本節では、映画を扱う授業づくりに当たって特に留意すべき点に言及する。

（1） 映画制作の導入

　前節の第1項で紹介した京野真樹の実践は、小学校の卒業記念に映画を制作するという活動であった。小学校1年生を対象とした中村和弘の「なつをさがして、おてがみをかこう―デジタルカメラを使って、書きたいことを集める（小一）」の実践[16]のように、デジタルカメラを国語科の授業に取り入れた実践がある。学習者がデジタルカメラを携えて校内の「夏」を探して撮影し、それを交流して絵手紙を書くという実践である。このデジタルカメラに変えてビデオカメラを用いて映像を撮影し、同様の活動を展開することもできる。

　ビデオカメラの性能も向上し、映像の編集も手軽にできるようになったことを受けて、映画制作という活動を授業に導入することが可能になった。映画を扱う国語科の授業として、映画制作を前提とした様々な活動を構想することができる。その場合には、映画を制作することのみを到達目標とするのではなく、シナリオを作成したり話し合いや発表をしたりする国語科の活動の充実を目指すようにしたい。

（2） 映画の読解と分析

　前節の第2項で紹介した川瀬淳子の実践は、映画を分析する観点を提示することによって、「メディアの戦略」を把握しようという試みであった。このように、映画を読解・分析の対象とした教材として位置付けることができる。さらに映画をメディア・リテラシー教育の一環としてカリキュラムに位置付けることは、奥泉香、羽田潤、松山雅子らに代表される海外の教育の研究を含めて様々な研究成果が報告されている。映画を読解・分析するという方向は、これからさらに様々な形で授業に取り入れられると推察される。

（3） 映画から文学作品へ

　映画には学習者の興味・関心を喚起する要素がある。映画を鑑賞してから原作となった文学作品に関心を持つようになって、自発的に本を読むよ

うになったという学習者もいる。映画化された古今東西の文学作品について、映画を見てから原作を読むことができれば、映画を活用した読書指導が成立する。映画鑑賞会のような行事を生かして、国語科に関連させた内容を織り込むこともできるはずである。例えば高畑勲監督の「かぐや姫の物語」(2013) は、古典の『竹取物語』を読むという活動と結ぶことが可能になる。

　前節の第3項で紹介した「泥の河」のように、授業で小説を扱って、その作品世界の理解をさらに深めるという目標から、映画を取り入れることもできる。原作と映画の「重ね読み」を提案する研究にも着目しておきたい。羽田潤 (2009) は、井伏鱒二原作の「黒い雨」と今村昌平監督の映画「黒い雨」を教材化して、言語作品と映像を重ね読む指導に言及している[17]。

　映画と文学作品を関連付けた学びは、映画を国語科で扱う際の一つの基本的な形態となる。いかに効果的な教材を発掘するかが今後の課題である。教材化に当たっては、原作はもちろん、映画のシナリオや実際の映画のDVDなどがどの程度用意できるかということも実践上の課題となる。さらに、指導者には映画の分野にまでしっかりとした教材研究が求められる。

(4) 今後の課題

　国語科の授業に映画を取り入れる場合、古くは教育映画のように古典の有職故実関連、もしくは作品の舞台となった場所を映像で紹介するという形態が一般的であった。映像を見るだけで、学習者は瞬時に具体的なイメージを抱くことができるという効果がある。近年になると、映画の扱いは多様な形態で授業に取り入れられるようになった。これからも様々な形で国語科の授業に導入されるものと思われる。ただし、安易に取り入れるのではなく、明確な目標に即した扱いが不可欠になる。

　授業で映画を教材として上映する場合、時間の関係から一つの作品のすべてを扱うことは困難である。どの箇所を教材化するのかを、十分に検討

しなければならない。その意味からも、入念な教材研究が求められることになる。何の目的からどのような映画を扱うのかを吟味して、教材を精選する必要がある。学習者の興味・関心を喚起するためにも、映画を扱う国語科の実践が、今後より活性化することを期待したい。

註
1) 福島章（1991）『イメージ世代の心を読む—疑似現実はどういう人間を生み出したか』、新曜社
2) 瀧口美絵（2009.9）、全国大学国語教育学会『国語科教育』第66集
3) 西尾実（1974）『西尾実国語教育全集・第二巻』、教育出版、1974所収。初出は『教材映画第46号』（十六ミリ教育普及の会、1938、11）
4) 京野真樹（2001）、井上尚美・中村敦雄編『メディア・リテラシーを育てる国語の授業』、明治図書、2001。以下の本項の引用はすべてこの文献による
5) 山中恒（1996）、山中恒よみもの文庫5『六年四組ズッコケ一家』、理論社
6) 注4）の文献に同じ。p.138
7) 日本放送協会（2004）、NHKビデオ教材
8) 川瀬淳子（2002）、佐藤洋一編著『実践・国語科から展開するメディア・リテラシー教育』、明治図書。以下の本項の引用はすべてこの文献による。
9) 注8）の文献に同じ。p.66
10) 注8）の文献に同じ。p.70
11) 町田守弘（2004.3）、日本国語教育学会『月刊国語教育研究』No.383
12) 重森孝子（1982）、「泥の河」、シナリオ作家協会『年鑑代表シナリオ集一九八一年版』、ダヴィッド社
13) 小栗康平（2003）、日本放送出版協会。このテキストをもとにして後に単行本『映画を見る眼』（日本放送出版協会、2005）が出ている。
14) 町田守弘（2009）『国語科の教材・授業開発論—魅力ある言語活動のイノベーション』、東洋館出版社
15) 足立幸子（2013）「映像に関する研究の成果と展望」、全国大学国語教育学会編『国語科教育学研究の成果と展望Ⅱ』、学芸図書
16) 中村和弘（2003）、井上尚美集代表・岩永正史編『国語科メディア教育への挑戦・第1巻小学校編①（低学年～中学年）』、明治図書
17) 羽田潤（2009.3）「言語作品と映像を重ね読む指導の試み—井伏鱒二作『黒い雨』と今村昌平監督映画『黒い雨』を例として」、大阪教育大学国語教育研究室『国語教育学研究誌』第26号

参考文献

奥泉香（2010.9）「映像テクストの学習を国語科で行うための基礎理論の整理―選択体系機能文法を援用した試み」、全国大学国語教育学会『国語科教育』第68集

羽田潤（2008）『国語科教育における動画リテラシー教授法の研究』渓水社

町田守弘（1995）「挑発としての映像」、『授業を創る―【挑発】する国語教育』三省堂

松山雅子（2004.2）「言語芸術としての動画テクストの教材化と教授法―英国映画研究所（BFI）の短編映画を用いた試み」、大阪国語教育研究会編『中西一弘先生古稀記念論文集』、大阪国語教育研究会

吉野樹紀（2011）「文化テキスト論としての映画解読」、『テクストをひらく―古典文学と国語教育』、編集工房東洋企画

〈特別寄稿〉

未来に向けたメディア実践のリテラシー

湯口　隆司

はじめに

　前世紀の末からのメディア・デジタル化とインターネットの普及により、今世紀のメディア・リテラシー教育は新しいメディア環境とそれにふさわしい教育論が必要となっている。デジタル化によるメディア様式の統合が媒体の違いをあいまいにし、かつ情報の溢れ出るメディア環境を創ったためだ。それに伴い新しい課題も浮かび上がってきた。本論ではこのメディア・リテラシーの課題とそれに取り組む方法と視座を検討したい。

　メディア・リテラシー教育の変遷は名称からもうかがえる。1980年初頭から経済的、文化的に強力な力をもった国や企業に対して、たとえば東南アジアでは、教会やNGOなどが中心となり、メディアへのアウェアネス・トレーニング（批判的啓蒙訓練）が叫ばれた。国内外の大企業による寡占的マスメディア状況に対して、その後に「メディア・リテラシー」教育と呼ばれる教育目的と合致する活動としてこの運動が芽生えていた。私が係わったアジア地域での活動は、TVアウェアネス・トレーニング（TAT）に始まり、メディア・アウェアネス（MAT）、コミュニケーション・アウェアネス（CAT）と名前を変え、最終的にはメディア・リテラシーという名称に変化した。今世紀に入りユネスコはICTの急速な発展からメディア情報リテラシー（MIL）という名称を用いるようになり、メディア・リテラシーの守備範囲はさらに広くなりつつある。

1. マスメディアとメディア・リテラシー教育

　私がカナダのオンタリオ州教育省の『メディア・リテラシー　−マスメディアを読み解く−』[1] を「市民のテレビの会（FCT）」の勉強会で一部を訳して紹介し、FCTによる翻訳がきまったのは1980年末だった。日本で教育現場用に出版された最初の本となった。本の副題から判るようにこの時代のメディア・リテラシー教育はマスメディアが対象であった。メディア・リテラシー教育が浸透している地域や国の多くは一つの共通点があった。それは近接して圧倒的に巨大な文化的、経済的支配圏（米国に対抗してカナダなど）、軍事的支配圏（ソ連に対抗して北欧諸国など）があったという点である。ハリウッド映画や米国の巨大テレビネットワークによる文化的経済的浸透に対して、隣国のカナダはアイデンティティーの確立が求められていた。マスメディアは米国文化の一方的な伝達機関であり、その現状に危機感を覚えた教育者や番組制作者、教会関係者らが協働して教員向けのリソース・ガイド[2] を作ったのだ。

　対マスメディアでは、送り手（企業などスポンサー）と受け手（消費者）の二極構造、経済的利害と権力の存在がメディア自体にあること、それを見抜くリテラシー論が土台となっていた。受け手は自覚的・自律的なメディア利用者となるため、内容やメディア媒体の特徴を分析し、創造的能力を含めた批判的（クリティカル）思考の確立がメディア・リテラシー教育の目的となった。

　カナダと同じように、日本でもマスメディアへのアクセス権確立は一般市民には程遠い状況であり、一方的な情報に操作されない市民のための具体的方法を、リソース・ガイドの翻訳出版は紹介するきっかけを作ったと考えている。クリティカルを批判的と訳すことも否定的な響きがあるとして議論になったことも記憶に新しいが、その用語で統一した。

　その著者の一人バリー・ダンカンは後にカナダ・オンタリオ州でのメディア・リテラシー教育の論理的土台はカルチュラル・スタディーズ派の

メディア論だと語っている[3]。多様なメディア・テクストの本質には、権力、市場、倫理、ジェンダー、制作者の意図と価値観などがある。日常のメディアにたいして、教育者や生徒が自覚し、発見し、自律的思考ができるための能力、それがオンタリオ州教育省の目標の一つであった。その教育目的には巨視的なメディア批判が可能なカルチュラル・スタディーズ（当時はスチュアート・ホールらバーミンガム大学が中心）の考え方が大きな武器となった。それは日本でもヨーロッパの諸国でも同様だった。

当時からテレビは最も重要なメディア・リテラシーの対象であった。日本でもメディア・リテラシーは市民活動が主であったが、政府からの支援も1990年代後半から始まる。免許制テレビ放送を管轄する総務省による「放送分野におけるメディア・リテラシーの向上プロジェクト」がそれである。小学校でメディア・リテラシーの批判的視聴を教えることが難しいと考えられていたが、総務省は小学校低学年の生徒を対象とした教材開発プロジェクトを推進し、一部は私も参加したが、現在は小学校から高校までさまざまな教材が整えられつつある[4]。

2. インターネットとメディア理論

インターネット経由の多様なメディアの動きは1990年代後半からのウェブの拡大から始まった。情報のデジタル化はテクスト、映像、音がすべてビット単位で容易に伝播し、ユビキタス（いつでも、だれでも、どこでも）環境の実現に寄与している。それと同時に「いつでも・どこでも」は、学校の教育現場では特にその利用について、明暗入り混じる状況が生まれることになる。

未来にむけたメディア・リテラシー教育のあり方はどうあるべきか。どのような教育に向くべきなのか。デジタル化による多メディアが混在する社会を検討する。

(1) ネットワーク社会論

　カステルは、今世紀にはいって情報主義が産業主義を包含かつ凌駕し、それが社会構造の土台となったとする「ネットワーク社会」を提案した。通信技術や遺伝子工学などのナノテクノロジーの発展を視野に科学技術論的な社会変動を論じ、技術の自己拡張性、再編成能力（WWWのハイパーテキスト）、複雑伝播性（ネットワーク技術）がその核心的特長であるという[5]。カステルのネットワーク社会では、ネットワークそのものが自動装置であるとの前提にたち、その社会は私達の生活が意味を持つ真実のバーチャル性を構成すると主張する。このバーチャル性は電子的な回路であるがゆえに短命なメッセージに終始する。また受動的な情報接触から同時に自ら発信する自律的なコミュニケーションが新しい力を得て既存の権力に抵抗しているとする[6]。

(2) 実践のメディア論

　カステルへの批判の代表的な論者はニック・クードリーである。彼はカステルのネットワーク社会が自動的に新しい社会を構成する言説には具体性がなく、どのように日常のメディア利用実践（プラクティス）と習慣にまで社会が統合されてきたのかを説明していないとする[7]。カルチュアル・スタディーズの流れを汲むクードリーの言説は、新しいネットワーク社会になったとしても、メディア・リテラシー教育には示唆に富む社会論であり、先に彼のメディア論と社会への視座を紹介したい。

　クードリーはメディア理論を四つの研究方向に分類する。①メディア・テクスト研究（テクスト分析、メディア別研究）②政治的経済面での研究（制作、伝播、受け手）③技術的特性の研究（メディアごとの技術的な特徴）④利用実践（プラクティカル）面での研究（「社会的志向メディア理論」）[8]。この分類をメディア・リテラシー教育の変遷に当てはめると、1980年代以降は最初の2項目（①と②）が主流であり、テレビ、新聞、写真、映画、ラジオなど媒体ごとのメディア・リテラシーが具体的に研究され実践された。これらは今日でも各種のメディア・テクストに対する批判的分析には

欠くことのできない分野である。

　4番目の「社会的志向メディア理論」はメディア・リテラシーの将来を探る上で特に有効な切り口を与えてくれる。社会的な志向の背後にはデジタル化と情報社会で蔓延している「神話」が存在するとクードリーは指摘する。メディア・リテラシーのような巨視的な探求をめざす分野には、特に意識的に確認しなければならない点でもある。

○ インターネットは自由なデジタル空間である：当初のオープンエンドなネット構造から、ネット中立性への疑問が生じている。検索サイトの寡占化、グーグル社と米大手通信業者 Verizon とのネットの中立性を揺るがす密約疑惑、権力によるネット監視（アメリカ国家安全保障局（NSA）による個人情報とスノーデン事件などもこれに当てはまるだろう）
○ ネット接続拡大はグローバルな格差の解消となる：富裕層と貧困層、特に教育の機会の格差拡大の事実、アラブ地域などジェンダーによるアクセス格差の拡大
○ ネットによる一つの世界、グローバル化：英語サイトの増大で、非英語圏ネット利用者にとって情報格差のないグローバル化は幻影となりつつある。たとえば日本語による情報検索結果と英語による検索情報の質的量的格差の現実

(3) カルチュアル・スタディーズの分析キット

　フェイスブックやツイッター、ユーチューブ、モバイル・アプリなど移動性に富むメディアにより、利用者側のメディア環境は劇的に変化した。多メディア状況とメディア利用環境の変化は、マスメディアを前提とした伝統的メディア・テクスト（内容、記号解読と制作）分析を手法としたメディア・リテラシー教育では対応できない状況になった。カルチュアル・スタディーズによるメディア社会分析の用具として、クードリーは下記の三原則を提示しているが、これらはそのままメディア・リテラシー教育の新しい守備概念として用いることができるだろう。

○ メディアの利用、メディアの社会的影響、技術とその影響などメディア現象は非線形である。
○ メディア研究はメディア内容を利用実践（プラクティス：時間と場所を含めた）として分析すること。世界はテクストを作り解釈するだけでなく、時間と場所を要素としての利用実践と資材が織り交ざったものである。
○ 表現の具体性（materiality of representation）。「そこに在るもの」という感情は、権力が関係するために常に社会的政治的な確執のなかで生じる。メディアは常に「そこに在るもの」を表現し、時には隠蔽されていたものを剥がし、人々の注目を気にかける[9]。

　これらの分析原則はモンタリオ州教育省のリソース・ガイドで採用されたメディア・リテラシー教育概念の延長上にあり、有効なメディア分析の確立に役に立つであろう。メディア自身によって作られるメディア中央主義もこの原則から演繹できる。

3. 時間と空間を含めたメディア・プラクティスによるメディア・リテラシー

　これまでクードリーの言説を利用してメディア・リテラシーの可能性を検討してきた。特に第2原則は、メディア・テクストの固定的な分析から、メディアが使われているときの時間と空間、習慣を含めた社会的な意味の提案（メディア・プラクティス：利用実践）は私たちに新しい視座を与えてくれる。メディア・プラクティスに立脚したメディア・リテラシーへの胎動は、米国の小児科医らによって始まっていた。1999年に「子どもに対するメディアの影響を理解する」（米国小児科医学会）を発行し、保護者や教育者にテレビ視聴時間の制限を提案し、メディア利用実践を時間と場所とを含めた警告を出している[10]。

　インターネットの普及は、メディア・プラクティスをメディア・リテラシーの対象としなければならない状況を否応なく要請している。ソーシャ

ル・ネットワーキング（SNS）のメディア・プラクティスが今、教育の現場で現にそこに在る問題となっている。無料のアプリLINE経由でのいじめは、社会的な問題となり、学校を巻き込んだ課題となった。「いじめ対策防止推進法」（2013年9月施行）は、たとえ特定集団内の閉鎖的コミュニケーションであれ、家庭での作為であれ、学校側にいじめの発生と実体を検出するよう求めている。まさに時間、空間そして社会（法律）も巻き込んだ新しいメディア状況の登場であり、メディア・プラクティスとして総体的な把握が必要となった例である。

　個人の利用とグループでのソーシャルメディア利用・効果の違い、携帯・スマートフォンと生徒の学力との関係などいまだ未開拓な知見を、メディア・プラクティスのメディア・リテラシー教育へ応用することが課題である。

　香港のC. K. チェンは情報化社会においては「教科書や教員中心の教育から、相互に係わり合い生徒中心の教育へのパラダイムシフト」が必要と指摘している[11]。では伝統的な規範的メディア・リテラシー方法論は新しいメディア環境に対応できないのであろうか。決してそうではない。それらはメディア・テクストの分析と理解を批判的に思考できる枠組としてこれからも基本となる。しかしマスメディアと新しいメディアが混在する情報化社会、特にサイバー空間での教育は、より巨視的なリテラシーが必要となることは確かである。

　今後のメディア・リテラシー教育の新しい分野として次のような項目が考えられよう。

(1) メディア企業の変化への対応

　今世紀に入り、大きくメディア環境は変わった。「メディアとは何か」と聞いたときに、これまではマスメディア関連企業と消費者（受け手）の二極化をイメージし、情報は一方向に流れることをイメージすればよかった。しかし、現在同じ質問をすれば、マスメディア企業はその一部でありながら、世界的なIT企業やソフト系の会社が思い出される時代となった。

検索サイトのグーグルのユーチューブ買収（2006年）、マイクロソフトのスカイプ買収（2011年）、フェイスブックも次々と会社を買収している。アマゾンやアップルも含め、グローバル企業によるインターネット環境寡占化と資本の流れは新しいメディア環境の特徴である。思想・言論・表現の自由との関係（思想の自由市場、画一化、情報収集技能）はメディア・リテラシー教育にとってもっとも重要な課題である。

(2) 新しいメディア商品・新しい顧客への対応

これまでメディア・リテラシーは、権力、規範、倫理、資本の流れ、制作意図を暴き、読み解きつつ、創作へ結びつけることが作業の中心であった。

現在、メディア企業が売るものは従来の媒体とは別のレベルのものである。すなわち、コンテンツ（検索機能、ソフトやアプリ）、ディバイス、プラットフォーム、及びそれらの使用時間、使用パケット量など。媒体としての紙、映像、音は多くはデジタル様式に統合され、伝達され、商品として市場に出され売買されている。例えば従来のCM分析は使えるにしても、閲覧リンク先、サイトの利用者情報をサイト運営企業が的確に捉え利用している現実にも対応する必要がある。アマゾン利用者はよく購入する商品の関連商品をフォローするお知らせや、購入してないまでもよく購入を検討しているジャンルについてアンケートメールが送られる経験をしているはずだ。

個人顧客は企業にとっては互いにつながり、時には「マス」として捉えられる。顧客の消費行動のデータ化はマーケティングでは当然となった。新しいタイプの顧客第一主義は個人のデータ化でメディア・プラクティスにより実現しており、企業は個人情報を蓄積し個別にまた同時にマスとして活用している。

(3) 新しい情報の流れへの対応

「セルフ・マス・コミュニケーション」（カステル）のように、たとえば

ユーチューブは個人が受け手だけでなく配信する側にも回り、自らプロモートする。その配信は容易に範囲を拡大していく。中東地域での過激派は残酷な殺害シーンをアップし、大手メディアはそれをニュースとして報道し、政府もユーチューブから流される情報を深刻に受け止め対応している。「アラブの春」のフェイスブックなどソーシャルメディア利用はその支持派に大きな影響を与えたことも記憶に新しい。

これらはまた別の面から見れば、メディア自身が持つ中央主義の例となるかもしれないし、ニュース配信と内容の質的な変化でもある。従来のテレビや新聞のニュースと情報化社会のニュースの違い、利用者の利用形態は変化しておりプラクティスの面からリテラシーのあり方を捉えるべきであろう。

(4) 検索技術が握る情報

たとえばグーグルの「ページランクシステム」は論文引用数の多いものほど有効性が高いという前提を踏襲している。これと同じ論理で、グーグルはウェブページへのリンク先数から検索結果に反映するアルゴリズムを採用している。被引用数を用いた検索結果の閲覧は、多くの研究者が指摘しているように、人気のサイトはより多くの人々が見る(検索結果でページの上位に載る)環境となる。また閲覧利用者の利用実践(プラクティス)頻度から、「より重要と思えるウェブページ」を最初から閲覧できる。短時間での情報収集ができる分、最初のページの検索結果でしばしば検索を終えることになる。さらに検索を続ける人は少なく、「最初の頁」が「事実」の情報になる頻度が高くなる。

ハイパーリンクはグーグルなど検索サイトを支える機能であるが、情報の価値、重要性は、表示する検索結果の表示の順番により最初から「重み」をかけられている点に注意を払うべきだろう。

ニュースのサイトでも事件の重要性は「今週の注目〇〇」とか「ニューストップ10」などの表記で、時間の要素では利用者に優しい反面、利用者自らが判断しないで済むという面でメディア・リテラシーの基本から逸

脱するものとなるだろう。

(5) 道具の使い方

　鉛筆の書き方、ひらがなや漢字の筆順、鉛筆を持つときの姿勢を教育現場では教えてきた。まさにプラクティカルな教育であり、新しいメディアに対しても同様にすべきだろう。しかも道具としての鉛筆と違い、汎用性と習慣性（時には中毒性）のある道具であることを認識したメディア・リテラシーであるべきだろう。

　もう一つの大切な道具は頭である。論理的・批判的思考を道具として、分析し、解釈するのがメディア・リテラシーの方法であるが、問題は論理的な思考がどう可能かという本質的な課題がある。脳はいつも論理的な判断や思考をしているわけではないからだ。

　心理学の分野から初めてのノーベル経済学賞を受けたカーネマンは、判断や思考を速い思考判断（たとえば直観的なもの）と遅い思考（論理的、熟考など）に分け、論理性のない判断と行動を具体的な事例と調査によりいやと言うほど示している。いわゆる認知バイアスによるものだが、たとえばプライミング効果（先行する断片的情報による誘導バイアス）やアンカリング効果（最初に示される情報の影響のバイアス）、中でも「ハロー効果」と「後付けバイアス」がメディア情報接触では大きな影響を及ぼすだろう[12]。

　「後付けバイアス」とはある事件・事実の前に予想していた思考が、もしその通り実現すれば、自分の予想の正しさを過大に評価するが、そうでない場合には「自分はそれが起こりそうもないと考えていた」と解釈をあっさり変えるというもの。ハロー効果と本人の期待、そしてこの後付けバイアスは、政治や、企業関連の情報に接する際によく現れる。経営上、「良い結果を引き出す適切なメッセージを再確認する必要があるため、成功（の幻想）は知恵と勇気をあたえる。ビジネス本はこの必要を満たすのにぴったりだ」[13]。

　9．11や東日本大震災と福島第一原発事故のニュース報道への当時の読

者としての接し方及び解釈と、その後の解釈（後付けバイアスによる）を多くの人は忘れる。避けがたい認知バイアスの存在と御し方、そして情報にバイアスのかかったものであれば、それを「おかしいな」と思える思考訓練、それには論理的批判的な思考を学習の広い分野で、教科を横断して徹底することが良い訓練方法となる。そのためにもプラクティカルなメディア・リテラシーは有効な教育方法になるであろう。

註
1）『メディア・リテラシーマスメディアを読み解く』（湯口隆司共訳）リベルタ出版、1992 年
2）"Media Literacy Resource Guide," Ontario Ministry of Education, 1989
3）'Implementing Mandates in Media Education: the Ontario Experience' Carolyn Wilson and Barry Duncan , p.110, "Mapping Media Education Policies in the World Visions, Programs and Challenges", UNESCO, 2009
4）小学校低学年用「TV ブラザーズのテレビ大冒険」（湯口隆司・猪股富美子）現在も総務省サイトからの貸し出しと動画配信で視聴ができる。「総務省放送分野におけるメディア・リテラシー」（http://www.soumu.go.jp/main_sosiki/joho_tsusin/top/hoso/kyouzai.html）（2015 年 5 月 1 日最終閲覧）
5）'Informationalism and the Network Society', Manuel Castells, pp161-162, "The Hacker Ethic", Pekka Himanen, Randum House, 2001
6）Castells, "Communication Power," Oxford Univ. Press 2013
7）"Media, Society, World" p4, Nick Couldry, polity, 2012
8）op.cit pp.6-7
9）op.cit pp.28-31
10）同医学会のブックレットは日本ルーテルアワーから発行された（湯口・猪股訳）
11）'Education Reform as an Agent of Change: The Development of Media Literacy in Hong Kong During the Last Decade,' C.K Cheung, p101, "Mapping Media Education Policies in the World," UNESCO, 2009
12）"Thinking, Fast and Slow", Daniel Kahneman, Penguin Books, 2011（邦訳『ファスト & スロー』（上・下）早川書房 2012）
13）op.cit, pp.202-205

あとがき
―― 本書の編集にあたって ――

　海外から新たな理論や概念、事例が紹介されても、当然のことながら、それは直ちに日本の学習者の手には届かない。本書の編集に当たらせていただき、幾度もこの重みを噛み締めた。

　「メディア教育」という語が、日本の文献に初めて登場したのは1983年のことである。そして、その理論を日本に紹介した重要人物、鈴木みどりが大学で「メディア・リテラシー論」を開講したのが、1994年である。その前後から、日本におけるメディア・リテラシーの授業実践もまた、行われるようになる（鈴木, 1998:392）。さらにその数年後、国語科においても、様々な授業実践が工夫・実施されるようになる。菅谷明子の『メディア・リテラシー』が刊行され、メディア・リテラシーという概念が、読み解きの力だけでなく、表現や発信の力までをも含むことが、広く認知されるようになった時期である（菅谷, 2000）。

　本書が刊行される2015年は、この時から、さらに約15年間のあゆみを振り返ることのできる時間軸の上に位置している。まさしくこの15年間は、紹介された理論や事例を、従来から行われてきた国語科の学習内容や、日本の学習者を取り巻くメディア環境との関係で、日本の教師や研究者が、それらを咀嚼・検討し発展させてきた時間でもある。

　そこで本書では、これらのあゆみを振り返り、国語科において蓄積されてきたメディア・リテラシーの授業実践に焦点化させて、理論と実践の両面から、明日の授業実践へと受け渡していきたい成果を省察することとした。紹介されたメディア・リテラシーの理論や事例は、日本の教師にどのように受容され、学習者に届けられてきたのだろうか。また、その取組みによって、国語科ではどのような成果を蓄積してくることができたのだろうか。そして私たちは、それらから何を学び、明日の授業実践に生かしていくことができるのだろうか。

本書は、このような問題意識に立ち、以下のような章構成で計17編の論考が収載されている。全体をⅠ部Ⅱ部に分け、Ⅰ部では国語科におけるメディア・リテラシーの授業づくりに、示唆や枠組みを与える理論や学習材の特性、学力観の変遷といった観点から、7編の論考が所収されている。
　さらにⅡ部では、蓄積されてきた授業実践を、学習材とする媒体の種類に焦点化させて9つの章を設け、各章毎に以下のような構成で実践の省察を行っている。
(1) その媒体を扱った授業実践において、執筆者が重要と考える要点。
(2) これまでに国語科において実践された「その媒体を扱った授業実践」の中から、執筆者が未来に伝えたいと考え選んだ授業実践3点の提示。
　　さらに、この3点の各々の実践について、以下の①②の提示。
　　①それぞれの実践の要旨
　　②その実践の優れている点
(3) 「その媒体を扱った授業実践」について、選んだ3実践を通した授業づくりのヒントや、今後に向けた課題や展望。

　本書は、以上のような構成で、17名の執筆者の協力の下に完成させることができた。このように、理論と授業実践の両面から国語科におけるメディア・リテラシー教育のあゆみを振り返ってみると、メディア・リテラシー教育は、国語科で扱う学習材や目指すリテラシー観、さらには授業形態や教科構造にまで影響を及ぼしてきていることがわかる。そして、学習者の言語生活の変化を考える時、メディア・リテラシーを育成する授業実践は、次のフェーズを見据え、今後ますます国語科において取り組んでいく必要があることは疑いない。

　この書が、こういった国語科におけるメディア・リテラシーの授業づくりに挑戦しようとする教師や教職志望の学生に、僅かでも力となれば幸いである。

最後に、この場をお借りし、章構成から本書の完成に至るまで、終始温かく御指導・御助言をくださった町田守弘先生、中村敦雄先生、松崎正治先生、藤原顕先生に、心からの感謝を申し上げる。また、この書のために誠心誠意御尽力くださった、渓水社の木村逸司氏、木村斉子氏に、厚く御礼を申し上げる。

2015年4月

奥泉　　香

索　引

【あ行】

ICT　180
相手意識　148
アイデンティティー形成　20
アウェアネス・トレーニング　261
青木幹勇　40
アップ　96
後付けバイアス　270
アニメーション　217
イメージ　239
インターネット　31,33,35,155,175
インターネット広告　126
映画化　252
映画の文法　11
映画を見る眼　252
映像　30,31,32,33,34,37
映像テクスト　235
映像メディア　141
SNS　155,172
絵図情報処理モデル　73
NIE（教育に新聞を）　12,135,139
NHK学校放送・学校放送　115,125
欧州型学力　172
オーディエンス　36,38
大村はま　137,141,143

【か行】

外挿　71,72,78,86
下位メディア　148,152
学習材　9
重ね読み　258
学級新聞　136,142
学校新聞　142
カット　94,96

カナダ・オンタリオ州　19
カメラワーク　244
カルチュラル・スタディーズ　262
看図作文　73,74
議題決定の機能　156
機能的リテラシー（functional literacy）　49,52
キャッチコピー　106,107,108
キャプション　100,101
キャラクター　241
仰角　96
共通根源イメージ論　78,80
協同的　176
協同的学び　172
銀行型　53
銀行型教育　50
クリティカル　175,220
クリティカル・リテラシー（critical literacy）　49,50
グレイ（William Scott Gray）　49
Kress（Gunther）　60,61
ケータイ小説　197,198,199,200,201,202,204,211,212
言語観　24
言語技術　160,161,171
言語教育観　21
言語生活　7
言語モード　42,45
語彙　146,154
合意形成　190
公共圏　196,197,207,208,209,213
公共的　176
広告　113
広告教育　115

索引　277

広告小学校　115,120
広告制作者　114,115,120
構図　109
コード　156
輿水実　51
個人差に対応する　78
言葉の採集　144,145,147,153
コミュニケーション　175
コミュニティ　177,196,201,202
コミュニティ志向の読みの実践　43,44

【さ行】
サイバー空間　267
参加型文化　211,212,213
CM　113
CM劇　122
CMの学習　118,126
シークエンス　165,166
ジェンキンス，ヘンリー　43
ジェンダー　32,38,156,168,169
時間と場所（空間）　266
自己認識　23
自然言語　66,67
シティズンシップ教育　172
シナリオ　240
社会認識　23
上位メディア　152
商業的意味　156
情報モラル　203,205,211,212
情報力　137,139,140
ショット　105
新聞記事　138,139,140
新聞広告　122
「新聞」単元学習　143
新聞作り　138
新聞投稿欄　150

新聞投書欄　137,147
新聞メディア　135,139,143,147,151,153
親密圏　196,197,207,208,209,213
神話　265
ステレオタイプ　32,38
宣伝・広告文　148
ソーシャル・ネットワーキング（SNS）　266
ソーシャル・メディア　196,197,202,203,206

【た行】
ダイナミックイングリッシュ（dynamic English）　22
多段階動機づけシステム　85
テレビCM　116,122
動機づけ　43
投稿作文　150
投書欄　148,149,150,153

【な行】
ナショナリティー　27
ナラティブ　156
ニュースバリュー　35
ニューメディア　135
ネットワーク社会　264

【は行】
パーソナル・メディア　196,197,208
ハイパーリンク　269
バッキンガム，デビッド　44
BBS　177
比較・変換の学習　12
批判的（クリティカル）思考　13,160,172,262
批判的気づき（critical awareness）　15,16

批判的読解力　139
批判的分析　29,30,31,32,35,36,37,38
表現媒体　143
表現メディア　60
表象　35,37
非連続型テキスト　239
ファシリテーター　167,169,170
俯瞰　96
振り返り　16,44,45
フレイレ，パウロ（Paulo Freire）　50
文学作品の映像化　255
文化的アプローチ　162,166
文化的道具　44
文種の特徴　141
文種の表現特性　153
変換　71,72,74,85
編集（力）　136,139
ホームページ　178
ホリスティック・リーディング（holistic reading）　25

【ま行】
マクルーハン（Marshall McLuhan）　53
マスターマン，レン　40
マルチモーダル　57,59,60,67
マルチモーダル・テクスト　60,65,67
マルチモダリティ　60,61,64
見せること　237
ミドル　96
宮澤康人　40
見ること　237
メディアテクスト　156,167,170,171
メディアテクストの三領域　13
メディアの戦略　246
メディアの特性　30,31,35
メディアミックス　165,166
メディア領域　19
メディア利用実践（プラクティス）　264
目的・相手意識　153
目的意識　148
文字メディア　135,141

【や行】
要素関連づけ　71,72,78,86

【ら行】
リソースパーソン　171
「リテラシー再編」プロジェクト　61
リテラシー　48,49
レイヤー　225,236
論説・意見文　148

【わ行】
ワークショップ　29,31,32,33,34
ワークショップ型授業　16

執筆者一覧

(執筆順。肩書きは平成27年度5月末日現在)

浜本　純逸（はまもと　じゅんいつ）　元早稲田大学特任教授・神戸大学名誉教授

奥泉　香（おくいずみ　かおり）　日本体育大学児童スポーツ教育学部教授

近藤　聡（こんどう　さとし）　東京都立小松川高等学校主任教諭

中村　純子（なかむら　すみこ）　東京学芸大学准教授

砂川　誠司（すながわ　せいじ）　愛知教育大学講師

中村　敦雄（なかむら　あつお）　明治学院大学心理学部教授

松山　雅子（まつやま　まさこ）　大阪教育大学教育学部教授

鹿内　信善（しかない　のぶよし）　福岡女学院大学人間関係学部教授

羽田　潤（はだ　じゅん）　兵庫教育大学大学院学校教育研究科准教授

瀧口　美絵（たきぐち　みえ）　広島都市学園大学子ども教育学部准教授

大内　善一（おおうち　ぜんいち）　茨城キリスト教大学特任教授・茨城大学名誉教授

草野十四朗（くさの　としろう）　活水高等学校教諭

上田　祐二（うえだ　ゆうじ）　北海道教育大学教育学部旭川校教授

石田　喜美（いしだ　きみ）　横浜国立大学教育人間科学部准教授

藤森　裕治（ふじもり　ゆうじ）　信州大学教育学部教授

町田　守弘（まちだ　もりひろ）　早稲田大学教育・総合科学学術院教授

湯口　隆司（ゆぐち　たかし）　活水中学・高等学校校長

ことばの授業づくりハンドブック
メディア・リテラシーの教育
・理論と実践の歩み・

平成 27 年 5 月 31 日発行

監修者　浜本　純逸

編　者　奥泉　香

発行所　株式会社　溪水社
　　　　広島市中区小町 1-4（〒730-0041）
　　　　電話 082-246-7909／FAX 082-246-7876
　　　　e-mail：info@keisui.co.jp
　　　　URL：www.keisui.co.jp

ISBN978-4-86327-298-9　C3081

特別支援教育と国語教育をつなぐ
ことばの授業づくりハンドブック
小・中・高を見とおして

浜本純逸（元早稲田大学特任教授・神戸大学名誉教授）監修／難波博孝・原田大介編

特別支援学級・学校および通常学級における子どもたちのことばの力を伸ばすための授業づくりの実践と理論。　2,100円＋税

第1部　特別支援とことばの授業づくりの考え方／第2部　特別支援学校におけることばの授業づくり／第3部　特別支援学級におけることばの授業づくり／第4部　通常学級におけることばの授業づくり

文学の授業づくりハンドブック 好評発売中
・授業実践史をふまえて・　浜本純逸（元早稲田大学特任教授・神戸大学名誉教授）監修

章ごとに教科書掲載の文学作品を取り上げ、その授業実践史と今後の課題、授業づくりのヒントを提案する。

《第1巻　小学校低学年編／特別支援編》
難波博孝編　1,800円＋税
文学の授業デザインのために／「大きなかぶ」の授業実践史／「くじらぐも」の授業実践史／「たぬきの糸車」の授業実践史／「スイミー」の授業実践史「お手紙」の授業実践史／「かさこじぞう」の授業実践史／「きつねのおきゃくさま」の授業実践史／特別支援教育における文学教育

《第2巻　小学校中学年編／詩編》
松崎正治編　1,800円＋税
文学の授業デザインのために／あまんきみこ「ちいちゃんのかげおくり」の授業実践史／齋藤隆介「モチモチの木」の授業実践史／長崎源之助「つり橋わたれ」の授業実践史／木村裕一「あらしの夜に」の授業実践史／あまんきみこ「白いぼうし」の授業実践史／今西祐行「一つの花」の授業実践史／新美南吉「ごんぎつね」の授業実践史／谷川俊太郎の詩教材の授業実践史／工藤直子の詩教材の授業実践史／まど・みちおの詩教材の授業実践史

《第3巻　小学校高学年編／単元学習編》
藤原顕編　1,800円＋税
文学の授業デザインのために／椋鳩十「大造じいさんとがん」の授業実践史／杉みき子「わらぐつの中の神様」の授業実践史／宮澤賢治「注文の多い料理店」の授業実践史／いぬいとみこ「川とノリオ」の授業実践史／立松和平「海の命」の授業実践史／宮沢賢治「やまなし」の授業実践史／重松清「カレーライス」の授業実践史／単元学習と文学作品（一）／単元学習と文学作品（二）／単元学習と文学作品（三）

《第4巻　中・高等学校編》
田中宏幸・坂口京子編　2,200円＋税《ご好評につき二刷出来》
文学の授業デザインのために／「少年の日の思い出」（ヘッセ）の授業実践史／「走れメロス」（太宰治）の授業実践史／「字のないはがき」（向田邦子）の授業実践史／「握手」（井上ひさし）授業実践史／「故郷」（魯迅）の授業実践史／「羅生門」（芥川龍之介）の授業実践史／「こころ」（夏目漱石）の授業実践史／「山月記」（中島敦）の授業実践史／「七番目の男」（村上春樹）の授業実践史／「詩」の授業実践史／「古典」の授業実践史／文学を学習材とした「単元学習」